BASTEI
LÜBBE

JUSTUS PFAUE

Wie gut, daß es Maria gibt

Das Buch zur ZDF-Fernsehserie

BASTEI LÜBBE

BASTEI-LÜBBE-TASCHENBUCH
Band 11 498

Erstveröffentlichung

Printed in West Germany Oktober 1990
Einbandgestaltung: Manfred Peters
Titelfoto: ZDF
Satz: Druckerei Koenig, Köln
Druck und Bindung Ebner Ulm
ISBN 3-404-11498-1

Glühende Hitze lag über den menschenleeren Straßen von Rom. Auf dem St.-Peters-Platz verkündete der Papst weltweit seinen Segen »Urbi et orbi«. Dicht gedrängt lauschten die Menschen. Fromm die einen, neugierig die anderen, aber alle ergriffen von der Feierlichkeit des Augenblicks.

Irgendwo am Rande stand Schwester Maria. In jeder Hand hielt sie wachsam das Ende eines Seiles, das sie mit einer Gruppe von Kindern, ihren Schützlingen, verband. Immer im richtigen Moment bekreuzigte sich die Seilschaft, so wie es sich gehörte, selbstverständlich nicht, ohne vorher den Blick auf Maria geworfen zu haben, die es andächtig – und auf den Punkt genau – vormachte.

Wo immer auf der Welt sich Menschen versammeln, da sind auch die Taschendiebe nicht weit. Und so bemerkte Schwester Maria nach einer neuerlichen Bekreuzigung einen Mann in mittleren Jahren, der einem unvorsichtigen Touristen, welcher noch an ein heiliges Rom glaubte, die pralle Geldbörse aus der Gesäßtasche zog. Der Dieb mußte wohl die Blicke Marias gespürt haben, denn blitzschnell wandte er sich um und schaute sie mit großen Augen peinlich betroffen an. Empört schüttelte Maria den Kopf. Sie winkte den schmächtigen Typ zu sich heran. Anscheinend kannte sie ihn. Doch der Gauner Johannes hatte Glück.

Einer von Marias Schutzbefohlenen, ein achtjähriger Junge mit ewigem Durst, zupfte sie am Gewand, so daß sie für einen Augenblick abgelenkt wurde und der Spitzbube, ein Profi in seinem Gewerbe, die günstige Gelegenheit nutzte und verschwand.

»Ich muß mal, Schwester!« jammerte der Junge.

»Ausgerechnet jetzt«, schimpfte Maria. »Du weißt doch genau, du verträgst nur eine Limonade und nicht zwei.«

»Ich hab' aber drei getrunken.«

Verzweifelt schaute Maria sich um. Dann deutete sie unwirsch in Richtung des Säulenganges, den immerhin Bernini mitgestaltet hatte und der für Unternehmungen dieser Art eigentlich nicht vorgesehen war. Doch wenn die Natur ruft, muß die Kunst zurückstehen, und so drängelte sich der kleine Ludwig, von den wachsamen Augen Marias verfolgt, hinter eine Säule, um seine Limonaden wieder loszuwerden. Unbeabsichtigt vertrieb er dabei den Taschendieb, der dort ein unauffindbares Versteck entdeckt zu haben glaubte. Das bedeutete, daß sich der Unglücksrabe nun wieder im Blickfeld von Maria befand. Er sah ein, daß er keine andere Wahl hatte, als sich der Schwester demütig zu stellen.

»Also, wenn mir mein Gedächtnis keinen Streich spielt«, sprach sie ihn schon von weitem an, »dann kenne ich Sie vom Katholikentag in Essen.«

»Ja. Sie kamen mir auch gleich bekannt vor«, antwortete Johannes kleinlaut, da ihm ein lustiger Plauderton nicht gelang. Er beschloß die Flucht nach vorn und trat dicht an die Nonne heran. Unauffällig steckte er ihr einen 20-Dollar-Schein zu. »Hier, bitte. Die Spende eines amerikanischen Touristen.«

Entsetzt blickte Maria zum Himmel.

»Um Gottes willen, was fällt Ihnen ein! Geben Sie

dem braven amerikanischen Katholiken seine Brieftasche zurück! Sagen Sie ihm, was Sie wollen. Behaupten Sie einfach, daß er sie aus der Hosentasche verloren hat!«

Johannes schüttelte den Kopf.

»Zu spät. Er hat sie sicher längst vermißt und ist bestimmt schon auf dem Weg zur Polizei. Wie soll ich ihn da wiederfinden?«

Doch wie es der Teufel wollte, o Pardon, besser gesagt, da fügte es der Himmel, daß sie den ausgeraubten Amerikaner in der Menge entdeckten, wie er immer und immer wieder mit weinerlicher Miene seine Hosen- und Jackentaschen durchwühlte.

»Na los, da ist er doch!« flüsterte Maria ungeduldig.

Johannes schüttelte zweifelnd den Kopf. »Trotzdem geht's nicht. Das merkt er doch gleich, wenn ich ihm das Pfund Geldscheine wieder zuschiebe.«

Doch Maria ließ nicht locker.

»Beweisen Sie, daß Sie ein Meister sind!« befahl sie strikt.

Johannes zögerte zunächst, aber dann übertraf er sich selbst und ließ die Geldbörse sanft, wie er sie an sich genommen hatte, wieder zurückwandern. Er war ausgesprochen überzeugend, und Maria belohnte die gelungene Tat mit einem zufriedenen Lächeln.

»Wann gehen wir denn?« quengelte der kleine Schützling nun, dem die Limonaden so zu schaffen gemacht hatten. Auch die übrige Kinderschar wurde unruhig.

»Wenn ich Sie begleiten darf?« schlug Johannes vor, allerdings immer noch etwas verstimmt wegen seines soeben erlittenen Verlustes.

»Also gut«, erwiderte Maria. »Passen Sie auf die ganz Kleinen auf, die sind schneller, als Sie denken.«

Und dann setzte sich die quirlige Seilschaft fröhlich in Bewegung.

Schwester Maria und der Taschendieb marschierten forschen Schrittes vorneweg, und die Schulkinder trabten laut schwatzend und lachend hinterher.

»Schwester Maria, dürfen wir ein Eis haben?« schrie plötzlich der kleine Ludwig aufgedreht. Maria schaute skeptisch in ihr Portemonnaie. »Ich habe keine Lire mehr«, stellte sie dann bekümmert fest. »Vorhin hattet ihr zuviel Durst. Aber wenn ihr diesen Herrn herzlich bittet . . .«

Johannes erstarrte. Hätte er das vorher geahnt, würde er sich gleich abgesetzt haben, denn solche sanften Appelle an seine Barmherzigkeit konnte er überhaupt nicht leiden. Vor allem, wenn man ihnen nicht entgehen konnte. Doch in Anbetracht der vielen auf ihn gerichteten Kinderaugen gab er seufzend nach.

»Frommen Frauen ist nicht zu trauen«, reimte er leicht erbittert, doch dann rief er großzügig: »Meine lieben Kinder, es ist mir eine Ehre, bestellt euch, was ihr wollt!« Der Satz tat ihm weh, aber man mußte wissen, wann man verloren hatte.

Die Kleinen ließen sich das nicht zweimal sagen. Munter lärmend drängelten sie sich um den freundlichen Eisverkäufer, der sie mit hochgetürmten Eiswaffeln beglückte. Johannes lächelte säuerlich.

»Das geht alles von meinem Ersparten ab«, raunte er der Nonne vorwurfsvoll zu. Aber dann besann er sich und begann plötzlich zu prahlen.

»Also, die echte Kralle, die mach' ich auf Volksfesten. Ich meine, da leg' ich echt los«, tönte er. »Planten und Bloomen in Hamburg; Oktoberfest in München; sehr gut auch die Grüne Woche in Berlin. Die Kieler Woche wiederum ist weniger geeignet, weil da alles wetterfest verpackt ist. Aber Bayreuth! Eine Delikatesse! Ich habe immer Opernkarten!«

Maria schüttelte empört den Kopf. »Vergessen Sie nicht die Katholikentage. Ich fürchte, das wird Ihnen unser Herrgott nur schwer nachsehen.« Dann schaute sie ängstlich den Eisverkäufer an.

»Was macht das alles zusammen?«

»32 000 Lire.«

Johannes pfiff mit ehrlicher Bewunderung durch die Zähne.

»Alle Achtung, stolze Preise habt ihr hier!«

Er atmete einmal tief durch und griff nach seiner Brieftasche, konnte sie allerdings nicht finden. Anfangs war er etwas verwundert, dann wurde er immer nervöser. Er suchte alles ab: Jackentasche, Hosentasche, vergeblich. Maria triumphierte. Dann hielt sie ihm lässig das verschwundene Objekt vor die Nase.

Dem Mann verschlug es die Sprache. Fassungslos sah er sie an. Maria lachte hellauf.

»Ich habe Ihnen vorhin genau zugesehen. Das ist gar nicht so schwer im Gedränge.«

»Also, das ist das Letzte, Schwester!«

Johannes war schwer beleidigt. Dann bezahlte er brummend seine Schulden beim Eisverkäufer, während Maria sich seelenruhig mit den höchst zufriedenen Kindern in Bewegung setzte.

Die St. Stevens-School ist eine internationale Schule, die in unmittelbarer Nähe des Circus Maximus liegt.

Dort angekommen, schlug Schwester Maria den Kindern noch ein gemeinsames Spiel im Garten vor. Sie hatten kaum angefangen, da verließ eine ältere Nonne das Haus und kam auf sie zu. Maria erkannte zu ihrer Verwunderung die Generaloberin Immaculata, ihre Vorgesetzte, eine würdige, ein wenig strenge Dame. Ehrerbietig beugte sie vor ihr das Knie und küßte ihren Ring.

»Ehrwürdige Mutter, ich wußte nicht, daß Ihr hier in Rom seid.« Die Generaloberin reichte ihr den Arm und ließ sich zu einer Gartenbank führen.

»Wie gefällt dir deine Arbeit?« fragte sie freundlich.

»Sehr gut, meine Arbeit macht mir viel Freude.«

»Wohl nicht ganz«, lächelte die hohe Dame. »Du hast dich beklagt, nicht in der Oberstufe Mathematik und Physik unterrichten zu dürfen.«

Nach kurzem Zögern gab Maria das zu. »Ich bin nicht ganz frei von Ehrgeiz.«

»Deine Qualifikation ist untadelig, Maria. Aber die jüngeren Schüler bedürfen unseres besonderen Schutzes. Du warst mit den Kindern beim Heiligen Vater?«

»Selbstverständlich, wie immer«, antwortete Maria.

»Besondere Vorkommnisse?« fragte Schwester Immaculata, und auf ihrem alten Gesicht breitete sich ein Lächeln aus.

Maria nagte an ihrer Unterlippe, bevor sie umständlich erklärte: »Wir haben einen Landsmann getroffen, einen Pilger gewissermaßen.«

Die Generaloberin nickte. »Ja, ja.«

Maria beugte sich leicht vor. »Darf ich fragen, woher Sie das schon wissen, Ehrwürdige Mutter?«

»Das darfst du«, flüsterte sie, und ihre Augen blitzten auf vor Vergnügen. »Es mag viele verschlossene Türen in Rom geben, aber keine Geheimnisse. Ein Prälat hat dich beobachtet – und Prälaten sind oft geschwätzig.«

Maria lachte, ging jedoch nicht weiter darauf ein.

»Aber nun etwas ganz anderes«, fuhr die Generaloberin fort.

»Kannst du ein Restaurant empfehlen, in dem ich mit dir ungestört über deine Zukunft reden kann?«

»Ja, Ehrwürdige Mutter, da weiß ich schöne Plätze.«

Sie geriet ins Schwärmen. »Ich werde Sie zu ›Angelo‹ führen. Dort gibt es eine herrliche Terrasse, einen himmlischen Blick und vorzügliches Essen.«

Sogleich erhoben sich die beiden Damen.

Schwester Maria gab ihren Kindern noch einige Anweisungen, dann holte sie ihr Auto.

Die Freude des Kellners Angelo war groß, als er Schwester Maria erblickte. Fast hätte er sie bei der stürmischen Begrüßung umarmt. Er geleitete den hohen Besuch eifrig an einen gemütlichen kleinen Tisch und rückte die Stühle zurecht.

Als sie allein waren, meinte die Generaloberin schmunzelnd: »Ich möchte dir nicht verhehlen, daß ich mich auf dieses italienische Essen gefreut habe – Spaghetti, Makkaroni, Lasagne! Bekomme ich bei uns zu Hause nie!«

»Sie werden nicht enttäuscht sein, Ehrwürdige Mutter«, erwiderte Maria stolz. »Angelo ist ein Schatz. Ich habe seinem kleinen Bruder Nachhilfestunden in Mathematik gegeben.«

»Ach, ihr kennt euch so gut? Gibt es hier auch Mandolinenmusik?«

»Nur für Touristen«, erklärte Maria fachkundig. »Aber wissen Sie, was wir hier unbedingt bestellen sollten? Rotwein!«

Die Generaloberin strahlte. »Wunderbar! Wenn du das sagst mit deiner Erfahrung, dann freue ich mich darauf. Und was suchen wir uns auf der Speisekarte aus? Die Namen der Gerichte klingen alle wie eine italienische Oper.«

Maria legte die Karte beiseite und sagte im Brustton der Überzeugung:

»Es ist einfach alles gut hier.«

Einen Augenblick überlegte die Ehrwürdige Mutter und stützte ihren Kopf in die Hand. Dann beugte sie sich vor und meinte leise: »Also fein, ich nehme von allem ein bißchen. Ich denke, der Herr wird heute ein Nachsehen mit meiner Prasserei und meiner Gallenblase haben.«

Maria mußte lachen. Gut gelaunt gab sie in fließendem Italienisch die Bestellung auf, und Angelo tänzelte zufrieden von dannen.

Wenig später schlürften die beiden Damen genüßlich ihren Wein. Sie fühlten sich wohl und lehnten sich behaglich zurück.

»Bist du dir auch der Ehre bewußt, daß du noch drei Jahre lang berufliche Erfahrungen sammeln durftest?« fragte die Generaloberin freundlich. Nach einer kurzen Pause fuhr sie fort: »Du wirst dich demnächst bei einer anderen Aufgabe bewähren müssen.«

Diese Andeutung verschlug Maria den Appetit, aber dennoch nahm sie tapfer eine große Gabel voll würzig duftender Lasagne.

Angelo tat so, als ob er seine ganze Aufmerksamkeit aufs Gläserputzen richtete, aber in Wirklichkeit versuchte er, jedes Wort des Gesprächs mitzubekommen. Er wollte seine Nonne nicht verlieren und war sehr beunruhigt.

Unbeirrt sprach die Generaloberin weiter.

»Du kannst als Mathematik- und Physiklehrerin in ein Gymnasium in den Kongo gehen; oder in eine Klosterschule in Niederbayern, ein eingefahrener Betrieb, ohne jegliche Probleme; oder als Gemeindeschwester in die tiefste Diaspora in der Bundesrepublik: die Pfarrei Sankt Katharina in Berlin. Das ist eine großartige Herausforderung!«

Sie legte ihre Gabel hin und strahlte Maria an.

»Von der Mutter Rom nach Berlin, wem wird ein solcher Fronteinsatz schon geboten?«

Maria lächelte.

»Mir?« fragte sie unsicher.

Der Abschied von Rom wurde Schwester Maria schwer. Auf der Fahrt zum Bahnhof beobachtete sie still und ein wenig traurig das turbulente Leben auf den schönen, so liebgewonnenen Straßen. Ein letztes Mal prägte sie sich den Anblick der prachtvollen Gebäude, der weiten Plätze mit den vielen Tauben tief ins Gedächtnis ein. Sie haderte ein bißchen mit dem lieben Gott, aber nur ein kleines bißchen, und das ganz tief im Inneren und ganz geheim.

»Ich bin doch überall deine gehorsame Dienerin«, flüsterte sie mit leisem Vorwurf. »Überall, und auch in Rom, oder?« Sie lauschte einen Augenblick, aber es kam keine Antwort.

So löste sie denn entschlossen ihre Fahrkarte und schritt beherzt in ihre Zukunft.

Ihr Ziel war das Stammkloster in Österreich. Dort sollte sie auf ihre neue Aufgabe vorbereitet werden.

Es wurde eine lange Reise. Zuerst fuhr sie mit der Eisenbahn, und dann mußte sie in einen Landbus umsteigen, der sie an Ort und Stelle brachte.

Als Schwester Maria endlich ausstieg und an der Landstraße auf das Pferdefuhrwerk wartete, das sie abholen sollte, sah sie etwas mitgenommen und traurig aus, doch ihre Stimmung wurde zusehends besser, als sie den alten Karren heranrumpeln hörte, den eine noch ältere Mähre zog, und als sie die Gestalt auf dem Kutschbock erkannte, die trotz aller Mühe das Gefährt nicht anhalten konnte. Kurz entschlossen faßte Maria in das Zaumzeug des störrischen Pferdchens und brachte es ruckartig zum Stehen.

»Grüß Gott, Maria!« rief die gute alte Schwester Elisabetha. »Herzlich willkommen zu Hause!«

Ächzend drehte sie die eiserne mechanische Handbremse des Pferdewagens fest. Maria kletterte hoch und strahlte ihre Mitschwester an.

»Daß du mich abholst, Elisabetha, das rettet mir den ganzen Tag!«

Die Kutscherin drehte die Handbremse wieder los und schnalzte mit der Zunge. Nach einigem Zögern trabte der bejahrte Hektor los. Den größten Teil der Strecke schwiegen die beiden Ordensfrauen, und langsam näherte sich der Wagen dem Kloster. Elisabetha schaute die Mitschwester von der Seite an.

»Du siehst traurig aus, Maria«, sagte sie schließlich.

»Ich bin nicht traurig, Elisabetha.«

Elisabetha nickte bedächtig. »Aber du wärst lieber in Rom geblieben.«

»Ich freue mich auch auf die neue Arbeit«, antwortete Maria ausweichend.

Elisabetha schüttelte nicht ganz überzeugt den Kopf und atmete tief und vielsagend durch die Nase.

»Du kennst sie ja noch gar nicht, deine neue Aufgabe.«

Und dann schwiegen sie wieder und hingen ihren Gedanken nach.

An der Klosterpforte angekommen, hielt Hektor von alleine an. Die beiden Schwestern stiegen ab, und während Elisabetha sich um das Pferdefuhrwerk kümmerte, machte sich Maria auf den Weg zur Generaloberin.

In einem alten düsteren Raum, hinter einem alten düsteren Schreibtisch saß die hohe Dame und winkte Maria wortlos heran. Sie blickte starr und streng, und nichts mehr in ihrem Wesen erinnerte an die heitere Generaloberin, die sie in Rom gewesen war.

»Gelobt sei Jesus Christus«, murmelte Maria und fühlte sich alles andere als wohl.

»In Ewigkeit, amen. Hattest du eine gute Reise?«

Maria nickte.

»Wir haben nicht mehr viel Zeit«, fuhr die Ehrwürdige Mutter fort. »Morgen früh mußt du abreisen.«

Sie überreichte Maria einen Umschlag.

»In diesem Umschlag befinden sich deine Fahrkarten und eine gewisse Summe Reisegeld. Die Quittungen über deine Ausgaben schickst du mir umgehend zu, wenn du deine neue Wirkungsstätte erreicht hast. Es wird dir bekannt sein, daß in der Stadt Berlin nur 13 Prozent der Bürger katholisch sind. Das will nichts besagen, denn der Anteil der praktizierenden Katholiken liegt bei knapp 4 Prozent. In Rom seid ihr da sicher verwöhnter.«

»Ja«, hauchte Maria. Sie fühlte sich so elend, daß sie gar nicht sah, daß ein Lächeln um die sonst so strengen Lippen der Generaloberin huschte. Die Schwester griff erneut in ihre Schublade und faltete behende einen Stadtplan aus. Mit dem Zeigefinger deutete sie auf einige mit schwarzem Stift umkreiste Punkte.

»Stätten der Verwerflichkeit«, erklärte sie.

Maria verstand sofort und zählte auf:

»Spielcasinos, Diskotheken, Kneipen.«

Die Prokuratorin nickte.

»Du hast erfüllte Jahre hinter dir, Maria. Nun ist es an der Zeit, neu zu lernen, in Demut. Der Dechant ist ein müder Seelsorger, und seine Haushälterin, Frau Hagenkötter, wird sicherlich bald eifersüchtig auf dich sein.«

Und mit diesem Satz war die Audienz beendet.

Frau Hagenkötter und Dechant Strathmann hatten in diesen Tagen allerdings ganz andere Sorgen.

Mißgelaunt standen sie vor ihrer Kirche, der Sankt-Katharinen-Kirche in Berlin-Spandau, und blickten in den Himmel. Aber offensichtlich suchten sie dort oben nicht den lieben Herrgott, sondern hörten besorgt auf das ziemlich verstimmte Glockengeläut.

»Furchtbar, Frau Hagenkötter, furchtbar«, jammerte Strathmann.

»Vielleicht sollten wir unsere Gläubigen überhaupt nicht mehr mit diesen entsetzlichen Glocken einladen, sondern von Haus zu Haus gehen und sie persönlich bitten, die Kirche zu besuchen.«

Dechant Strathmann litt entsetzlich. Er kniff die Augen zu und preßte seine Handflächen auf die Ohren, um sein empfindliches Gehör und seine angeschlagenen Nerven zu schonen. So hörte er nur gedämpft, was seine Haushälterin darauf zu sagen hatte.

»Die Protestanten«, meinte sie vorwurfsvoll, »haben vor drei Wochen ein neues Geläut bekommen. Von einem Brotfabrikanten!«

Strathmann nahm die Hände von den Ohren, um ganz sicherzugehen, daß er sich nicht verhört hatte.

»Wie? Was sagen Sie da? Mein Gott, Frau Hagenkötter, stellen Sie doch dieses entsetzliche Gebimmel ab!«

Frau Hagenkötter deutete entsetzt auf sich.

»Ich? Also ich gehe nicht mehr an den Schalter!« Sie schüttelte den Kopf und winkte entschieden mit den Händen ab. »Ich bin doch nicht lebensmüde!«

»Aber Frau Hagenkötter, warum denn nicht? Sie haben ihn doch auch eingeschaltet.«

Empört und etwas mißtrauisch schaute Frau Hagenkötter ihren Chef an. »Ja, eingeschaltet hab' ich ihn schon, aber das ist ja schließlich ganz was anderes. Den elektrischen Schlag bekommt man doch erst, wenn man ihn wieder abschaltet!«

Dechant Strathmann zuckte mit den Achseln. Hier

war jede weitere Unterhaltung zwecklos. Wortlos stapfte er in die Kirche. Um die Glocken abzustellen, mußte ein altmodischer Hebel umgelegt werden, das heißt die elektrischen Pole lagen frei und ungeschützt da, und der Umlegeschalter machte keinen sehr sympathischen Eindruck. Auch Dechant Strathmann war nicht ganz wohl bei diesem Anblick. Etwas ängstlich blickte er sich um. Dicht hinter ihm stand Frau Hagenkötter und reichte ihm ein Stück getrocknetes Holz.

»Wenn Sie sich das trockene Stück Holz unter die Achselhöhle klemmen, dann tut der elektrische Schlag nicht so weh.«

»Haben Sie das mal ausprobiert?« fragte der Dechant leise.

Die Haushälterin nickte.

»Ich weiß zwar nicht, wie ein normaler elektrischer Schlag schmerzt, aber trockenes Holz soll ihn abmildern.«

Strathmann schaute sie ungläubig an.

»Gibt es irgendeine physikalische Erklärung für die Ableitung von 380 Volt Drehstrom in ein Stück trockenes Holz unter meiner Achselhöhe?«

Frau Hagenkötter zuckte mit den Schultern.

»Mein Vater hat das jedenfalls immer behauptet, wenn er unsere elektrischen Leitungen reparierte.«

Ganz glücklich fühlte sich Strathmann nicht, als er den Hebel herumlegte. Und prompt erhielt er einen elektrischen Schlag, wenn auch keinen sehr schlimmen. Er schrie auf.

»Um Gottes willen, Sie bringen mich ja um!«

»Ach was, keine Rede davon. Schauen Sie sich an, es geht Ihnen doch gut. Stellen Sie sich den Schlag mal ohne das Holz vor, da sähen Sie jetzt anders aus«, meinte die Hagenkötter ungerührt. Dann fügte sie listig hinzu:

»Vielleicht ist ja unsere neue Gemeindeschwester elektrisch widerstandsfähiger als wir, oder dieser Leihkaplan aus Paderborn.«

Am Sonntag war es nun endlich soweit, daß Schwester Maria im katholischen Gemeindezentrum Sankt Katharina einziehen sollte.

Am Vormittag hielt Dechant Strathmann seine Messe, wie immer vor einem winzigen Häuflein von Gläubigen, und anschließend half ihm Frau Hagenkötter aus den Meßgewändern.

»Also, das müssen Sie mir versprechen«, sagte sie eindringlich, »daß Sie Ihre gute Jacke anziehen, wenn Sie diese Schwester Maria vom Bahnhof abholen.«

Strathmann rieb sich den schmerzenden rheumatischen Arm und schaute sie verwirrt an. Ungeduldig deutete sie auf eine dunkle Ziviljacke, die über einem Bügel hing.

»Nicht die«, fauchte sie, »die gute sollen Sie anziehen. Ich habe sie extra ausgebürstet!«

»Die ist doch auch noch gut«, widersprach er schwach.

Frau Hagenkötter seufzte.

»Ach, Dechant, kommen Sie mit«, und sie führte ihn am Arm aus der Sakristei. Auf dem Weg ins Pfarrhaus freilich ließ sie ihrem Redestrom noch einmal freien Lauf.

»Sie müssen einen guten Eindruck machen. Diese Nonne war jahrelang in Rom. Sie ist verwöhnt von all den Bischöfen und Prälaten, von Kardinälen und vom Heiligen Vater obendrein.«

Strathmann blieb stehen und blickte finster. »Dann wird sich die arme Schwester Maria wundern, wie wenig wir ihr hier zu bieten haben.«

»Sag' ich doch!« frohlockte Frau Hagenkötter. »Also

gehen Sie jetzt bitte ins Haus, sonst erkälten Sie sich am Ende noch und stecken die Nonne an. Wann kommt denn der Kaplan?«

Strathmann hatte nicht die geringste Ahnung. Betreten folgte er seiner Haushälterin ins Pfarrhaus und verschloß hinter sich die Haustür.

Frau Hagenkötter machte sich sofort an die Arbeit. Sie half ihrem Chef in das Sonntagswams, bürstete noch einmal darüber und blickte auf die Wanduhr.

»Herr Dechant, Sie müssen jetzt los. Die neue Schwester wird nicht gerne warten.«

Aus der Nachbargemeinde hörten sie lautes klangvolles Glockengeläut.

»Schön, nicht wahr?« Strathmann seufzte etwas mißgünstig. »Diese Protestanten! Läuten können sie, das muß ihnen der Neid lassen.«

»Hören Sie doch einfach nicht hin«, riet Frau Hagenkötter und stürmte los, um das Garagentor zu öffnen. Strathmann setzte sich bedächtig hinter das Steuer seines alten Autos und fuhr langsam davon. Er war ziemlich nervös. Frau Hagenkötter schaute ihm besorgt nach. Dann bekreuzigte sie sich vorsichtshalber, man konnte ja nie wissen. Lieber einmal zuviel als einmal zuwenig.

Und ihr Gefühl hatte sie nicht getrogen. Als Strathmann arglos das Radio abstellte, gab auch der Motor seinen Geist auf, und das Auto blieb stehen. Das hatte ihm gerade noch gefehlt! Ausgerechnet heute! Verzweifelt ließ er seinen Blick über das Armaturenbrett schweifen. Dann stieg er aus und öffnete die Motorhaube. Seine Fachkenntnisse in bezug auf das eigenwillige Innenleben eines Autos waren sehr begrenzt. Mit dem Zeigefinger tupfte er mal hier, mal dort, dann ging er, als wollte er die himmlische Erleuchtung herbeiflehen, einige Schritte von der Kühlerhaube fort, wendete sich um und schaute wieder auf sein Auto. Nichts! Es passierte überhaupt nichts. Der Zeigefinger auf seiner Armbanduhr rückte ungerührt weiter, und der Verkehr rauschte mitleidlos an ihm vorüber.

In seiner Verzweiflung versuchte er sich als Anhalter. Wild entschlossen reckte er seinen Daumen in die Fahrbahn, was ihn um ein Haar seinen rechten Arm gekostet hätte. Trotzdem hatte niemand ein Einsehen. Endlich kam ihm ein rettender Gedanke. Er öffnete die Wagentür und stellte das Radio wieder an. Fröhliche Melodien jubelten ihm entgegen, aber der Motor blieb stumm. Zornig knallte er die Wagentür zu. Da geschah es doch tatsächlich, daß jemand auf dem Seitenstreifen anhielt. Strathmann traute seinen Augen nicht, als er den Retter erkannte. Das hatte ihm gerade noch gefehlt. Aus dem Wagen stieg sein evangelischer Amtskollege, Pfarrer Wölm, ein fröhlicher und sportlicher Mann um die Vierzig.

»Na, Herr Kollege, was ist denn? Will er nicht mehr?«

Strathmann lächelte sehr gequält.

»Ich habe das Radio abgestellt, und da ist er stehengeblieben. Ich habe fast das Gefühl, daß es da eine geheimnisvolle Abmachung gibt, von der ich nichts weiß. Oder wie sehen Sie das?«

Pfarrer Wölm beugte sich über den Motor. Mit sicherem Griff überprüfte er etwas, das Dechant Strathmann bestenfalls als ein kleines schwarzes Ding bezeichnet hätte.

»Am Verteiler hat sich Kondenswasser gebildet«, sagte der Amtsbruder ruhig. »Das haben wir gleich.«

Schnell ging er zu seinem Wagen zurück und holte eine Spraydose. Während Pastor Wölm den Verteiler besprühte, klagte Dechant Strathmann ihm sein Leid.

»Ausgerechnet heute muß mir das passieren, wo ich

versprochen habe, unsere Gemeindeschwester persönlich abzuholen. Das schaffe ich jetzt nicht mehr.«

Wölm schaute ihn ungläubig an. »Wann kommt sie denn?«

»In knapp einer Stunde.«

»Das schaffen Sie dicke, Kollege Strathmann. Also los, starten Sie den Wagen.«

Strathmann drehte den Zündschlüssel herum und – er wollte es kaum glauben, der Wagen sprang sofort an.

»O mein Gott! Danke, danke schön. Gott mit Ihnen!«

Wölm klappte die Motorhaube herunter und lachte. »Aber bitte, gern geschehen. Gott auch mit Ihnen!«

Aber irgend etwas bedrückte Strathmann noch. Er beugte sich zum Fenster heraus und fragte leise:

»Wie geht es denn der protestantischen Konkurrenz?«

»Gut. Warum fragen Sie?«

Noch leiser fuhr Strathmann fort: »Sie haben so eine schöne Glocke.« Dann lächelte er ziemlich keck. »Und wie war der Kirchenbesuch heute?«

Pastor Wölm wußte nicht so recht, was er von dieser Frage halten sollte. »Ehrlich gesagt, wir waren nicht gerade ausverkauft«, gestand er.

Dechant Strathmann ging aufs Ganze. »Waren es über zwanzig?« fragte er mutig.

Der Amtsbruder überlegte einen Augenblick.

»Also in unserem Kindergottesdienst, da drängelte sich alles bis unter die Glocken«, übertrieb er wild entschlossen und schaute Dechant Strathmann fest in die Augen.

Ebenso gezielt an der Sache vorbei erwiderte Strathmann:

»Nun ja, ich freue mich über unsere treue Kerntruppe. Vielen Dank, Pastor Wölm. Übrigens«, fügte er stolz hinzu, »unsere neue Gemeindeschwester kommt direkt aus Rom!«

Wölm schmunzelte, sein Kampfgeist war geweckt.

»Na, dann ist sie ja von der Sonne Seiner Heiligkeit erwärmt. Herzlichen Glückwunsch, Herr Kollege.«

Strathmann lächelte selbstzufrieden und überhörte diese kleine Bemerkung. Er legte den ersten Gang ein und fuhr los.

Und wie erging es Schwester Maria in der Zwischenzeit?

Sie saß im Zugabteil und fuhr ihrer neuen Heimat entgegen.

Ihr gegenüber saß ein Kaplan namens Kümmerling, um den sich eine fromme Kunstgewerblerin bemühte. Sie redete mit Engelszungen auf ihn ein, und hin und wieder schaute sie auf die Nonne, die ihr überhaupt nicht gefiel, denn sie war viel zu hübsch. Als Maria dann auch noch in ihrer Tasche kramte und dabei ein unbeschreibliches Chaos offenbar wurde, war der Eindruck auf die fromme Kunstgewerblerin nicht mehr zu retten. Er war ganz einfach schlecht.

Auch Kümmerling betrachtete mißbilligend diese verdächtige Unordnung. Unter anderem konnte er mehrere Olivenöl-Flaschen ausmachen. Maria bemerkte die bestürzten Gesichter und lächelte.

»Ich lese gern, aber ich koche auch gern.«

Dann holte sie ein italienisches Mickymaus-Heft heraus und las.

Das haute dem Faß den Boden aus! Kümmerling und seine fromme Nachbarin schauten entgeistert. Sie schwiegen und warfen sich nur noch vielsagende Blicke zu. Auch als der Zug in Berlin Bahnhof Zoo einlief, hatten sie sich noch nicht gefaßt.

Während Schwester Maria sich tapfer von der einen Seite durch die Menschenmenge kämpfte, arbeitete sich Dechant Strathmann von der anderen Seite vor. Eifrig hielt er nach seiner neuen Gemeindeschwester Ausschau. Dann trafen sie glücklich aufeinander.

»Na endlich! Da sind Sie ja. Ich freue mich sehr. Herzlich willkommen in Berlin, Schwester Maria!«

Höflich entwand er ihr eine Tasche, ging jedoch unter ihrem Gewicht so heftig in die rheumatischen Knie, daß er sie wieder hinstellen mußte. Maria lachte fröhlich.

»Lassen Sie nur, ich mach' das schon!«

Da mußte sogar Dechant Strathmann schmunzeln.

»Tja, die alten Knochen, Schwester«, entschuldigte er sich, und dann gingen sie gemeinsam zu seinem Auto.

Natürlich hatte Dechant Strathmann im Halteverbot geparkt. Der passende Strafzettel dazu war auch schon da.

»Das ist ja wohl der Gipfel!« knurrte er wütend. »Kaum dreht man den Burschen drei Minuten den Rükken zu, da ziehen sie einem schon das Geld aus der Tasche!«

Mit »Burschen« meinte er die Polizei mit ihren sowohl männlichen als auch weiblichen Vertretern. Dann deutete er auf die Tür der Fahrerseite.

»Schwester, Sie müssen hier einsteigen und rüberklettern. Die Beifahrertür geht schon seit drei Jahren nicht mehr auf, und Herr Sarwatzki sagt, eine Reparatur würde sich ohnehin nicht mehr lohnen. Macht es Ihnen Umstände?«

»Nicht im geringsten, Herr Dechant.«

Und sie begann mit dem mühsamen Ein- und Umstieg. Endlich saß sie auf dem Beifahrersitz. Dechant Strathmann selbst wuchtete sich auf den Fahrersitz.

»Haben Sie den Führerschein?« fragte er sie nebenbei.

»Ja«, antwortete Maria.

Mit einer Schnelligkeit, die man Strathmann kaum zugetraut hätte, stieg er wieder aus dem Auto aus.

»Dann können Sie jetzt schon tätige Nächstenliebe beweisen!« rief er begeistert.

»Seien Sie so barmherzig und fahren Sie. Bitte!«

»Also, wenn's denn sein muß.«

Nach einem zweiten und ebenso umständlichen Aus- und Einsteigemanöver saßen beide endlich auf ihren Sitzen, und Maria startete den Wagen, ohne Anstalten zu machen, die Gurte anzulegen.

»Ach, Schwester, sagen Sie, schnallen Sie sich nicht an?«

»Entschuldigen Sie, Herr Dechant, aber in Italien ist das nicht üblich.

»Aha!« meinte Dechant Strathmann, und mehr fiel ihm auch dazu in diesem Augenblick nicht ein.

Schwester Maria suchte sich den passenden ersten Gang und legte dann einen Kavaliersstart hin, dessen man sich auch als lorbeergekrönter Nürburg-Ring-Fahrer nicht hätte schämen müssen. Dechant Strathmann hätte sich fast verschluckt.

Schwester Maria pflegte ganz den eigenwilligen Stil eines römischen Taxifahrers. Rasant und ziemlich unberechenbar. Dechant Strathmann nestelte in seiner Jacke nach seinem Taschentuch und tupfte über Oberlippe und Stirn.

»Jetzt die nächste Straße links und die zweite Straße rechts. Dann sind wir schon da.« Er lächelte immer noch ängstlich. »Dann können wir in Ruhe miteinander reden.«

Mit quietschenden Reifen jagte Maria einmal links und einmal rechts in die Kurve. Auf dem Gehsteig standen einige harmlose Sonntagsspaziergänger, die die Welt nicht mehr verstanden, als die rasende Nonne an ihnen vorbeibrauste. Dann machte sie eine Vollbremsung. Sie waren zu Hause bei Dechant Strathmann.

Frau Hagenkötter war erschrocken ans Fenster gesprungen.

»Um Himmels willen, was soll denn dieser Radau?«

Sie erkannte ihren Dechant und die neue Schwester.

»Das kann nicht wahr sein«, hauchte sie halb in Bewunderung und halb in Entsetzen. »So fährt kein Mensch!«

Wenig später führte sie Maria in das Haus.

»Tee?« fragte sie kurz.

»Gerne!« Schwester Maria lächelte zufrieden, daß sie endlich ihr Ziel erreicht hatte.

»Zur Feier des Tages auch für mich mit Zucker, ja?« bemächtigte sich Dechant Strathmann rücksichtslos dieser Gelegenheit.

Frau Hagenkötter verzog keine Miene. »So läuft das nicht, Dechant Strathmann. Es ist zwecklos, mich überrumpeln zu wollen.«

Dann schritt sie energisch in die Küche, und Dechant Strathmann ergab sich in sein zuckerloses Schicksal.

Als er seine Aufmerksamkeit wieder Schwester Maria zuwandte, mußte er verwundert zur Kenntnis nehmen, daß sie zwei alte Ziegelsteine aus ihrer Reisetasche holte.

»Das sind alte römische Ziegel«, erklärte sie. »Am Pantheon wurde gerade mal wieder restauriert.«

»Aber Schwester Maria!« empörte sich Dechant Strathmann. »Wenn das nun jeder machen würde! Einfach zwei oder drei Ziegel mit nach Hause zu nehmen.

Da wäre ja in kurzer Zeit von Rom nichts mehr vorhanden!«

»Richtig«, nickte Maria. »Ich habe mir auch geschworen, sie beim nächsten Rombesuch wieder dort abzulegen. Seien Sie mir nicht böse, aber für mich ist das so etwas wie eine sentimentale Leihgabe!«

Dann zog sie noch ein dickes Buch aus der Tasche. Damit folgte sie Dechant Strathmann in sein Arbeitszimmer. An einem gemütlichen runden Tisch bat er sie, Platz zu nehmen.

»Sie wären gerne in Rom geblieben, nicht wahr?« eröffnete er das offizielle Gespräch.

»Ich muß dorthin gehen, wohin mich mein Orden schickt. Ich hatte sogar die Wahl, und ich wollte nach Berlin kommen.«

Ihr Blick wurde ein bißchen nachdenklich. »Doch, Herr Dechant, ich habe gerne in Rom gelebt.«

Dechant Strathmann schmunzelte.

»Ich glaube, ich bin ziemlich mitverantwortlich dafür, daß die Wahl der Ehrwürdigen Mutter ausgerechnet auf Sie fiel.«

Maria schaute den guten alten Mann lange an.

»Wissen Sie, Schwester. Ich bin schwach geworden. Es sind sehr weltliche Zipperlein, die mich plagen, und ich schaffe es nicht mehr allein mit unserer kleinen Pfarrei.«

Frau Hagenkötter brachte den dampfenden Tee. Sie stellte die Kanne vorsichtig auf den Tisch. Die Sahne und das Schälchen mit den genau abgezählten Zuckerstücken rückte sie zu Schwester Maria hin. Dann ging sie wieder hinaus, blieb aber an der Tür stehen, ohne sich umzudrehen.

»Halt! Ich sehe alles.«

Dechant Strathmann erschreckte sich fast zu Tode. Genau in dem Augenblick, als Frau Hagenkötter sich umgedreht hatte, um hinauszugehen, war er über die Zuckerstücke hergefallen.

»Ja, ja, ist ja gut.«

Er legte das Zuckerstückchen wieder zurück, ohne sich allerdings den Mut für einen etwaigen zweiten Versuch nehmen zu lassen. Dechant Strathmann überspielte seinen fast gelungenen Diebstahl mit einer Bemerkung über Schwester Marias Garderobe.

»Schwester Maria, verzeihen Sie mir, daß ich das so frei heraussage, aber irgendwie kommen Sie mir ... wie soll ich das nur sagen ... Sie kommen wir etwas altmodisch vor.«

»Sie meinen meine Kleidung?«

»So ist es. Ich meine, beim Hochamt oder vielleicht auch im Petersdom ist Ihre Nonnentracht ja angemessen, aber ...«

»Meine Tracht ist immer angemessen«, verteidigte sich Schwester Maria. »In Italien trägt fast jeder Priester noch einen langen schwarzen Rock. Sogar in Süditalien, wo es besonders heiß ist.«

Bei der Vorsellung hatte Dechant Strathmann gleich ds Gefühl, seinen obersten Hemdknopf aufmachen zu müssen, aber das bewirkte wohl mehr seine dritte Tasse Tee.

»Der Himmel steh' mir bei, dann könnte ich ja überhaupt nicht mehr Auto fahren oder schnell auf ein Zigarettchen mal auf den Kirchturm steigen.«

Bei der Vorstellung wurde ihm fast schwarz vor Augen.

Da klingelte das Telefon. Frau Hagenkötter nahm den Hörer ab und meldete sich. Dann erklärte sie laut:

»Kaplan Kümmerling ist am Apparat.«

»Oh«, murmelte Dechant Strathmann.

»Ach«, erinnerte sich Schwester Maria.

Mehr gab es anscheinend im Augenblick nicht zu Kaplan Kümmerling zu sagen.

Kaplan Kümmerling drückte sich indessen in einer Telefonzelle am Marktplatz herum, um mit dem Dechanten Kontakt aufzunehmen. Er war ziemlich unruhig und war auch unentschlossen, ob er sich auf einen der vorübergehenden Fußgänger stürzen oder lieber am Telefonhörer bleiben sollte. Endlich verließ er doch die Zelle und fragte einen Mann, der vorüberging, nach der Pfarrei Sankt Katharina.

»Entschuldigen Sie, da muß ich doch dann da hinunter, oder?«

Unglücklicherweise hatte Kaplan Kümmerling den Postkartenfabrikanten Gnecko angesprochen, und der war auf Kirche und ähnliches nicht gut zu sprechen. Für fromme Fragen dieser Art blieb er nicht einmal stehen. »Keine Ahnung«, brummte er unwirsch. »Ich bin Atheist!«

Kopfschüttelnd stieg er in den Wagen, in dem sein Sohn Markus auf ihn wartete.

»Sei doch nicht immer so pampig, Vater. Er hat doch nur nach dem Weg gefragt.«

»Ach was«, polterte der Alte. »Priester fragen immer zuviel. Fahr los, sonst will er noch mitfahren!«

Und den bekümmerten Kümmerling ließen sie einfach stehen.

Da Dechant Strathmann und seine neue Gemeindeschwester in etwa über Kaplan Kümmerlings Standort im Bilde waren, machten sie sich gleich auf den Weg, um ihn zu suchen.

Am Auto gab es fast wieder die gewohnheitsgemäße Verzögerung, aber Schwester Maria hatte dafür jetzt keine Geduld. »So kann das nicht weitergehen, daß Sie immer bäuchlings über den Beifahrersitz kriechen.«

Dann ging sie mit wildem Blick um den Wagen herum und schaute die verschlossene Beifahrertür grimmig an.

»Hoffnungslos«, murmelte Dechant Strathmann.

»Das werden wir gleich sehen«, protestierte Schwester Maria, drehte sich mit dem Rücken zur Tür, hob mit beiden Händen ihre schwarze Kutte und knallte mit ihrem Absatz gegen das störrische Blech, daß die Funken sprühten. Dechant Strathmann war erschrokken zusammengefahren.

»Den Trick hat mein evangelischer Kollege Wölm auch versucht.«

Siegessicher drehte sich Schwester Maria wieder um.

»Kommt immer darauf an, wer das macht!« ereiferte sie sich leidenschaftlich. »Die evangelische Konkurrenz mag uns im Dreißigjährigen Krieg ganz schön Ärger gemacht haben, aber wenn etwas klemmt, dann ist der Katholizismus immer noch schlagkräftiger!«

Dann öffnete sie mit Leichtigkeit die Beifahrertür, lachte fröhlich und ließ Dechant Strathmann Platz nehmen.

Als sich Kaplan Kümmerling und Schwester Maria wiedersahen, war die Überraschung groß.

»Waren Sie gemeinsam in Rom?« fragte Dechant Strathmann verwundert.

»Nein«, Schwester Maria schmunzelte, »aber im Zugabteil.«

Kaplan Kümmerling war die Erinnerung daran ziemlich peinlich. Wenn er gewußt hätte, daß er diese Mikkymaus-Schwester wiedersähe, hätte er sie nicht so offensichtlich mißbilligend angeschaut und sich außerdem geistig etwas mehr von der frommen Kunstgewerblerin abgesetzt. Doch nun war es zu spät, und er konnte zusehen, wie er mit Schwester Maria zurechtkam.

Aber es überschattete noch ein anderes Problem den Augenblick.

»Können Sie mir mit drei Groschen aushelfen?« fragte Kaplan Kümmerling bescheiden. »Die mußte ich mir von Herrn Schäfer zum Telefonieren borgen. Unerklärlicherweise ist mir auf der Busfahrt mein Portemonnaie abhanden gekommen.«

Schwester Maria wurde hellhörig. Der Gedanke schien ihr etwas aus der Luft gegriffen, daß Johannes Rom auch verlassen haben könnte und schon hier war. Sie sah sich vorsichtig um – und tatsächlich! Sie traute ihren Augen nicht. Der kleine römische Taschendieb war auch in Berlin.

Schwester Maria drohte ihm so unauffällig wie möglich mit der geballten Faust.

Dechant Strathmann hatte nichts gemerkt. Er war mit Kaplan Kümmerling schon ein paar Schritte vorausgegangen, nachdem er ihm erst mal mit etwas Geld unter die Arme gegriffen hatte. Dann klopfte er ihm gutmütig auf die Schulter.

»Bevor Sie sich bei uns einrichten, zeige ich Ihnen unser Altersheim hier. Es liegt auf dem Wege.«

Im Altersheim wurde heute frisch gestrichen, und Markus Gnecko hatte sich bereit erklärt, überall, wo Not am Mann war, zu helfen. Er stand auf einer großen Leiter und strich mit dicker Farbe die Wände des Flures an. Neugierig schaute er auf, als er das geistliche Trio zur Pforte hereinkommen sah.

Als Dechant Strathmann lässig die Hand zum Gruß hob, traf ihn ein satter Farbspritzer, der nicht von ungefähr kam. Auch Schwester Maria und Kaplan Kümmerling waren von oben bis unten gelb getupft.

»Sagen Sie mal, können Sie nicht aufpassen?« fauchte Schwester Maria den jungen Mann wütend an.

Markus pinselte ungerührt weiter und hielt es sogar für angebracht, ein Liedchen zu pfeifen. Schwester Maria war außer sich.

»Das war doch die pure Absicht von diesem frechen Bengel!«

Sie wollte den jungen Mann schon von der Leiter herunterholen, da griff Dechant Strathmann ein.

»Ja, er hat es absichtlich gemacht. Regen Sie sich nicht auf. Frau Hagenkötter hilft Ihnen bei der Reinigung.«

Kaplan Kümmerling war ganz in sich zusammengefallen. So viel Angriffslust nahm er sehr persönlich. Er fragte völlig verstört:

»Wieso hat er das absichtlich gemacht?«

»Weil er Schwarzröcke und Pinguine nicht leiden kann, wie sein Vater und er uns zu bezeichnen pflegen«, erklärte Dechant Strathmann beruhigend.

»Aber der Kerl kennt uns doch gar nicht!« begehrte Schwester Maria auf und wollte wieder tätlich werden.

Doch Dechant Strathmann verstellte ihr den Weg. »Bitte nicht, Schwester Maria. Bitte nicht. Gehen Sie mit Gelassenheit an eine Sache, die Sie nicht genau kennen.«

»Ha, Sie sind gut. Ich kenne mich mit jungen Leuten sehr gut aus. Meine Schüler wollten mich auch mit Fischbrühe in Wasserpistolen fertigmachen. Aber da fiel mir schon was ein, das können Sie mir glauben.«

Sie hatte eine Faust schon wieder geballt, als Dechant Strathmann ihr beide Hände sanft auf die Schultern legte.

»Schwester Maria, so beruhigen Sie sich doch. Markus ist ein zuverlässiger und guter Junge. Wegen einer Verkehrsstrafe muß er zwei Wochenenden bei uns arbeiten. Und er arbeitet ordentlich, und es macht ihm auch Spaß.«

Schwester Maria rückte ihre Kutte wieder zurecht. »Sie machen mich ja richtig neugierig.« Ihre Stimme klang schon wieder etwas ausgeglichener.

Dechant Strathmann lachte. »Sie müssen am ersten Tag ja nicht gleich alles verstehen. Ich weiß nicht, ob man Ihnen auf Ihrem Konvent alles über uns erzählt hat. Aber wir können uns schon einiger Absonderlichkeiten rühmen.«

Solch eine Absonderlichkeit tauchte im gleichen Augenblick auf. Ohne anzuklopfen, trat ein uraltes Mütterchen in den Besucherraum. Sie wirkte allerdings noch sehr rüstig.

»Na, haben Sie mir meine letzte Ölung mitgebracht, Herr Dechant? Dreimal hab' ich bei Ihnen angerufen, und kein Mensch kümmert sich darum. Es ist mein gutes Recht, und ich will mein Recht haben. Das ist ja wohl das mindeste!«

Dechant Strathmann schüttelte den Kopf. »Nein, Frau Weber, das geht nicht. Sie brauchen keine Krankensalbung, Sie sind vollkommen gesund.«

Eigenwillig stampfte Frau Weber mit dem Fuß auf. »Was wissen Sie denn schon? Ich fühle mich an der Schwelle des Todes, und ich will meine Salbung haben. Das ist mein Recht!«

Dann hielt sie kurz an, um neuen Atem zu holen. »Und wer sind die beiden da?«

»Ich bin Schwester Maria, die neue Gemeindeschwester.«

»Und ich bin Kaplan Kümmerling«, dabei lächelte er verlegen.

Frau Weber war wenig beeindruckt. »Aha!«

Dann faßte sie Dechant Strathmann fest am Arm. »Ich möchte mit Ihnen alleine reden!«

Dechant Strathmann schmunzelte. »Doch nicht wieder über das Sterben, Frau Weber?«

»Mit Ihnen allein!« beharrte das rüstige Mütterchen. »Lediglich über den Segen des Todes nach einem Leben voller Plagen und Ärger.«

Maria sah das völlig ein. »Gut, Herr Dechant. Ich ziehe schon mal los. Vielleicht macht die Tankstelle auch am Sonntag einen Ölwechsel. Der wäre nämlich längst fällig.«

Kaplan Kümmerling schloß sich ihr an, und zurück blieb Dechant Strathmann mit Mütterchen Weber, um mit ihr eines der Gespräche zu führen, die er schon viele, viele Male mit ihr gehabt hatte.

In der Wohnküche von Dechant Strathmann wartete Schwester Maria ungeduldig hinter einer spanischen Wand. Frau Hagenkötter war mit viel Mühe dabei, die Farbspritzer aus der Kutte herauszubekommen.

»Na, was ist? Bekommen Sie die Flecken weg?«

Frau Hagenkötter war ebenso aufgebracht wie Schwester Maria.

Seit geraumer Zeit versuchte sie nun schon ihr Bestes.

»Also, da ist überhaupt nichts zu machen. Weder mit Wasser noch mit Benzin oder Terpentin. Auch meine anderen bewährten Fleckenentferner versagen. Ich weiß nicht, was er sich dabei gedacht hat, dieser Junge. Er ist doch sonst ganz vernünftig!«

Maria wickelte eine Decke um sich und setzte sich nun neben Frau Hagenkötter auf den Stuhl.

»Was ist denn das für ein Rüpel?« fragte sie.

»Ich hatte so den Eindruck, daß Dechant Strathmann nicht so recht mit der Sprache heraus wollte.«

»Nein, er ist kein Rüpel«, erklärte Frau Hagenkötter und lächelte milde. »Ich weiß es, ich hab' ihn doch aufgezogen.«

Maria blieb der Mund offenstehen.

»Was sagen Sie da?«

»Ja, ich habe viele Jahre im Haushalt der Gneckos gearbeitet, bis zu dem Tag, als seine Mutter das Haus verlassen mußte. Aber fragen Sie mich jetzt bitte nicht, warum und wieso.«

»Nein, bestimmt nicht. Ich wüßte auch gar nicht, was ich zuerst fragen sollte.«

Schwester Maria schaute auf ihre Kutte.

»Sie müssen das nicht machen. Vielleicht versuche ich das selbst mal.«

Frau Hagenkötter schüttelte energisch den Kopf.

»Nein. Kommt gar nicht in Frage. Wenn Markus Unsinn anstellt, dann fühle ich mich auch dafür verantwortlich.«

»Neugier ist nicht unbedingt die beste Voraussetzung für eine Gemeindeschwester, was?« meinte Schwester Maria verschmitzt.

Die Haushälterin schmunzelte und reichte Schwester Maria das halbwegs wieder in Ordnung gebrachte Gewand.

»Vielen Dank, Frau Hagenkötter. Wissen Sie, wozu ich jetzt Lust habe? Etwas ganz Sinnvolles zu tun. Ich möchte Ihnen gerne beim Kochen helfen. Darf ich?«

Aber Schwester Maria merkte sofort, daß die Begeisterung nur einseitig war. Frau Hagenkötter wollte davon gar nichts wissen.

»Nein, dafür sind Sie nicht da«, lehnte sie spröde ab.

»Das ist meine Aufgabe. Und bitte, Punkt sieben Uhr wird gegessen.«

»Gut. Aber nach dem Essen würde ich gerne das

Büro der Gemeindeschwester besichtigen. Ist das möglich?«

»So hatten Herr Dechant und ich das auch vorgesehen.«

Schwester Maria schaute ihre Gesprächspartnerin nachdenklich an. »Ich glaube, ich habe Sie ein bißchen gekränkt, Frau Hagenkötter.«

»Nein, Schwester Maria. Nur – es gibt Wunden, die heilen nie.«

Frau Hagenkötter wußte heute nicht, wo ihr der Kopf stand, denn auch Kaplan Kümmerling benötigte ihre Hilfe. Tatkräftig räumte sie seine ordentlich eingebundenen Bücher ins Regal.

Kaplan Kümmerling hingegen stand tatenlos mit hängenden Armen in der Mitte seines Zimmers und dachte schmerzlich an die verschwundene Brieftasche.

»Ich werde neue Papiere benötigen«, murmelte er leise vor sich hin und fühlte sich weder mit sich noch der Welt in Einklang. »Reisen bringt nur Unruhe in ein Menschenleben, und mein Geld ist dahin.«

»Na, na, na. Sehen Sie die Sache nicht so schwarz«, versuchte Frau Hagenkötter ihn aufzumuntern. »Unsere Bürger hier sind ordentliche und ehrliche Leute. Ihr Portemonnaie wird ganz bestimmt gefunden.«

Sie lächelte ihn zuversichtlich an. »Haben Sie ein wenig Geduld.«

Kümmerling nickte nur halb überzeugt.

»So. Nun werde ich mich um Schwester Maria kümmern. Sie kommen doch zurecht?«

Kaplan Kümmerling nickte erneut, und obwohl er ziemlich niedergeschlagen war, fand er trotzdem den Schwung, mit dem Zeigefinger nachzuprüfen, ob sich da irgendwo noch ein wenig Staub im Regal befände. Das nahm ihm Frau Hagenkötter übel. Sie holte tief Luft und rauschte aus dem Zimmer.

Nach all dem Reisetrubel und den neuen Erlebnissen hatte Schwester Maria erst einmal das Bedürfnis, in die Kirche zu gehen, um sich im Gebet ein wenig zu sammeln. Still kniete sie in der Bank und ließ die Dunkelheit und Ruhe auf sich einwirken. Doch nicht lange, dann holten sie die Probleme des Tages ein, und die Gedanken nahmen ihren zermürbenden Kreislauf wieder auf.

Wie immer, wenn sie angestrengt nachdachte, legte sie ihren Zeigefinger auf ihr Kinn. Dabei sprach sie laut zum Altar hinauf.

»Physik und Mathematik ist mir dank deiner Hilfe leichtgefallen. Und als Novizin war ich auch nicht so schlimm. In Rom hab' ich wenigstens an jeder Ecke gewußt, daß du da bist, an jedem Platz und überall. Aber hier versteckst du dich ganz schön. Verzeih mir, aber das mußte ich loswerden.«

Schwester Maria bekreuzigte sich. Plötzlich hatte sie das Gefühl, daß sie beobachtet wurde. Ganz vorsichtig und langsam drehte sie sich um. Ein Mann, der ziemlich unheimlich aussah, verließ in diesem Augenblick die Kirche.

Schwester Maria war es gar nicht wohl zumute. Sie schaute stirnrunzelnd zum Kreuz.

»Sogar in deinem Haus hat man keine Ruhe mehr.«

Dann bekreuzigte sie sich noch einmal und erhob sich. Mit der Andacht war es ohnehin vorbei.

Draußen wartete Dechant Strathmann.

»Haben Sie eben den Mann gesehen?« flüsterte Schwester Maria etwas verstört. »Ich bin ja nicht ängstlich, aber . . .«

»Das war Sarwatzki, Schwester Maria«, lachte Dechant Strathmann vergnügt.

Das beruhigte Schwester Maria keineswegs.

»Und wer ist das, Sarwatzki?«

Dechant Strathmann legte besänftigend seine Hand auf Schwester Marias Arm.

»Haben Sie Geduld. Leben Sie sich erst mal ein bei uns.«

»Geduld ist nun weiß Gott nicht meine Stärke«, brauste Schwester Maria jetzt auf.

»Das hörte ich bereits von Frau Hagenkötter.«

Als beide zum Auto gingen, blieb Dechant Strathmann plötzlich stehen. »Also gut. Herr Sarwatzki arbeitet als Kfz-Schlosser bei der Glückwunsch- und Postkartendruckerei Gnecko. Er war einmal ein berühmter Rallye-Fahrer, bis er ein Kind tot fuhr. Nach seiner Haft hat er sich nie wieder hinter ein Steuer gesetzt.«

»Gut. Nun weiß ich wenigstens Bescheid«, meinte Schwester Maria, und nachdenklich stiegen beide ins Auto und fuhren schweigsam zu Schwester Marias neuem Zuhause.

Erst das etwas blecherne Glockengeläut, das sie beim Aussteigen empfing, brachte die beiden wieder in fröhliche Stimmung.

»Na, wie finden Sie das?« strahlte Dechant Strathmann begeistert.

»Das sind unsere Glocken, ein Klang wie pures Silber, das müssen Sie zugeben. Und obendrein sind es einige der ganz wenigen Glocken, die nicht zu Kanonen verarbeitet wurden. Nur der Elektromotor, der läuft schon seit Jahren nicht mehr gleichmäßig.«

»Ich schätze, da wird die Kupferwicklung verschlissen sein«, meinte Schwester Maria fachkundig.

Dechant Strathmann blieb der Mund offenstehen. Langsam faßte er sich wieder. »Sagen Sie bloß, Sie haben auch noch Ahnung von Elektromotoren.«

»Theoretisch schon, aber praktisch noch nicht so ganz.«

Es war schon dunkel, als sie das rostige Gittertor öffneten und den verwunschenen Garten betraten, in dem sich Schwester Marias Hexenhäuschen versteckte. Die Fenster waren hell erleuchtet. Dort wütete schon Frau Hagenkötter und hatte die beiden Zimmer militärisch adrett hergerichtet. In der kleinen Gemeindeschwester-Amtsstube standen ein Schreibtisch mit Stuhl und dahinter der Aktenständer. Alt und brüchig, aber blank geputzt.

»So, das könnte hier Ihr Büro werden«, erklärte Dechant Strathmann. Neben Bad und Toilette gab es dann noch ein Schlafzimmer mit Bett, Schrank und Gebetsbank. Unter das Kruzifix hatte Frau Hagenkötter einen Strauß aus frischen Gartenblumen gestellt.

Schwester Maria sah sich glücklich um. »Wunderschön«, lachte sie begeistert. »Das haben Sie großartig hingekriegt, Frau Hagenkötter!«

Frau Hagenkötter waren solche Lobausbrüche unangenehm.

»Schon gut, schon gut. Das ist doch selbstverständlich.« Und etwas düster fügte sie hinzu: »Freuen Sie sich lieber nicht zu früh, das ist nicht gut.«

Schwester Maria wollte gerade ihre Freude verteidigen, da rief draußen im dunklen Garten ein Käuzchen.

»Na bitte«, meinte Frau Hagenkötter vielsagend, und alle drei verstummten.

Zu allem Überfluß hörte man im Abendwind auch noch das Schlagen eines Fensterladens.

»Also – Angst müssen Sie hier keine haben«, sagte Dechant Strathmann ein bißchen zu laut.

»Ach du liebe Zeit, habe ich auch nicht«, sagte Schwester Maria ein wenig zu leise.

»In Rom hab' ich sogar in einem Haus gewohnt, in dem Savonarola mit dem Kopf unter dem Arm gespukt haben soll.«

Frau Hagenkötter erschauerte und war froh, daß Dechant Strathmann wenigstens in guter Stimmung war.

»Also Schwester Maria«, lachte er fröhlich und reichte ihr die Hand.

»Wir lassen Sie jetzt allein. Sicher sind Sie müde.«

Dann verabschiedeten sich die beiden und verschwanden in der Dunkelheit. Schwester Maria hörte noch das Gittertürchen quietschen, dann war es ruhig.

Endlich konnte sie beginnen, ihre Sachen auszupakken.

Die beiden römischen Steine legte sie auf die Fensterbank. Dann blickte sie auf das Kruzifix an der Wand. Vorsichtig hängte sie es ab und tauschte es mit ihrem römischen Kruzifix aus.

»Das hiesige kommt ins Büro«, murmelte sie leise vor sich hin.

Draußen rief wieder das Käuzchen, und auch der Fensterladen schlug wieder auf seine unheimliche Art.

Erschöpft ließ sich Schwester Maria auf der Gebetsbank nieder.

»Herr, ich vertraue auf dich mit meinem ganzen Herzen. Ich fürchte mich und fühle mich ziemlich einsam und verloren. Bitte beschütze mich und vertreibe meine ängstlichen Gedanken. Könntest du das einrichten?«

Der nächste Morgen ließ Schwester Maria die dunkle Nacht und alle düsteren Gedanken und Ängste vergessen. Die Sonne schien warm und freundlich und tauchte das Gartenhäuschen und den verwilderten Garten in goldenes Licht. Erstaunt betrachtete Schwester Maria die blühende Pracht ringsherum. Sie schnupperte an den Blumen und atmete tief die frische Luft ein.

Plötzlich brach der aufreizende Lärm eines Mopeds in ihre Stille. Im nächsten Augenblick erkannte sie Sarwatzki.

»Guten Morgen, Schwester Maria«, rief er ihr über den Gartenzaun zu. »Wenn Sie zu der kleinen Heike gehen, schaue ich mir Ihr Auto an. Ich habe heute nämlich frei.«

Langsam ging Schwester Maria in Richtung Gartentor.

»Wer ist denn bitte Heike? Und was haben Sie mit Dechant Strathmanns Auto zu tun?«

Sie war leicht verärgert.

»Heike ist elf und hat Fieber.«

»Aha.«

»Ja, und die Eltern arbeiten, und Heike hat Angst. Der Doktor sagt, es ist nicht gefährlich.«

»Gut. Dann bringen Sie mich zu Heike«, nickte Schwester Maria schon etwas versöhnter.

»Ich muß nur noch ins Haus und meinen Führerschein holen.«

Wenige Minuten später hielten sie mit einer von Schwester Marias Vollbremsungen vor dem Haus von Heikes Eltern. Die Kleine schaute bereits erwartungsvoll aus dem Fenster. Sie hatte einen dicken bunten Schal um den Hals gewickelt. Begeistert deutete sie mit dem Finger auf Schwester Maria.

»Ist das die Tante, Onkel Sarwatzki, die wie ein großer Pinguin aussieht?«

Bevor Sarwatzki den empörten Blick von Schwester Maria auffangen konnte, wechselte er mit Schwung auf den Fahrersitz und fuhr einfach ab.

»Du bist gar kein Pinguin«, bohrte die kleine Heike unbeirrt weiter.

Schwester Maria hob lediglich die Augen zum Himmel. »Was soll man da machen«, dachte sie resigniert und bemühte sich, ein bißchen zu lächeln. »Nein, ich bin kein Pinguin. Ich sehe nur so aus.«

Während sich Schwester Maria mit der kleinen Heike anfreundete, die sie immer mehr an ihre römischen Schulkinder erinnerte, zerlegte Sarwatzki fachmännisch das geistliche Auto.

Einige Pensionärinnen aus dem Altersheim beobachteten ihn neugierig und voll Mißtrauen.

»Ich sage euch«, begann Frau Weber die üble Nachrede, »der hatte schon immer was zu verbergen. Wenn einer in der Kirche immer hinten sitzt, spricht das für sich, würde ich sagen.«

Frau Kreitlein war Feuer und Flamme. Sie nickte fast andächtig. »Richtig, Frau Weber, ganz richtig. Und immer ist er hinter den Kindern her.« Ihre Augen glitzerten vor Bösartigkeit.

Und Frau Lissa wußte sogar aus sicherer Quelle, daß er deswegen schon einmal im Gefängnis gesessen hatte. Und bei »deswegen« überschlug sich ihre Stimme fast.

Sarwatzki allerdings bemerkte von all diesen giftigen Verleumdungen nichts. Er arbeitete viel zu eifrig, als daß er den drei alten Hexen hätte Beachtung schenken können. Immerhin ging es darum, dem Uraltgefährt einen neuen Auspuff einzubauen. Er mußte aufs genaueste angebracht werden, denn vor der Nonne, die so hübsch aussah, wie sie wild und gut Auto fuhr, wollte er sich als Techniker auf keinen Fall die geringste Blöße geben.

Nach langen drei Stunden endlich brachte er ihr das völlig instandgesetzte Auto zurück. Er wurde ein bißchen rot und war selig, als Schwester Maria ihn ausgiebigst lobte. Natürlich bemühte er sich dabei um eine äußerst lässige Haltung.

»Na, na, Schwester Maria. Das war doch ein Klacks. So was mach' ich normalerweise im Schlaf.«

Dann verabschiedete sich Schwester Maria von der kleinen Heike, denn sie hatte noch einen langen und arbeitsreichen Tag vor sich.

Als sie Sarwatzki wieder zu seinem Moped gebracht und ihm noch einmal kräftig die Hand geschüttelt hatte, fuhr sie erst einmal zur Post, um das Telefon anzumelden.

Das erledigte sie ziemlich schnell, und gerade als sie wieder davonjagen wollte, entdeckte sie im Rückspiegel Markus Gnecko.

»Na, den kann ich mir auch noch gleich vornehmen«, dachte sie entschlossen und stieg aus.

»Komm mal her, du Ungeheuer«, winkte sie ihn heran.

In Zickzacklinien kam er langsam auf seiner Vespa näher und blieb verlegen vor ihr stehen.

»Tut mir leid, Schwester«, stammelte Markus. »Das war alles gar nicht ganz so gemeint, das mit der Farbe und so.«

»Aha. Also es war nur halb so gemeint«, meinte Schwester Maria, schon nicht mehr ganz so zornig.

»Ich war nur irgendwie wütend«, versuchte er zu erklären.

»Ist ja schon gut«, lächelte Schwester Maria. »Ich meine nur – irgendwie wütend zu sein, wer kann sich das schon leisten? Und irgend etwas beweisen kann man damit auch nicht.«

Damit stieg sie wieder in ihr Auto, knallte die Tür zu und kurbelte die Fensterscheibe herunter.

»Ach, warte mal, Markus. Weißt du, wo das evangelische Gemeindezentrum ist? Ich will mich dort vorstellen.«

Sie war nun völlig versöhnt mit ihm, und Markus wies ihr ziemlich erleichtert den Weg zur protestantischen Konkurrenz.

Pastor Wölm lag unter einer tobenden Menge von Kindern, als er durch das Fenster Schwester Maria herankommen sah. Mühsam und mit vielen Versprechungen befreite er sich von seinen kleinen Peinigern, fuhr sich mit der Hand ordnend durch die Haare und eilte der Nonne entgegen.

»Guten Tag. Mein Name ist Wölm«, stellte er sich vor. »Aber das hat Ihnen mein katholischer Amtsbruder Strathmann wohl schon gesagt.«

Freundschaftlich reichte er ihr die Hand.

»Und Sie sind sicherlich die ehrenwerte Nonne, die dem Katholizismus als frische Speerspitze im Kampf gegen den protestantischen Sumpf dienen soll.«

Maria lachte. »Gibt es hier einen protestantischen Sumpf?«

»Nein, Schwester Maria, nicht mal das. Sowohl auf Ihrer als auch auf meiner Seite ist alles ziemlich trokken.«

Maria klopfte auf ihr schwarzes Wachstuchheftchen, und fast ein wenig schüchtern erklärte sie:

»Ich sammle zunächst nur Informationen.«

Pastor Wölm lächelte verschmitzt.

»Im Informationssammeln wart ihr Schwarzen uns Blauen immer weit voraus.«

Maria antwortete nicht, schaute nur indigniert himmelwärts, bevor sie ihre Blicke neugierig über das evangelische Gemeindezentrum schweifen ließ. Scheinbar nebenbei stellte sie ihre erste gezielte Frage.

»Wie viele kirchliche Trauungen führen Sie in Ihrer Gemeinde durch?«

»Ach, so dann und wann einmal eine«, lautete die unverbindliche, aber fröhliche Antwort.

»Und wie viele Kinder taufen Sie im Namen des Herrn?«

»Ach, auch dann und wann einmal eines.«

»Soso«, meinte Schwester Maria nachdenklich und war über ihre eben eingeholten Auskünfte nicht sehr beglückt.

»Irgenwie find' ich das traurig«, fuhr sie dann fort, »daß hier nichts los ist mit Hochzeiten und Taufen. Aber wahrscheinlich bin ich durch Italien sehr verwöhnt. Stellen Sie sich vor, wir haben hier nicht einmal einen katholischen Kindergarten.«

Sie schaute den Pastor mit großem und verständnislosem Blick an.

Pastor Wölm lächelte über den Eifer der hübschen Nonne. Dann schaute er auf seine Uhr.

»Wissen Sie was, Schwester Maria. Ich lade Sie zum Essen ein. Sie haben doch hoffentlich Hunger.«

Schwester Maria nickte noch immer etwas gedankenverloren.

»Ja, richtig. Essen muß man ja auch einmal.«

Dann lachte sie. »Sagen Sie bloß, Sie können kochen.«

Pastor Wölm gab ihr keine Antwort, sondern führte sie zielstrebig in sein Haus. Dort öffnete er den Küchenschrank, wo Unmengen von Dosen mit Fertiggerichten lagerten.

»Na, was sagen Sie nun?«

Er nahm einige Dosen heraus. »Wollen Sie lieber Ravioli oder Hühnerfrikassee mit Reis?«

Schwester Maria konnte gar nicht glauben, was sie da sah.

»Sie leben doch nicht etwa von Dosenkost? Kein Wunder, daß Sie keine Kraft haben, die Leute zu überzeugen, daß sie heiraten und ihre Kinder taufen lassen sollen!«

Pastor Wölm stellte seine Delikatessen mit einem Achselzucken zurück in den Schrank.

»Also gut, wenn Sie meinen. Sicherlich bestätigt das Ihr Vorurteil, daß uns Protestanten eine gewisse Leibesfeindlichkeit zu eigen ist, was die Genüsse des täglichen Lebens betrifft. Ich trinke auch nur Dosenbier.«

Schwester Maria gab sich geschlagen.

»Also gut, holen Sie die Dose da wieder heraus. Die mit Huhn und Reis.«

»Na also!« Pastor Wölm freute sich und machte sich mit einem elektrischen Dosenöffner an die Arbeit.

»Hier in meiner Gemeinde hab' ich auch schon einen Spitznamen wegen meiner Leidenschaft für Dosengerichte. Ich heiße Büchsenöffner.«

»Sehr sinnig.« Schwester Maria schüttelte den Kopf und krempelte die Ärmel ihres Gewandes hoch. »Aber das läßt sich ändern.«

Sie öffnete den Kühlschrank und holte alles heraus, was sie nur finden konnte.

»So, da wollen wir doch mal sehen, ob man nicht etwas zaubern kann. Wenn Sie gestatten«, schlug sie vor, »dann essen wir Huhn mit Reis als Vorspeise, natürlich etwas verfeinert, à la Maria.«

Sie drehte sich eifrig in der Küche um und griff nach einer einsamen Knoblauchzehe und hielt sie ihm entgegen. »Und aus dieser Kleinigkeit mach' ich einen Hauptgang: Spaghetti alio olio.«

Pastor Wölm war begeistert.

»Fabelhafte Idee, Schwester Maria. Knoblauch hält uns wenigstens die gottlosen Vampire vom Hals.«

Er ließ sich auf einen Küchenstuhl nieder und beobachtete Schwester Maria, wie sie einen großen Topf mit Wasser auf den Herd setzte.

»Darf ich Sie etwas fragen?« unterbrach Schwester Maria die kurze Gesprächspause. Pastor Wölm nickte.

»Warum sind Sie als protestantischer Priester eigentlich noch nicht verheiratet? Das ist doch üblich.«

Seine Antwort klang höchst einleuchtend.

»Ganz einfach, Schwester. Weil ich noch nicht die richtige Frau gefunden habe.«

Als Schwester Maria an diesem Abend den ehemaligen katholischen Kindergarten betrat, wurde sie traurig. Es war ein verwahrloster Raum, und vor allem gab es hier keine fröhlichen Kinder, so wie bei Pastor Wölm. Überall blätterte die Farbe von den Wänden, und in den Ecken standen alte abgestoßene Stühlchen und kleine Bänke herum.

»Traurig sein hilft uns nicht weiter«, machte sie sich selbst Mut und schaute Dechant Strathmann, der hinter ihr hereingekommen war, fragend an.

»Was meinen Sie? Mit ein bißchen Farbe läßt sich hier doch eine Menge machen.«

Dechant Strathmann nickte eifrig.

»Klar. Sarwatzki hilft uns sofort. Der malt uns auch die Kinder an die Wand, wenn keine kommen.«

Schwester Maria schüttelte lächelnd den Kopf. Sie hatte noch eine andere Idee. »Warum soll das nicht Markus Gnecko machen? Der junge Mann hat doch hervorragende Erfahrungen mit Anstreicharbeiten.«

Dechant Strathmann hob beschwörend die Hände hoch.

»Um Gottes willen, Schwester Maria. Ich bitte Sie. Lassen Sie vorläufig noch die Wespennester aus.«

Schwester Maria runzelte zornig die Stirn.

»Nein, Herr Dechant. Ich meine das allen Ernstes. Zweimal hat der Junge heute schon versucht, mit mir zu sprechen. Ich habe wirklich das Gefühl, daß das ein guter Vorschlag ist.«

Dechant Strathmann war noch nicht so ganz überzeugt.

»Meine Güte. Sie haben wohl eine fabelhafte Begabung, Ihre Finger in offene Wunden zu legen.«

»Na, dann sagen Sie doch, was los ist«, erwiderte Schwester Maria ärgerlich.

»Also gut, wenn Sie unbedingt meinen. Herr Gnecko hat seine Frau sehr geliebt, und er liebt sie auch jetzt noch, und Markus ist mit all dem bis heute noch nicht fertig geworden.«

Schwester Maria nickte voller Verständnis und sah plötzlich müde und ein bißchen traurig aus.

»Ich begreife, das ist schwer für ihn. Übrigens, wegen der Farbkleckserei hat er sich bei mir entschuldigt.«

Gegen Abend verabschiedete sich Dechant Strathmann.

Schwester Maria schlenderte nachdenklich durch ihren verwunschenen Garten.

»Ich werde mich anstrengen und versuchen, meine Arbeit so gut wie möglich zu machen«, flüsterte sie leise vor sich hin und schaute voller Liebe zum Himmel.

»Du hast einmal gesagt, daß es leichter ist, eine Herde mit Schafen zusammenzuhalten, als ein einziges entlaufenes wieder einzufangen. Meinst du nicht, daß Markus auch solch ein entlaufenes Schaf ist?«

Gott der Herr hatte offensichtlich ein Einsehen mit Schwester Maria, denn als sie am nächsten Morgen mit Dechant Strathmann und Kaplan Kümmerling das Altersheim betrat, stand Markus wieder auf der Leiter und strich die Decke.

Dechant Strathmann beschloß sofort, sich zurückzuziehen.

»Also gut, Schwester Maria. Sie machen das hier schon. Ich gehe dann Frau Weber besuchen, und Sie, Kümmerling, besuchen Frau Kreitlein.«

Schwester Maria drohte mit dem Finger.

»Sagen Sie Frau Weber einen schönen Gruß von mir, daß man mit der Krankensalbung nicht spaßen soll. Wer als anständiger Mensch an der Schwelle des Todes steht, der rennt nicht die ganze Woche putzmunter durch die Gemeinde und ruiniert den Ruf der anderen Leute!«

Dechant Strathmann winkte ab.

»Bin ich verrückt und werde ihr das ausrichten!? Das machen Sie mal lieber selber.« Und schon verschwand er hinter der Türe von Frau Weber.

Schwester Maria wandte sich an Markus.

»Na, grüß Gott«, sagte sie freundlich. »Was ist, ich bin auf alles gefaßt.«

Markus stieg von der Leiter herunter, den tropfnassen Pinsel vorsichtig in der Hand. Er ließ keinen Blick von der Schwester. »Nein«, meinte er mit einem kleinen Anflug von Lächeln. »Mit seinen Späßen muß man haushalten, sonst verlieren sie an Überzeugung.«

Dann schaute er etwas mißtrauisch. »Sie sind doch jetzt über mich informiert, oder? Seitdem mein Vater Ihrem Strathmann und Frau Hagenkötter den Geldhahn abgedreht hat, weiß Ihr katholisches Unternehmen doch nicht mehr, wo oben und unten ist. Na ja, was soll's. Ich begleite Sie trotzdem zum Auto.«

Dann wischte er sich so gelassen wie möglich die Hände sauber und brachte Schwester Maria zu ihrem Wagen. Dort staunte Markus schwer, als Schwester Maria einen neu eingebauten Schalter am Armaturenbrett umlegte und den Motor startete. Es klang, als würde das reine Höllenfeuer durch die Auspuffe röhren.

»Nicht schlecht, Schwester. Dieser Sarwatzki ist doch ein einsames As. Mein Vater bezahlt ihn sogar über Tarif.«

Schwester Maria nickte zustimmend, reichte ihm durch das heruntergekurbelte Fenster die Hand, legte den ersten Gang ein und donnerte davon. Das war wieder das Richtige für die Damen aus dem ersten Stock des Altersheims. Alle drei standen am Fenster und wußten vor lauter Empörung gar nicht, was sie an Gift zuerst in Worte fassen sollten.

»Das ist allerhand«, zischte Frau Weber endlich.

»So was müßte man verbieten«, geiferte Frau Kreitlein.

»Eine Nonne in so einem Jagdbomber, das ist skandalös«, wußte Frau Lissa dazu zu sagen, »und obendrein mischt sie sich auch noch in alles ein.«

So war die Abfahrt der neuen Gemeindeschwester wieder ein voller Erfolg.

Schwester Maria hielt beim Zeitschriftenhändler Schäfer, weil sie sich noch den Tagesanzeiger holen wollte. Als sie den Wagen abschloß, stürmte der Postbote auf sie zu, der sie offensichtlich schon kannte.

»Post für Sie«, rief er und schwenkte einen dicken Umschlag hin und her.

»Danke schön, das trifft sich ja gut.«

Sie nahm auch die übrige Pfarramtspost an sich, winkte dem Postboten hinterher und ging dann zu Herrn Schäfers Kiosk. Der war gerade beim Umschichten gewisser Magazine, deren Titelbilder einer durchschnittlich traditionellen Nonne die Schamröte ins Gesicht getrieben hätten. Als er Schwester Maria kommen sah, ließ er vor Schreck einen der heißen Stapel fallen. Wütend bückte er sich und kroch hinunter.

»Himmel, ist das ein Kreuz mit den Weibern!« knurrte er und sammelte seine nackten Mädchen wieder ein.

Schwester Maria beobachtete das Schäfersche Durcheinander mit Vergnügen. Sie tat natürlich so, als sei sie ganz mit ihrer Post beschäftigt, und ging scheinbar ganz nebenbei auf ihn zu.

»Ich hätte gerne den Tagesanzeiger«, sagte Maria sehr höflich und versuchte, nicht zu lachen.

Das Problem, nicht zu lachen, hatte Herr Schäfer keineswegs. Er war mehr damit beschäftigt, seiner Kundin das gewünschte Blatt zu reichen und gleichzeitig einer besonders wohlgerundeten Dame auf Glanzpapier eventuelle strenge Blicke zu ersparen.

Dabei mußte er sich ziemlich verrenken, und entsprechend unglücklich sah er auch aus.

»Na, nun bringen Sie mal nicht Ihr ganzes Geschäft durcheinander«, bemerkte Schwester Maria trocken, »und entspannen Sie sich. Stellen Sie sich gerade hin. Ich fresse Ihre Freundin schon nicht auf.«

»Wie bitte, wieso, was denn?«

Herr Schäfer wurde immer verwirrter und litt entsetzlich.

»Na ja, wenn Sie jedesmal, wenn ich hier an Ihrem Kiosk vorbeikomme, so einen selbstzerstörerischen Tanz aufführen, dann kommen Sie ja überhaupt nicht mehr zur Ruhe.«

Herrn Schäfer traten die Schweißperlen auf die Stirn.

»Mein Gott, Schwester, ich dachte nur . . .«

»Nun, dann haben Sie eben falsch gedacht. Guten Tag.«

Und mit wehendem Gewand rauschte Schwester Maria zu ihrem Wagen.

Herr Schäfer verstand die Welt nicht mehr. Nach Schwester Marias Kavaliersstart allerdings mußte er einen Schnaps trinken.

Dechant Strathmann stand auf seinem Kirchturm und rauchte eine verbotene Zigarre, als Schwester

Maria auftauchte, um ihm die Post zu übergeben. »Oh, vielen Dank. Aber Sie hätten sich nicht die Mühe machen müssen. Die Post erledige ich immer zwischen fünf und sechs Uhr abends vor der Vesper.«

»Ach wirklich«, lächelte Schwester Maria vielsagend.

»Na ja, gut. Also sagen Sie, was Sie auf dem Herzen haben. Fragen Sie mich ruhig. Hier oben sind wir unserem Herrgott näher und vielleicht auch der Wahrheit.«

»Ich sehe seit einigen Tagen auf Ihrem Schreibtisch einen ungeöffneten Brief liegen. Er ist vom Bischöflichen Ordinariat. Warum haben Sie ihn noch nicht aufgemacht?«

»Weil ich feige bin, Schwester Maria. Weil ich mich fürchte zu wissen, was da drin steht.«

Schwester Maria nickte.

»Ihre Pensionierung.«

»Hoffentlich nicht. Ich liebe meine Pfarrei«, wies Dechant Strathmann diese Vermutung von sich.

»Na, dann öffnen Sie den Brief doch, dann wissen Sie es.«

Und wie um ihm ein Beispiel zu geben, machte sie ihren schweren Umschlag auf. Er enthielt eine Videokassette.

»Die Ermordung des Jean-Paul Marat«, flüsterte sie und blickte nach oben. »Danke.«

Der Nachmittag brachte für Schwester Maria wenig Erfreuliches. In einem ziemlich unwohnlichen Raum schickte sie sich an, mit sechs alten Damen ein Meßgewand zu besticken. Die Damen, die sich mit den bunten Seidenfäden sehr gut auskannten, beobachteten die Gemeindeschwester mit Argusaugen, vor allem Frau Weber und ihre beiden Freundinnen ließen keinen Blick von ihr.

»Sagen Sie, lernt man so etwa heutzutage in einem Kloster nicht mehr?« fragte Frau Weber spitz.

»Ich habe Mathematik und Physik studiert«, antwortete Schwester Maria ruhig.

Alle Damen hielten gleichzeitig fassungslos inne, was Schwester Maria so durcheinanderbrachte, daß sie sich in den Finger stach.

»Nein!« raunten sie alle sechs in einem Atemzug, und nach einer angemessenen Zeit der völligen Verblüffung nahmen sie ebenso gleichzeitig ihre Arbeit wieder auf. Das war alles, was in den zwei Stunden gemeinsamer Heimarbeit gesprochen wurde. Dafür nahm die elektrische Spannung im Raum immer mehr zu.

Endlich löste sich die traute Gruppe auf, und Schwester Maria konnte den Stickraum verlassen. Dankbar schaute sie zum Himmel und verabschiedete sich dann.

»Danke schön, Frau Weber. Und bis zum Freitag.«

»Wieso bis Freitag? Mittwochs treffen wir uns genau Punkt vier Uhr. Vergessen Sie es nicht!«

»Nein, natürlich nicht. Wie könnte ich.« Schwester Maria lächelte noch einmal, wußte, daß es geheuchelt war, und fühlte sich dadurch auch nicht besser.

»Mein Gott, ich bin auch nur ein Mensch.« Sie atmete auf, als sie endlich allein war, und eilte nach Hause.

Als sie ihr Gartentürchen erreichte, blieb sie einen Augenblick überrascht stehen. Auf der Treppenstufe vor der Haustüre saß Markus. Er war noch in Anstreicherkluft.

»Hey, Frau Doktor«, begrüßte er sie und deutete mit dem Daumen über die Schulter in Richtung Gemeindeschwesterbüro. »Da drin klingelt pausenlos das Telefon.«

Schwester Maria schloß ihr kleines Gartenhaus auf. Markus folgte ihr ganz selbstverständlich.

»Ich studiere übrigens auch Mathematik und Physik.«

»Im wievielten Semester sind Sie denn?«

»Im dritten. Sie können mich übrigens auch duzen, Frau Doktor.«

Schwester Maria wandte sich um und schaute ihn an.

»Einverstanden. Aber nur, wenn du Schwester Maria zu mir sagst.«

»Dann müssen Sie aber Bruder Markus zu mir sagen.«

»Rede keinen Blödsinn«, erwiderte sie nur knapp und schloß die Tür hinter sich zu. »Ach ja, morgen nachmittag schickt Pastor Wölm ein paar Jungs von seinem Christlichen Verein junger Männer.«

Markus schüttelte unwillig den Kopf. »Kommt gar nicht in Frage, ich will das alleine machen. Sein Konkurrenzunternehmen interessiert mich überhaupt nicht.«

»Hast du keine Freunde, die dir dabei helfen könnten? Keine Freundin?«

»Die brauch' ich nicht.«

Wie beiläufig zog er ein Foto seiner Mutter aus der Hosentasche und legte es Maria auf den Schreibtisch.

Sie betrachtete es lange. »Du hast recht. Deine Mutter ist eine sehr schöne Frau.«

Dann unterbrachen die Glocken von Sankt Katharina jedes weitere Gespräch. Laut, falsch und selbstsicher verkündeten sie die Gegenwart des Herrn.

»Das ist ja grauenhaft!« rief Markus und hielt sich die Ohren zu. »Da muß man doch irgendwas unternehmen!«

»Ja, aber was?«

»Na los, wir gehen hoch zum Glockenstuhl und schauen mal nach.«

Schwester Maria wußte nicht so recht, was sie davon halten sollte. »Vielleicht sollten wir Sarwatzki mitnehmen.«

»Ach was, wir gehen alleine und schauen, was man da machen kann.«

Und wie zwei Verschwörer schlichen die beiden hoch in den Turm. Mit wichtigen Mienen beugten sie sich über den Elektromotor, der dieses kummervolle Geläute zustande brachte.

»Die Kohlen vom Motor sind völlig abgeschliffen«, fachsimpelte Markus. «Sie müssen erneuert werden. Aber dafür wäre es nötig, vorher den ganzen Motor auszubauen und die Gestänge dazu entfernen.«

Mit Hilfe eines Schraubenschlüssels begann er unverzüglich mit der Arbeit. Schwester Maria wurde leicht nervös.

»Ich weiß nicht, ob wir damit nicht warten sollten. Hör bitte lieber auf, daran herumzudrehen. Ich bespreche die Sache zuerst mit Dechant Strathmann. Das ist meine Pflicht. Wir müssen nichts überstürzen.«

Aber Markus ließ sich nicht aufhalten. »Ach was, das haben wir gleich.«

Schwester Maria wurde langsam ungeduldig und hielt ihn am Arm fest. »Laß das jetzt und höre auf. Das erhebt dich auch nicht zum Heiligen Sebastian.«

»Interessiert mich auch nicht. Ich bin Atheist wie mein Vater.«

Jetzt wurde Schwester Maria ernstlich wütend. »Hör endlich auf.«

Doch da war es schon zu spät. Eine der rostigen Schrauben riß sich los, weil Markus eine andere entfernt hatte, und der Elektromotor löste sich aus der Halterung. Die Funken sprühten, Markus schrie auf, als habe ihn ein kräftiger Schlag getroffen. Er fiel zu Boden und blieb regungslos liegen. Schwester Maria hatte sich nur an der Hand verletzt, aber das interessierte sie jetzt gar nicht. Verzweifelt beugte sie sich über Markus.

»Herr, steh uns bei!« flüsterte sie.

In ihrer Verzweiflung wußte sie sich keinen anderen Rat, als an einem der Gestänge, die unmittelbar zum Glockenstuhl führten, mit aller Kraft zu ziehen, um damit ein Sturmgeläut auszulösen.

Schwester Maria hatte damit auch Erfolg. Sarwatzki, der vor seiner Gartenlaube arbeitete und nebenbei die kleine Heike beaufsichtigte, horchte auf. Die Glocke schlug heftig und ungleichmäßig. In aller Eile schickte er das Kind nach Hause und rannte los.

Auch Dechant Strathmann, der in seinem Arbeitszimmer saß und wohl zum hundertsten Mal den Brief des Bischöflichen Ordinariats las, wurde unruhig, als er die einzelne Glocke so heftig wie eine Totenglocke schlagen hörte. Frau Hagenkötter, die ihm soeben den Tee servieren wollte, ließ vor Schreck die Tasse fallen.

Auch Pastor Wölm, der gerade unter der Dusche stand und Seife in den Ohren hatte, hörte den tönenden Hilferuf und ebenso Zeitungshändler Schäfer, der für einen Augenblick nicht ganz sicher war, ob das nun bedeuten sollte, daß das Jüngste Gericht über seine Magazine herfallen würde.

Kurzum: Das Wehgeläut der Glocke war überall zu hören.

Erst als Maria plötzlich entdeckte, daß sich an der elektrischen Zuleitung ein Kabelbrand entfacht hatte, der sich deutlich zum Holzgebälk des Glockenstuhles vorarbeitete, hielt sie inne, verband sich notdürftig die verletzte Hand mit einem Stoffetzen und beugte sich erneut über Markus, der eingeklemmt zwischen der Treppe und Teilen des Elektromotors lag. Verzweifelt bemühte sie sich, diesen anzuheben, aber er war viel zu schwer. Da hörte sie eilige Schritte, wildes Rufen, sah dann Sarwatzki, Dechant Strathmann und Frau Hagenkötter die Turmtreppe heraufstürmen.

»Dem Himmel sei Dank«, flüsterte sie, und es fiel ihr ein Stein vom Herzen.

Sarwatzki erkannte sofort den Ernst der Situation. Er bemühte sich ebenfalls, den schweren Motor anzuheben. Dechant Strathmann half ihm dabei, aber auch gemeinsam schafften sie es nicht.

»Frau Hagenkötter!« rief Maria, »bitte benachrichtigen Sie sofort seinen Vater!«

Die Haushälterin nickte und rannte in verzweifelter Eile die Treppen wieder hinunter.

»Und rufen Sie vorher noch einen Krankenwagen!« brüllte Dechant Strathmann hinter ihr her.

Endlich gelang es den beiden Männern, den Elektromotor mit Hilfe eines Metallknüppels anzuheben. Schwester Maria zog den Jungen behutsam mit all ihren Kräften unter der schweren Maschine hervor.

»Herr Dechant, das sind 380 Volt«, schrie sie fast. »Wir müssen so schnell wie möglich in ein Krankenhaus!«

»Mein Gott, wenn ich schon die Finger von diesem Monster lasse«, polterte Sarwatzki wütend los, »dann können Sie sie doch erst recht davon lassen! Und der Junge doch wohl auch!«

»Ruhig, ruhig. Vorwürfe machen können wir uns später, Sarwatzki!« entgegnete Strathmann beschwichtigend.

Behutsam trugen sie Markus die Treppe hinunter, betteten ihn, so gut es ging, in Strathmanns Dienstwagen, und nun zeigte Schwester Maria zum erstenmal wirklich, was es mit ihrem Fahrkönnen auf sich hatte. Sogar ihr selbst standen die Haare zu Berge, als sie gelbe Ampeln überrumpelte und fast auf zwei Reifen in die Kurven ging.

Etwas zu spät kam ihnen mit heulenden Sirenen der Krankenwagen entgegen. »Verlieren Sie keine Zeit«, rief Pastor Wölm, der sich trotz wilder Fahrt halb auf Markus gekniet und mit einer Herzmassage begonnen hatte. »Wir müssen ins Klinikum, das dauert sonst alles viel zu lange!«

Schwester Maria begriff sofort und steigerte ihre ohnehin schon atemberaubende Geschwindigkeit bis an die Grenze des Möglichen. Die Grenze des Erlaubten hatte sie schon lange hinter sich gelassen.

Endlich war das Klinikum erreicht. Dort bremste Schwester Maria entgegen ihrer Gewohnheit in zwei großen Hofkurven, um Markus mit ihrer üblichen Art, ein Auto zum Stehen zu bringen, nicht noch zusätzlich zu verletzen. Dann sprang sie aus dem Wagen, um Hilfe zu holen. Es dauerte nicht lange, und sie kam mit einem Notarzt zurück, der sofort den Puls des Bewußtlosen fühlte.

»Ein Stromschlag und das Bein«, erklärte Schwester Maria.

Der Arzt veranlaßte sofort, Markus auf die Intensivstation zu bringen. Während dort alles Menschenmögliche getan wurde, um das Leben des Jungen zu retten, saßen Schwester Maria und Pastor Wölm schweigend nebeneinander im Warteraum. Die Stille war bedrückend, und die Minuten schienen sich endlos hinzuziehen.

Plötzlich hämmerte jemand von außen gegen die Glastür des langen Ganges.

»Um Gottes willen, was ist das?« fuhr Schwester Maria hoch.

Pastor Wölm zuckte zusammen. Ihn hatte der plötzliche Lärm ebenso erschreckt.

»Keine Ahnung. Es trifft einen ja der Schlag bei solch einem Krach.«

Eine Krankenschwester war in den Warteraum geeilt und versuchte, die Glastür nur einen Spalt zu öffnen, aber der Wütende draußen hatte fest beschlossen, in eines der Krankenzimmer zu stürmen.

»Sie können hier nicht herein«, versuchte die Schwester den Mann zu beruhigen und wollte die Tür wieder schließen.

»Was sagen Sie da? Ich kann hier nicht herein?« tobte der Eindringling. »Halten Sie lieber Ihren Mund. Mein Name ist Gnecko. Wo ist mein Sohn?«

Schwester Maria sprang nun von ihrem Stuhl auf, nahm ihren ganzen Mut zusammen und ging auf Markus' Vater zu, der bereits in der Tür stand. »Ich bin Schwester Maria, Herr Gnecko. Und mich trifft eine große Verantwortung in dieser Sache. Ich bitte Sie, beruhigen Sie sich, und warten Sie draußen.«

Herr Gnecko schaute Schwester Maria fassungslos an. Er war außer sich vor Wut. »Das interessiert mich alles nicht, was Sie mir da sagen! Ich will meinen Sohn sehen!« wiederholte er drohend. »Wo ist mein Sohn?«

Er hatte Schwester Maria am Arm gepackt, was Pastor Wölm veranlaßte, von seinem Stuhl aufzuspringen und mit beruhigenden Gesten einzugreifen. Aber Herr Gnecko beachtete ihn überhaupt nicht.

»Das sage ich Ihnen, Schwester. Wenn meinem Sohn etwas zustößt, dann gnade Ihnen Gott!«

Herr Gnecko war wie von Sinnen, und Schwester Maria bekam plötzlich Angst vor diesem zornentbrannten Vater. Sie versuchte aber, ganz gelassen zu erscheinen.

»Bitte, fassen Sie sich«, sagte sie so ruhig wie möglich und wollte sich von der festen Vaterhand losmachen.

Gott sei Dank betrat in diesem Augenblick Professor

Hübner den Warteraum. Das rettete Schwester Maria, denn nun konnte sich der wild gewordene Mann auf sein nächstes Opfer stürzen.

»Ich bin der Vater«, versuchte er dem Professor mit weit ausholenden Armbewegungen zu erklären. »Wie geht es meinem Sohn? Wo ist er?«

Der Arzt hob beschwichtigend die Hand.

»Herr Gnecko, ich kann Ihnen im Moment nur eines sagen, nämlich daß Ihr Sohn gerade noch rechtzeitig hier zu uns auf die Intensivstation kam. Er hat einen schweren Stromschlag erlitten, aber die Chancen stehen besser als 50:50, weil er rechtzeitig eingeliefert wurde.«

Herr Gnecko hatte kaum gehört, was der Arzt gesagt hatte. Er wollte es auch gar nicht. Er hatte nur seine eigene Panik im Kopf.

»Kann ich meinen Sohn sehen? Wo ist er? Ich muß zu ihm. Er braucht mich jetzt.«

»Vielleicht in einer halben Stunde, Herr Gnecko. Aber Ihr Sohn wird noch beatmet.«

Bei diesen Worten drehte der Arzt sich um und kehrte ohne weitere Erklärungen in die Intensivstation zurück.

Herr Gnecko, der aufgeregt hin und her lief und immer noch völlig aufgelöst war, blieb plötzlich vor Schwester Maria stehen.

Sein Gesicht drückte hellste Empörung aus.

»Können Sie mir sagen, Schwester Maria, warum Sie meinen Sohn in dieses Abenteuer gelockt haben? Und überhaupt, was haben Sie eigentlich mit meinem Sohn zu schaffen? Sie alle!? Markus ist mein Kind, nur mein Kind, vergessen Sie das nie! Verstehen Sie mich?«

Wütend ballte er die Faust und sah für einen Augenblick tatsächlich so aus, als ob er auf Schwester Maria losgehen wollte.

Pastor Wölm, der sich vor einer Weile wieder hingesetzt hatte, sprang nun auf.

»Hören Sie. Langsam ist es nun genug! Schwester Maria hat Ihren Sohn lediglich hierher ins Krankenhaus gefahren – und das schnell, das kann ich Ihnen versichern. Ohne Schwester Marias Hilfe, Herr Gnekko, weiß ich nicht, ob Ihr Sohn noch lebte.«

Gnecko sah den Pastor mit wilden, funkelnden Augen an und wandte sich dann wieder an Schwester Maria.

»Warum haben Sie denn die Glocken nicht einfach stillgelegt? Wer will denn überhaupt noch dieses Getöne hören? Können Sie mir das sagen? Kennen Sie einen, der sich für das fromme Glockengeläute interessiert?«

»Ich«, erwiderte Schwester Maria mit festem Blick.

Das war zuviel für Herrn Gnecko. Schweratmend ließ er sich in einen Besuchersessel fallen.

»In Ewigkeit, amen. Na bravo«, brummte er erschöpft und schwieg endlich.

Auch Schwester Maria und Pastor Wölm setzten sich nun wieder hin und atmeten erleichtert auf. Als Herr Gnecko auch nach einigen Minuten noch dumpf vor sich hin brütete und kein neuer Anfall zu erwarten war, fingen Schwester Maria und Pastor Wölm an, leise für Markus zu beten.

Sarwatzki, der im Glockenstuhl mit Hilfe eines Trockenlöschers den drohenden Schwelbrand gebannt hatte, ging jetzt langsam und ziemlich erledigt durch den Mittelgang der Kirche zum Altar, wo Dechant Strathmann kniete und betete.

Als der Dechant merkte, daß jemand hinter ihm stand, unterbrach er das Gebet und schaute Sarwatzki freundlich an.

»Danke, Sarwatzki«, sagte er leise.

Sarwatzki nickte.

»Ich habe schon so viele Leute aus brennenden oder zertrümmerten Autos herausgezogen, die haben das alle überlebt!«

»Wirklich alle?« fragte der Dechant traurig.

Sarwatzki wurde plötzlich sehr nachdenklich.

»Sie haben recht. Einmal nicht. Aber ich gehe jetzt, Herr Dechant.« Langsam und in bedrückter Stimmung verließ er die Kirche.

Markus indessen hatte das Bewußtsein wiedererlangt, und sein Vater durfte für ein paar Minuten den Behandlungsraum betreten. Zärtlich streichelte er die Wange seines Sohnes.

»Spinnst du?« fragte er ihn leise und eindringlich.

Markus schüttelte kaum wahrnehmbar den Kopf.

In den folgenden Tagen machte die Genesung des Jungen gute Fortschritte. Schwester Maria, unendlich erleichtert, besuchte ihn täglich.

Und es gab noch jemanden, der ihn gerne besucht hätte, sich aber nicht getraute. Das war Julia Krüger, die Tochter des Autohändlers. Sie benutzte daher die Gelegenheit, sich wenigstens nach seinem Ergehen zu erkundigen, als sie an der Tankstelle Schwester Maria begegnete.

»Wie geht es Markus?« fragte sie schüchtern.

»Viel besser, Julia. Er ist aus der Intensivstation gekommen und muß nur noch ein paar Tage auf der normalen Station liegen. Sie können ihn besuchen, wenn Sie wollen.«

Julia wurde ziemlich rot und schaute verlegen auf ihre Schuhspitzen. »So gut kenn' ich Markus Gnecko auch wieder nicht.«

»Das macht doch nichts«, lächelte Schwester Maria. »Er würde sich sicherlich freuen.«

Julia wurde noch verlegener, als sie es schon war. »Meinen Sie?«

Dann grüßte sie kurz und verschwand ganz schnell im Büro ihres Vaters. Maria schaute ihr lange nach.

An diesem Tag ging Schwester Maria zur Beichte. Es dauerte lange, ehe sie sich erhob und den Beichtstuhl verließ.

Vorne auf der Kirchenbank, neben dem Gebetbuch, lag ihre Videokassette aus Rom, die sie rasch aufnahm, bevor sie mit Dechant Strathmann dem Ausgang zu eilte.

»Wölm hat übrigens einen Videorecorder«, sagte Dechant Strathmann wie beiläufig.

Maria klopfte mit dem Zeigefinger auf die Kassette.

»Die Aufzeichnung eines Theaterstückes«, erklärte sie. »Von meiner Laiengruppe in Rom. Ich bin sehr neugierig, wie die Kinder gespielt haben.«

Dechant Strathmann lächelte.

»Ihre Neugierde, Schwester Maria, wird uns noch viele Schwierigkeiten bereiten.«

»Ach du liebe Zeit, meine Neugierde möchte ich nicht verlieren, Dechant Strathmann. Aber wenn unser Herrgott mir helfen würde, weniger Fehler zu machen, dann wäre uns allen doch schon sehr geholfen, oder?«

»Na«, meinte Dechant Strathmann vielsagend und hielt ihr höflich die schwere Kirchentür auf.

Zu ihrer großen Überraschung wurde sie draußen von jemandem begrüßt, den sie nicht erwartet hätte.

»Buon giorno, Schwester Maria«, rief Johannes, der Taschendieb. »Wie ist die Konjunktur?«

»Johannes, mein Freund«, grüßte Maria freundlich zurück. Dann blieb sie vor ihm stehen und schaute ihn streng an.

»Johannes, hinter Ihrer Frage vermute ich eine gewisse Doppelzüngigkeit. Haben Sie ein gewisses katholisches Portemonnaie?«

Mit einer leichten Verbeugung antwortete Johannes höflich: »Liegt schon in Ihrem Briefkasten.«

Dann deutete er nach oben auf den Glockenturm.

»Ich vernahm übrigens von einigen hinterhältig frohlockenden Bürgern dieser Gemeinde, daß Ihre Kirche zum Schweigen verdammt wurde.«

»Unsere Glocken mögen vorübergehend schweigen, doch der Ruf Gottes verstummt nie«, meinte Maria und drohte leicht mit ihrem Zeigefinger.

»Aber für Ihre Glocken könnte ich am Bahnhof Zoo und am Flughafen mein Talent einbringen. Was sagen Sie dazu?«

»Das werden Sie schön sein lassen, Johannes!«

Johannes lächelte vergnügt.

»Vor der Gedächtniskirche lohnt es sich auch immer sehr. Und da sind meistens nur Protestanten. Das wäre doch dann nicht so schlimm, oder?«

Schwester Maria wußte leider, daß das für Johannes keineswegs nur ein Spaß war. Er würde sofort auch nur beim kleinsten zustimmenden Kopfnicken losziehen und den Bahnhof Zoo samt Flughafen bis auf die letzte Mark ausräumen.

Darum machte Schwester Maria ein sehr ernstes Gesicht.

»Ich freue mich sehr über Ihren Besuch, Johannes. Aber glauben Sie mir, ich würde keine Sekunde zögern, Sie augenblicklich der Polizei auszuliefern.«

»Das glaube ich nicht. Das haben Sie in Rom auch nicht gemacht«, entgegnete Johannes, allerdings etwas unsicher.

Und da Schwester Maria ihn jetzt einfach stehenließ, ging er langsam, aber entschlossen zurück zur Kirche.

Was tat er dort? Ganz heimlich und leise steckte er ein paar Scheine in den Opferstock.

Die Videokassette ließ Maria keine Ruhe. Es interessierte sie brennend, was ihre jungen Schauspieler zustande gebracht hatten. Das Stück hatte sie noch mit ihnen einstudiert. Nachdem sie sich vergeblich an Pastor Wölm gewandt hatte, dessen Videorecorder aber seit 2 Tagen kaputt war, fuhr sie zu Markus Gnecko in die Klinik und kam sogleich zur Sache. »Ich habe hier eine Kassette, Markus. Darf ich sie auf deinem Videorecorder anschauen?«

»Bitte«, erwiderte Markus freundlich. »Ist wohl eine Spezialproduktion Ihrer Firma, was?«

Schwester Maria dachte einen Moment nach.

»Ja«, sagte sie dann gedehnt und legte die Kassette gekonnt ein. Markus betätigte die Fernbedienung, und schon war man mitten drin in einer ziemlich frechen Szene aus der Kinderaufführung der St. Stevens-School zu Rom. Markus schaute die Nonne überrascht an.

»Donnerwetter!« lachte er, »und das in Rom in einer katholischen Schule mit Nonnen. Gab es da keinen Ärger?«

»Erstaunlicherweise nicht, Markus.«

Und dann vertieften sich die beiden in das äußerst lebendig gespielte Theaterstück.

»Das Kleid der Charlotte Corday war wirklich zu eng«, dachte Maria ein klein bißchen schuldbewußt, »da hatte die Ehrwürdige Mutter wohl recht.«

Eine Kirche, in der die Elektrizität brachliegt, läßt – Gott sei's geklagt – einiges zu wünschen übrig. Nicht allein, daß die Glocken verstummen, auch das Orgelspiel verliert an Glanz und Gloria, wenn nur zwei menschliche Füße mit Hilfe eines Blasebalgs für seine Luftzufuhr sorgen.

Die Füße gehörten Dechant Strathmann. Brav trat er auch heute den Blasebalg, während Schwester Maria die spärlichen Früchte seiner Mühe erntete und der Orgel ein paar lediglich gehauchte Töne entlockte.

»Wo haben Sie das gelernt, Schwester Maria?« rief Strathmann atemlos und wischte sich mit dem Handrücken den Schweiß von der Stirn.

»Gelernt hab' ich das eigentlich nie richtig, Herr Dechant«, erwiderte sie ehrlich. »Sie hören's ja.«

»Und mir werden langsam die Füße lahm«, stöhnte er. »Schwester Maria, ich kann einfach nicht mehr. Lassen Sie uns aufhören.«

Obwohl Schwester Maria noch eifrig in die Tasten griff, erstarben die Orgelklänge kläglich.

»Schwester Maria, ich fürchte, wir sind die einzige katholische Gemeinde mit völligem Kirchenkurzschluß. Die Orgel, der Glockenstuhl – alles!« Erschöpft setzte er sich einfach auf den Boden.

»Das ist nicht wahr, Herr Dechant. Selbst bei uns in Italien . . . Entschuldigung, ich meine natürlich, selbst in Italien gibt es viele kleine Gemeinden, die können die Elektrizität nicht bezahlen.«

Dechant Strathmann nickte vielsagend und streckte dann schwungvoll seinen Finger in die Luft.

»Schwester, wir brauchen neue Energie!«

Schwester Maria schaute ihn schuldbewußt an.

»Ja, ja, ich weiß schon. Der Kabelbrand hat St. Katharina lahmgelegt. Verzeihen Sie mir.«

»Was heißt verzeihen, Schwester Maria? Es gibt viele Mitglieder unserer Gemeinde, die Ihnen geradezu dankbar sind, daß Sie unsere Glocken außer Gefecht gesetzt haben. Aber lassen Sie uns doch gleich mal an Ort und Stelle Nachforschungen betreiben.«

Das klang versöhnlich.

»Gut, machen wir.«

Und schon raffte Schwester Maria ihre Röcke und erklomm die unzähligen Stufen zum Glockenturm.

Mit einer Geschwindigkeit, die nichts zu wünschen übrig ließ, eilte sie dem Dechanten voran. Dieser hielt nur mühsam Schritt, oder ehrlicher gesagt, er nahm unten die erste Stufe in Angriff, als Schwester Maria schon oben war. Endlich hatte auch er es geschafft, und nun schauten die beiden in Ruhe hinunter auf das Gemeindezentrum. Nach einigen beschaulichen Minuten fing Dechant Strathmann an, nach einer Zigarre zu suchen. Endlich fand er sein Etui, in dem sich ein ganzes Dutzend angerauchter Zigarren befand. Nach langem Abwägen entschied er sich dann für einen noch einigermaßen gut erhaltenen Stummel.

»Darf ich mich mal in Ihren Windschatten stellen, Schwester Maria? Hier oben zieht's so.«

Freundlich breitete Maria die Arme ihres Gewandes aus, so daß Dechant Strathmann das gute Stück entzünden und genüßlich den ersten Zug tun konnte.

»Und was das schlimmste ist, zur feierlichen Eröffnung Ihres Kindergartens hat sich auch noch der Weihbischof angesagt«, murmelte er scheinbar besorgt und ließ drei wunderschöne Rauchringe in den Himmel steigen. »Und wir können nicht läuten.«

»Glocken haben wir ja, Herr Dechant, wenn auch stumme«, entgegnete Schwester Maria ungestört. »Was uns wirklich fehlt, sind brave katholische Kinder für den Kindergarten, die dem Vertreter des Bischofs die Blümchen streuen.«

Dechant Strathmann hustete etwas entrüstet und machte dann ein Gesicht, das Schwester Maria unheimlichen Mut machen sollte.

»Einige werden Sie doch zusammenbekommen, Schwester Maria. Ich verlass' mich da ganz auf Sie. Mit Kindern haben Sie doch Erfahrung aus Italien.«

Maria nickte und raffte energisch ihr Gewand. »Stimmt, kommen Sie. Lassen Sie uns wieder abwärts steigen in die Niederungen. Hier oben zieht's wirklich, und da unten kommen mir ohnehin bessere Ideen.«

Dechant Strathmann folgte ihr nur zögernd. Schließlich hätte er gern noch seinen Stummel zu Ende geraucht, denn das ging nur hier oben. Unten würde ihm Frau Hagenkötter mit ihrem Gesundheitswahn sowieso gleich die Freude verderben.

Aber die beiden waren nicht die einzigen, die sich Sorgen machten wegen des kinderlosen Kindergartens. In der Sakristei stand Kaplan Kümmerling und legte sich gedankenverloren sein Meßgewand an. Zwei Ministranten halfen ihm dabei. Plötzlich erhellte sich sein Gesicht.

»Habt ihr denn keine kleinen Geschwister im Kindergartenalter?«

Die Jungen schauten sich etwas verwundert an.

»Nein«, antwortete der eine, »wir sind Einzelkinder.«

»Aber ihr seid doch Brüder, noch dazu Zwillinge.«

Jetzt meldete sich auch der andere zu Wort. »Das schon, Herr Kaplan, aber das sollten Sie wirklich nicht so eng sehen.«

Kümmerling schüttelte den Kopf und gab auf. Die beiden hatten ihn überlistet, ohne daß er auch nur einen einzigen Schritt weitergekommen wäre, und die Zeit lief. Die Protestanten, weiß der Teufel, waren besser dran.

Im Tagesraum des evangelischen Kindergartens ging es hoch her. Die Kindergärtnerin stand inmitten einer Schar tobender Kinder. Im Hintergrund des Raums redete Schwester Maria heftig auf Pastor Wölm ein. Sie hatte Mühe, gegen den Lärm anzukommen.

»Sie müssen mir helfen!« schrie sie. »Schließlich gibt es so etwas wie christliche Nächstenliebe.«

»Wenn Sie wollen, helfe ich Ihnen persönlich gern mit fünf oder sechs Kindern aus«, antwortete Pastor Wölm mit einem schelmischen Lächeln. »Aber ob unsere Mitarbeiterinnen schweigen, das kann ich Ihnen nicht versichern, Schwester.«

»Aber die sehen doch alle sehr vertrauenerweckend aus.«

»Und wenn die Kinder bei Ihrer Eröffnung ›Ein' feste Burg ist unser Gott‹ von Martin Luther schmettern, ist bei Ihrem Bischof der Teufel los, und Sie müssen zurück ins Mutterhaus hinter Gitter.«

Langsam wurde Schwester Maria etwas ungeduldig und runzelte wütend die Stirn.

»Aber Herr Pastor, machen Sie mich bloß nicht verrückt. Mein Mutterhaus ist prachtvoll, und es gibt auch keine Gitter.«

Sie hielt atemlos inne und kämpfte sich dann stimmlich wieder weiter durch das Kindergekreisch.

»Verstehen Sie doch, die Zeit drängt! Sie haben sicherlich auch ein paar ungeklärte Fälle hier herumlaufen.«

»Was für ungeklärte Fälle, Schwester?«

»Na ja, aus Mischehen, katholisch-evangelisch.«

»Um Himmels willen, das ist ja noch schlimmer, Schwester. Bei Mischehen seht ihr Schwarzen doch rot, und dann werden Sie auch noch exkommuniziert.«

Schwester Maria schaute ihn empört an.

»Was Sie so immer reden, Pastor Wölm, das ist doch alles Unsinn! Im übrigen muß ich jetzt gehen. Die Pflicht ruft.«

Höflich geleitete sie der Pastor zu ihrem klapprigen Dienstwagen. »Ich will und kann nichts versprechen«, erklärte er noch einmal. »Aber vielleicht hilft uns der Himmel, und es laufen uns ein paar unproblematische konfessionslose Fälle zu. Wie viele Kinder haben Sie denn schon zusammen?«

Schwester Maria schaute hilfesuchend in die Wolken. »Na ja, unter anderem Thomas, den Sohn des Zeitschriftenhändlers Schäfer«, erklärte sie gedehnt, »und Herr Schäfer ist im vergangenen Jahr aus der Kirche ausgetreten.«

Bei den letzten Worten saß sie bereits in ihrem Auto und ließ den Motor an. Sie trat einige Male rasant aufs Gaspedal, was den Motor tüchtig aufheulen ließ und das alte Modell einige jugendliche Pferdestärken kräftiger erscheinen ließ, dann winkte sie kurz und brauste davon.

Nun war es bald soweit, daß Markus aus dem Krankenhaus entlassen werden konnte. Es wurde auch höchste Zeit, denn Vater Gnecko, der seinen Sohn mehrmals täglich besuchte, wurde für das Pflegepersonal immer gefährlicher, weil er immer angriffslustiger wurde. Nichts paßte ihm. Die Klinik war sowieso unseriös, die Schwestern verstanden überhaupt nichts von ihrem Beruf, und die Ärzte waren alle Kurpfuscher.

Heute ging ihm auch Markus auf die Nerven, weil er dauernd über seine Mutter reden wollte. Der Junge schaute seinen Vater nachdenklich an.

»Eines kannst du mir glauben, Papa«, sagte er nach einer Weile. »Ohne Schwester Maria hätte ich die Kurve nicht mehr gekriegt.« Vater Gnecko schaute etwas zweifelnd. »Und außerdem hat sie in Physik promoviert«, fuhr Markus fort. »Die steckt noch so manchen von unseren armseligen Assistenten in die Tasche.«

Nun nickte auch Herr Gnecko zustimmend.

»Ja, ja, hinter diesen frommen Kutten verbirgt sich oft etwas, was man kaum vermutet.«

»Ich war noch nie für eine Physik-Klausur so gut vorbereitet wie jetzt, Vater. Also schmeiß sie nicht gleich raus, wenn sie dich in deinem Büro besucht.«

Das Büro des erfolgreichen Unternehmers Gnecko konnte sich sehen lassen. Überall an den Wänden zeigten Witz- und Ansichtspostkarten die Leistungsfähigkeit des Betriebes. Herr Gnecko saß hinter seinem Schreibtisch und fühlte sich sehr wichtig. Er redete und redete und scheute vor keiner noch so rührseligen Geschichte seiner Jugend zurück. Er schwelgte förmlich im Erzählen über die angeblich nicht zu beschreibende Armut und Armseligkeit seiner Jugend, was eigentlich etwas widersprüchlich ist, aber es gelang ihm doch, etwas, das gar nicht in Worte zu fassen ist, in Worte zu fassen, und es gelang ihm auch, Schwester Maria ziemlich zu langweilen. Was er nicht schaffte, war, sie zu beeindrucken.

»Ich habe auch nur ein Paar Schuhe, Herr Gnecko«, bemerkte sie ruhig.

»Ihr seid doch ein, na, wie sagt man so schön: multinationales Unternehmen«, wetterte er daraufhin. »Ihre Kirche erstickt doch im Geld.«

Schwester Maria schloß für einen Augenblick die Augen. »Wenn wir im Geld erstickt wären, Herr Gnekko, gäbe es uns nicht mehr.«

Da mußte sogar Herr Gnecko ein wenig lächeln. Er erhob sich und winkte ab. »Eine ganz andere Frage, aber die ist sehr persönlich«, begann er von neuem.

»Diese persönliche Frage kenne ich. Ich habe sie mit mir, Gott und Jesus Christus gelöst, also sind Fragen überflüssig.«

»Gut, seh' ich ein. Aber warum dann ausgerechnet noch Physik und Mathematik? Das ist doch Teufelswerk, oder? Wenigstens manchmal.«

»Da sind wir uns einig, Herr Gnecko. Deshalb hat mein Orden mir erlaubt, es zu studieren.«

Versöhnlich und ein klein wenig schachmatt reichte Herr Gnecko der hübschen Nonne die Hand zum Abschied.

»Also, ich werde, weil ich Ihnen persönlich zu Dank verpflichtet bin, die nötigen Instandsetzungen in Ihrem Gemeindezentrum durchführen lassen, so daß die Glocken wieder jauchzen können und der Dechant die Orgel wieder quälen kann.«

Schwester Maria war in Siegerstimmung. Sie nahm seine Zusage huldvoll entgegen und begab sich zur Tür. Nach einem kurzen Rundgang durch den Betrieb begleitete er sie noch zum Auto. Mit fröhlichem Lachen stieg Schwester Maria in ihren Wagen, winkte kurz und legte dann ihren schon berühmten und berüchtigten Kavaliersstart hin.

»Meine Hochachtung«, nickte Herr Gnecko zustimmend und schaute verblüfft hinter ihr her.

»Klingt nicht schlecht, die Karre. Würde mal sagen, wie ein Kampfpanzer«, dachte er kopfschüttelnd, aber vergnügt, als er zum Betrieb zurückging.

»Das mit der Elektrizität wäre geschafft«, sagte Schwester Maria zu sich selbst, »aber unser Kindergarten . . .«

Als sie den Tagesraum betrat, war Frau Hagenkötter die einzige, die arbeitete. Emsig hängte sie Gardinen auf, die sie auf einer uralten Nähmaschine genäht hatte. In der Mitte des dürftig eingerichteten Raumes hockten Sarwatzki und der kleine Thomas und spielten Schach. Sarwatzki, der wegen seiner äußerst vertrackten kriegerischen Lage schlecht gelaunt war, stellte seinen Partner unfreundlich vor.

»Thomas, der Sohn von Schäfer, dem Zeitschriftenhändler.«

Schwester Maria überhörte das Gebrummel und strich dem kleinen Thomas mit der Hand übers Haar.

»Wenn du magst, kannst du nächste Woche jeden Tag hierher kommen. Aber du gehst schon zur Schule, nicht?«

Thomas nickte beiläufig und heftete seinen Blick dann wieder mit voller Aufmerksamkeit auf das Schachbrett.

Schwester Maria schaute nun auch auf die schwarzweißen Figuren. Gut stand es für ihn. Sie erfaßte das sofort. Wie üblich, wenn sie ganz schwer nachdachte, tippte sie sich mit dem Zeigefinger an das Kinn. Dann wagte sie einen Ratschlag.

»Vielleicht von c6 nach g3, Sarwatzki?«

Zuerst schien Sarwatzki verärgert über die Einmischung an einer solch brenzligen Stelle, aber dann entschied er sich auch dafür und rückte von c6 nach g3. Das rettete ihn aber nur für dieses Mal, denn dann nahm Thomas seine Dame und brachte sie an einen solch verzwickten Standort, daß Sarwatzkis König mitsamt seinem Gefolge unweigerlich dem Untergang geweiht war.

»Matt!« schrie Thomas, und sein schrilles Kinderlachen wollte kein Ende nehmen.

»Mist«, meinte der schwarze König und stand auf, »trotzdem, wir gratulieren.«

Auch Thomas hatte sich würdevoll erhoben und stolzierte wie ein gekröntes Haupt aus dem Raum. Sein Ruhm schlug Wellen im ganzen Gemeindezentrum.

Auch Dechant Strathmann zeigte Interesse für das Frühtalent. Er stattete seinem Vater, dem Zeitschriften- und Tabakhändler Schäfer, einen Besuch ab.

»Fünf Fehlfarben wie üblich zu sechs Pfennig, Herr Dechant?«

Dechant Strathmann nickte und holte das passende Kleingeld heraus.

Herr Schäfer winkte ab. »Spende des Hauses«, sagte er großzügig.

Dechant Strathmann schüttelte den Kopf und legte das Geld auf den Zahlteller.

Herr Schäfer lächelte. »Sogar Herr Gnecko spendet doch neuerdings für Ihre Gemeinde.«

»Richtig, aber nicht für meine Zigarren bitte. Und im übrigen ist es auch Ihre Gemeinde, Herr Schäfer.«

Dann zog er langsam eine Zigarre aus dem Pappkarton, schnitt sie sorgfältig mit einem alten Zigarrenabschneider ab und entzündete sie genüßlich.

»Hätten Sie etwas dagegen«, fragte er schließlich, »wenn ich einmal mit Ihrem Sohn Thomas Schach spiele?«

»Aber nein, überhaupt nicht. Sooft Sie wollen, Herr Dechant.«

Herr Schäfer strahlte über das ganze Gesicht.

»Achtung«, fuhr er fort, »da hinten kommt Kundschaft.«

Vorsichtig wandte sich Dechant Strathmann um und entdeckte die alte Frau Weber und ihre beiden Freundinnen.

»Entschuldigung, ich muß gehen«, murmelte er und hob die Hand zum Abschied.

»Na, gibt das jetzt eine Beichte?« fragte Herr Schäfer mit einem spöttischen Unterton. Dechant Strathmann antwortete nur mit einer entrüsteten Dampfwolke aus seiner Zigarre, und das sollte wohl »ja« heißen.

In der St.-Katharina-Kirche wurde nun endlich die Elektrizität in Ordnung gebracht. Schwester Maria betrachtete es mit Genugtuung und zündete zum Dank sogar eine Opferkerze an. Daß sich just während dieser Sekunden der Taschendieb Johannes zur Kirchentür hereindrückte, um sich in einem der beiden Beichtstühle zu verstecken, bemerkte sie dabei nicht.

Sie sah nur beim Hinausgehen die drei Damen, die – einen frommen Gruß auf den Lippen – das Gotteshaus betraten und würdevoll an ihr vorbeischritten.

Schwester Maria schloß die Tür hinter ihnen und ging auf ihren Wagen zu. Was aber hatte ein Einsatzwagen der Polizei im katholischen Gemeindezentrum verloren? Erschrocken blieb Schwester Maria stehen und schaute die beiden Polizisten, die auf sie zukamen, fragend an.

»Entschuldigen Sie, Schwester«, nahm der Ältere das Gespräch auf und zupfte sich dabei am Ohr, »wir haben ein Problem.«

»Was muß ich da entschuldigen? Die Polizei hat üblicherweise Probleme«, antwortete Schwester Maria freundlich.

Nun meldete sich auch der Jüngere zu Wort.

»Kommen Sie gerade aus der Kirche?«

»Ja«, lautete Marias knappe Antwort.

»Ist Ihnen irgend etwas Besonderes aufgefallen?«

»Die Kirche ist sozusagen mein Zuhause, und darüber spreche ich nicht gerne. Außerdem verstehe ich Ihre Fragen nicht.«

»Wir verfolgen einen Mann«, erklärte der Ältere unbeirrt, »der sich möglicherweise in Ihrem Haus verborgen hält.«

Schwester Maria blickte die beiden Beamten kurz hintereinander nur stumm an.

»Wir haben die Elektriker im Haus, meine Herren. Guten Morgen.« Ohne ein weiteres Wort und hocherhobenen Hauptes rauschte sie davon.

Die beiden Polizisten blieben unschlüssig zurück.

Erst Schwester Marias üblicher Wahnsinnsstart ließ sie erschrocken einen Entschluß fassen.

»Wenn man es nicht mit eigenen Augen gesehen hätte, würde man es nicht glauben. Wie eine Verrückte!« meinte der Jüngere völlig erschlagen. »Aber das war schon immer so, das geht wohl Hand in Hand mit dem geistigen Stand.«

Sie kehrten zurück zu ihrem Auto und stiegen schließlich ein.

»Komm, laß uns abfahren«, meinte der junge Beamte. »Unseren Freund erwischen wir heute sowieso nicht mehr.«

Die drei ältlichen Mädchen machten sich indessen bereit für den Beichtstuhl. Am schlechtesten ging es dabei Frau Helene Lissa. Sie hatte ganze 31 Liebesromane gelesen, die sie nun gewissermaßen an den Mann bringen mußte.

»Um Gottes willen, Helene«, entrüstete sich Frau Weber. »Du mußt zugeben, das ist wirklich ein starkes Stück. Vielleicht wäre es besser, wenn du dem Dechanten nur sechs Romane beichten würdest.«

»Besser acht, das ist ehrlicher«, murmelte die Sünderin und begab sich tapfer in das vorhangverhangene Kämmerlein.

Dort kniete sie sich an das Gitter und gestand ihre ganze unselige, sündige Neigung zur leichten Liebesliteratur.

Die beiden zurückgebliebenen Damen waren wirklich etwas empört und schauten sich groß an.

»Und umsonst sind diese fraglichen Bücher auch nicht, das kann ich dir sagen«, ereiferte sich Frau Weber und überschritt fast den in einer Kirche angemessenen Flüsterton.

Die Mitstreiterin schwieg allerdings, denn sie dachte an die heißgeliebten Silvia-Romane, die sie sorgsam in ihrer Tasche versteckt hielt.

Frau Hagenkötter wartete auf den Dechanten, der

mit eiligen Schritten und immer noch eifrig seine Zigarre paffend, St. Katharina erreichte. Als er von ferne seine Haushälterin sah, versteckte er die Zigarre ungeschickt hinter seinem Rücken.

»Herr Dechant«, rief sie von weitem vorwurfsvoll, »Frau Weber und die beiden anderen sind schon da.«

Dechant Strathmann mußte erst mal einen Augenblick stehenbleiben, um zu verpusten. Da Frau Hagenkötter ihm nun auch noch besorgt entgegenlief, war es endgültig um seine schöne Zigarre geschehen. Es blieb ihm keine andere Wahl, als sich von ihr zu trennen. Im allerletzten Moment warf er das kostbare Stück in weitem Bogen davon, und seine Miene verzog sich dabei schmerzlich.

»Was haben Sie denn, ist Ihnen nicht gut, Herr Dechant? Sie sehen so blaß aus.«

»Ach, nur ein bißchen verpusten, Frau Hagenkötter. Geben wir unseren Damen doch Gelegenheit, noch etwas über ihre Sünden nachzudenken.«

Frau Lissa erhob sich von der Beichtbank und ging sichtlich erleichtert zu ihren beiden Freundinnen zurück.

Nun war Frau Weber an der Reihe. Sorgfältig strich sie ihren Rock glatt, setzte ihr inbrünstigstes Gesicht auf und steuerte entschlossen den Ort der Vergebung an. Dabei hätte sie eigentlich hinter dem geschlossenen Vorhang des Beichtstuhls eine verdächtig helle Hose und verdächtig helle Schuhe bemerken müssen.

Dann war Dechant Strathmann endlich soweit. Er hatte sich in der Sakristei die zur Abnahme der Beichte vorgesehene Stola um den Hals gelegt und schritt hinaus.

Etwas verwirrt stellte er fest, daß der Beichtstuhl bereits auf beiden Seiten besetzt war und daß Frau Weber eben dabei war, sich alle ihre in der letzten Zeit angehäuften Sünden von der Seele zu reden. Dechant Strathmann ging ganz vorsichtig an den Beichtstuhl heran. Dann öffnete er blitzschnell den Vorhang und erkannte Johannes auf seinem Platz. Der Dechant war anfangs etwas erschrocken, aber er fing sich schnell wieder.

»Guten Tag, Frau Weber«, sagte er laut. Frau Weber unterbrach ihren Redestrom schlagartig und blickte auf. Sie traute ihren Augen nicht, als sie in voller Größe und ganz leibhaftig den Dechanten vor sich stehen sah. Erschreckt stieß sie einen Schrei aus, der so schrill durch den Kirchenraum gellte, daß einem der Elektriker der Schraubenzieher aus der Hand fiel und hart auf den Steinfußboden knallte. Böses ahnend riß sie den Vorhang des Beichtstuhles auf. Beim Anblick des armen zusammengekauerten Johannes fiel sie in die erlösende Ohnmacht. Ihre beiden Freundinnen hingegen, überwältigt von solch sündhaftem Vorfall, verließen fluchtartig die Kirche.

Im Pfarrhaus war es wieder einmal die gute Frau Hagenkötter, die Dinge in die Reihe und Frau Weber vom Sofa in die Senkrechte zurückzubringen hatte. Mit Chinaöl rieb sie der Hingestreckten die Schläfen ein, unterstützt von Kaplan Kümmerling, der die Schüssel mit Waschlappen und Wasser hielt.

»O Gott, o Gott, o Gott«, ächzte die Patientin, »wer war denn das? Du liebe Güte, Herr Kaplan. In unserer Pfarrei hat sich nicht gerade alles zum Besseren gewandelt.«

»Unser Herrgott ist mit allen«, erwiderte der brave Diener Gottes, »auch mit denen, die müßig und mit Schuld beladen sind.«

Mit solch verzeihenden Worten hatte der Dechant nichts im Sinn. Ihm selbst fiel die Vergebung im Namen des Herrn um einiges schwerer als seinem jungen Amtsbruder. Wütend umkreiste er den Küchentisch.

»Für eine Sekunde hätte ich mich beinah vergessen, Herr . . . Herr . . .«, schnaubte er.

»Weisen Sie mich nicht aus dem Haus«, bat Johannes sehr kleinlaut, »nicht, bevor Schwester Maria zurückkommt. Bitte!«

Das ganze Elend eines gestrauchelten Geschöpfs Gottes steckte in dem letzten »Bitte«. Selbst ein spanisches Inquisitionsgericht hätte sich ihm nicht verweigern können.

Doch Schwester Maria war im Augenblick anderweitig beschäftigt. Sie hatte Markus Gnecko im Klinikum besuchen wollen, was sich jedoch heute als vergebliche Liebesmüh erwies. Markus durfte das Krankenhaus bereits verlassen. Gerade als sie auf den Parkplatz des Krankenhauses fuhr, konnte sie beobachten, wie er mit seinem übertrieben fürsorglichen Vater den Wagen bestieg und mit ihm davonfuhr. Leicht schmunzelnd sah sie auch, wie das rote Auto von Julia Krüger unauffällig folgte. Gerade als sie selbst losfahren wollte, klopfte jemand an ihre Seitenscheibe. Verblüfft wandte sie sich um und schaute in das Gesicht einer sehr gut aussehenden Mittvierzigerin.

»Nehmen Sie mich ein Stück mit, Schwester?«

Einen Augenblick überlegte Schwester Maria, dann stieg sie aus. Sie hatte das Gesicht dieser Dame irgendwo schon gesehen.

»Frau Gnecko?« fragte sie vorsichtig.

Frau Gnecko schien überrascht.

»Wissen Sie«, erklärte Schwester Maria, »Markus hat mir ein Foto von Ihnen gezeigt.«

»Wie geht es ihm?«

»Sie haben ihn doch soeben gesehen. Gut geht es ihm.«

»Ich seh' ihn häufiger, Schwester. Wir treffen uns nämlich zweimal wöchentlich an der Universität, obwohl das meinem Mann nicht bekannt ist, und ich glaube, es wäre ihm auch nicht recht.«

»Ach so, heimlich. Aha«, meinte Schwester Maria und zog die Augenbrauen hoch. »Nun gut, ich muß jetzt weiter. Leider in die andere Richtung. Guten Tag.«

Ohne sich weiter um Frau Gnecko zu kümmern, setzte sie sich in ihr Auto und fuhr einfach los.

Unterwegs freilich kamen ihr langsam Bedenken. Nachdenklich tippte sie sich gegen das Kinn und hob die Augen in Richtung Himmel.

»Da kenne einer sich aus«, dachte sie und mußte dabei den Kopf schütteln. »Er, dieser Gnecko, mal butterweich, mal knochentrocken, und sie irgendwo eine Spur zu schick. Oder bin ich altmodisch?«

Die beiden Polizisten hatten den Taschendieb Johannes noch keineswegs aufgegeben. In der Nähe des Zeitungsstandes von Herrn Schäfer hatten sie Posten bezogen. Sie konnten durchaus warten. So war es nicht.

Gott sei Dank hatten sich die beiden Gesetzeshüter nicht so geschickt versteckt, daß Schwester Maria sie übersehen hätte, als sie mit erheblich erhöhter Geschwindigkeit um die Ecke bog.

So konnte sie mit einer scharfen Bremsung doch noch schnell genug in ein heuchlerisches, gutbürgerliches Schrittempo überwechseln. Dann blieb sie vor dem Haus des Dechanten stehen und stieg aus. Sie klingelte ungeduldig, schob sich an Frau Hagenkötter vorbei, ging schnurstracks in Richtung Küche, öffnete langsam die Tür und schaute streng auf den Sünder Johannes.

»Ich höre«, sagte sie.

»O mein Gott, ich kann Ihnen das erklären, Schwester Maria.«

»Davon bin ich überzeugt.«

»Es war übertriebener beruflicher Ehrgeiz.«

»Soso.«

Johannes wurde mutiger.

»Ich würde sagen, es war eine ausgesprochene Herausforderung.«

»Welche?«

»Na ja, das Polizeisportfest im Olympiastadion. Ich meine, das war doch wesentlich aufregender als die Tagung der Interpol vor einer Woche in Hannover.«

Seine Begeisterung kannte keine Grenzen bei der Vorstellung, was man bei diesem Polizeisportfest hätte alles unrechtmäßig erwerben können.

Das war zuviel.

Schwester Maria rutschte die Hand aus und setzte Johannes eine Ohrfeige wie aus dem Bilderbuch ins Gesicht.

»Das nenn' ich eine Tat zur rechten Zeit«, freute sich der Dechant. »Das müssen Sie zugeben, Johannes!«

Johannes war ziemlich erschrocken, und seine Begeisterung war hin. »Ich weiß nicht, ob das gut ist, Schwester Maria«, meinte er etwas beleidigt und rieb sich seine linke Gesichtshälfte. »Ich hätte sterben können bei Ihrer Handschrift.«

»Hier stirbt kein Mensch«, schnappte Maria, immer noch wütend.

»Immerhin«, fuhr Dechant Strathmann fort, »hat er sich in den Schoß der Mutter Kirche geflüchtet, Schwester Maria. Das ist doch auch was.«

Schwester Maria schaute zum Himmel und bekreuzigte sich.

In diesem Augenblick öffnete sich die Küchentür,

und Frau Hagenkötter stand etwas aufgelöst auf der Schwelle.

»Herr Dechant, Herr Dechant! Frau Weber wünscht jetzt die Krankensalbung.«

»Du lieber Himmel! Doch nicht schon wieder!« stöhnte er und sank auf seinem Küchenstuhl zusammen. »Kümmerling soll das machen. Ich hab' jetzt keine Zeit.«

Frau Hagenkötter schaute ihn streng an.

»Gut«, sagte sie, »ich werde Herrn Kaplan Kümmerling Ihre Anweisung übermitteln.«

»Nein, Kümmerling soll ihr die Krankensalbung ausreden.«

»Ich werde es versuchen.« Damit verließ Frau Hagenkötter die Küche.

Johannes hatte sich anscheinend von seinem schlechten Gewissen schon wieder erholt.

»Also diese Frau Weber, die übertreibt maßlos. Die ist doch putzmunter. Ich habe ihr doch gerade erst die Beichte abgenommen!«

»Sie schweigen!« fuhr Schwester Maria ihn an – und nach einer Weile, »was hat sie denn gebeichtet?«

Da blieb Dechant Strathmann und Johannes die Spucke weg. Beide schauten Schwester Maria empört an.

»Es gibt auch für mich ein Beichtgeheimnis«, blies Johannes sich auf.

»So, aha, das ist ja interessant«, erwiderte Maria zornig. »Es gibt Scherze, die kann ich überhaupt nicht leiden!«

Johannes erhob sich und schritt gebeugten Hauptes, wie weiland nur Märtyrer zum Schafott schritten, auf die Küchentür zu.

»Ich stelle mich«, flüsterte er und hoffte innig, daß Schwester Maria ihn nicht fortlassen würde. Er hatte tatsächlich Glück. Sie hielt ihn auf und schaute ihn vorwurfsvoll an.

«Sie haben mit Ihrem verwerflichen Tun natürlich auch den beruflichen Ehrgeiz der Polizei geweckt. Warum führen Sie nur kein anständiges Leben?«

»Wollte ich ja. Aber am Bahnhof Zoo ist nichts mehr zu verdienen. Die Konkurrenz schläft nicht.«

»Wir müssen alles in Ruhe überlegen«, mischte Dechant Strathmann sich ein. »Bleiben Sie erst mal hier. Was haben Sie denn gelernt?«

Johannes dachte unlustig nach. Dann machte er eine fahrige, nichtssagende Geste mit der Hand.

»Na ja, zwei Jahre Kunstschlosser.«

Schwester Maria nahm dies nur halb so begeistert auf wie Dechant Strathmann.

»Na bitte«, triumphierte er.

Schwester Maria runzelte unzufrieden die Stirn. »Warum nur zwei Jahre?« bohrte sie nach.

»Ich war sehr gelehrig, und dann lernte ich jemanden kennen.«

»Aha!« Schwester Maria nickte. »Verstehe schon.«

»Aber diese Schließfächer in den Banken engen mein Tätigkeitsfeld natürlich sehr ein«, erklärte Johannes freimütig weiter. »Und durch den bargeldlosen Zahlungsverkehr sind Besuche in privaten Haushalten ja völlig sinnlos geworden.«

Die Türklingel ließ alle aufschrecken.

»Bestimmt die Polizei«, jammerte Johannes und versuchte, hinter einem Küchenstuhl in Deckung zu gehen.

»Langsam, langsam. Immer ganz ruhig bleiben«, sagte Schwester Maria mit fester Stimme. Sie hatte sich sehr schnell gefaßt und ging nun mutig zur Tür.

»Grüß Gott, Herr Sarwatzki«, hörte man ihre erleichterte Stimme. »Ja, wer ist denn da? Guten Tag, Thomas. Kommt rein.«

Dechant Strathmann hatte Johannes inzwischen hinter dem Stuhl hervorgezogen.

»Ich bringe Sie nach oben in unser Gästezimmer, Johannes«, flüsterte Dechant Strathmann. »Man muß Sie hier ja nicht unbedingt sehen.«

Doch dieser zierte sich gewaltig.

»Bitte nicht, Herr Dechant. Wenn ich jetzt allein in einem Raum bin, bekomme ich Panik. Ich hatte das schon einige Male in meinem Leben. Platzangst, verstehen Sie? Jahrelang!«

»Na gut, Sarwatzki ist in Ordnung«, meinte Dechant Strathmann gutmütig und seufzte.

Schwester Maria führte ihre beiden Gäste in die Küche.

»Thomas Schäfer will Schach spielen. Heute, jetzt gleich«, erklärte sie etwas unsicher. »Dann spielt er auch eine Gastrolle im Kindergarten. Ich werde jetzt Frau Weber nach Hause fahren.«

Dann wandte sie sich streng an Johannes. »Und Sie will ich, wenn ich zurückkomme, hier nicht mehr sehen!«

»Wenn es dunkel ist, verschwinde ich«, versprach der Sünder und schaute ihr treu in die Augen.

»Sind Sie heute schlecht gelaunt, Schwester Maria?« fragte Sarwatzki verwundert.

»Ach, wie kommen Sie denn auf so was?« Aufgeregt rauschte sie an Sarwatzki und Klein-Thomas vorbei und schlug die Tür laut hinter sich zu. Sie war wütend und wußte eigentlich gar nicht so genau, warum. Im Sturmschritt erreichte sie die Kirche. Zornig öffnete sie die Tür, eilte zum Altar, bekreuzigte sich, ging langsam in die Knie und schaute hoch zum Kruzifix.

»Vor dir«, sprach sie feierlich, »darf ich überhaupt kein Gewissen haben. Weder ein gutes noch ein schlechtes. Aber ein frohes, fröhliches Herz habe ich heute auch nicht.«

In diesem Augenblick ging in der Kirche das Licht wieder an.

Schwester Maria erschrak fürchterlich, und in der ersten Schrecksekunde dachte sie an eine gütige Erleuchtung von oben. Das war es im Grunde genommen ja auch, aber nicht ganz so himmlisch, wie sie es sich vielleicht gewünscht hätte.

»Da haben Sie aber Glück gehabt«, rief einer der Elektriker, »nur das 45-Ampere-Kabel war zum Teufel. Wir gehen jetzt in den Glockenturm und schauen uns mal den Motor an.«

Schwester Maria war aufgesprungen. »Seien Sie ganz vorsichtig«, warnte sie, »der Elektromotor ist sehr schwer.«

»Keine Angst, Schwester Maria. Wir haben einen neuen dabei. Wir sind die Betriebselektriker der Gnekko-GmbH«.

»Na, dann ist es ja gut«, atmete Schwester Maria auf. Das hörte sie außerordentlich gern. Nun war sie auch wieder besser gelaunt als vor einigen Minuten und verließ fast fröhlich die Kirche.

Im Wohnzimmer des Dechanten ging es hoch her. Frau Weber hatte sich inzwischen verabschiedet, und alle Anwesenden ereiferten sich im Schachspiel. Sie kämpften alle gegen Thomas.

»Vor, vorwärts, den Springer hinterher«, hörte man kriegerische Befehle.

»Nur nicht nachlassen!«

Alle waren in das gnadenlose Brettspiel versunken. Um ein Haar hätte dieses selbstvergessene Schlachtgetümmel Dechant Strathmann eine Standpauke erster Güte eingehandelt, hätte er nicht mit dem Urinstinkt eines geplagten Rauchers kurz einmal aufgeschaut.

Da betrat auch schon Frau Hagenkötter den Raum, und Dechant Strathmann konnte seine Zigarre gerade noch an Kaplan Kümmerling weitergeben.

Aber die alte Haushälterin war auch nicht so leicht hinters Licht zu führen, und sie schaute ihn strafend und empört an.

»Sie sollten mich nicht für dumm verkaufen, Dechant Strathmann«, schnaubte sie ein bißchen beleidigt, wandte sich dann aber schon etwas freundlicher an Sarwatzki.

»Wann soll Thomas denn zu Hause sein?« flüsterte sie ihm ins Ohr.

»Na, so gegen sieben. Aber so spät ist es ja noch nicht. Außerdem hat der Dechant schon drei Spiele verloren, und das kann man doch nicht so einfach durchgehen lassen.«

Inzwischen rutschte der kleine Thomas von seinem Stuhl und zog Frau Hagenkötter an ihrer Schürze.

»Was ist denn, mein Junge?«

Thomas schaute sie mit großen, hilflosen Augen an.

»Ach so, ich verstehe.«

Dann nahm sie ihn bei der Hand, und beide gingen hinaus.

Diesen kleinen natürlichen Zwischenfall nutzten Dechant Strathmann und Johannes sofort aus. Nach einem kurzen Blickaustausch waren sie sich einig, daß solche unbeobachteten Augenblicke ein Geschenk Gottes sind. Und dann stellten sie mit viel Fachverstand und Menschlichkeit einige bedrängte und in Not geratene Figuren in ein ruhigeres und weniger gefährliches Viereck. Eine edle und hilfreiche Tat, wäre es nicht schamlos zu ihren Gunsten geschehen.

»Das merkt er doch sofort«, gab Kaplan Kümmerling zu bedenken.

Sarwatzki nickte. »Hundertprozentig merkt er das.«

Dechant Strathmann und Johannes schienen mit ihrer heimlichen Kriegskunst äußerst zufrieden.

»Wir werden ja sehen.«

Schwester Maria war zufrieden, daß wenigstens in der Kirche nun die Dinge wieder in Ordnung gekommen waren. Sie ging langsam zu ihrem Gemeindeschwester-Häuschen. Freudig überrascht blieb sie am Gartentor stehen, als sie Markus Gnecko auf ihrer Eingangstreppe sitzen sah.

»Herzlich willkommen, Markus«, rief sie ihm zu, »wie geht's dir?«

»Gut, Schwester.« Fröhlich stand er auf.

»Du bist ein bißchen blaß. Ich glaube, du brauchst etwas Sonne.« Sie schüttelte ihm die gesunde Hand, und dann schloß sie die Tür ihres Hauses auf.

»Kluge Leute wie wir, Schwester Maria, sind nicht braun wie Zehnkämpfer, Bademeister oder Tennisspieler. Wir sind eben blaß.«

Schwester Maria lachte hellauf.

»Manchmal redest du wirklich Unsinn.«

»Glauben Sie denn im Ernst, Schwester, daß sich Ihr Franz von Assisi oder irgendein anderer vernünftiger Heiliger in die Sonne gelegt hat?«

Sie nahm die Post aus ihrem Briefkasten, schaute sie flüchtig durch und murmelte: »Wie sprichst du denn über meine Heiligen?«

Markus lächelte. Dann fuhr er fort:

»Mein Vater hat mir schon alles über Sie erzählt. Er mag Sie, glaub' ich. Aber Vorsicht!«

»Es ist meine christliche Nächstenpflicht«, erwiderte sie ernsthaft, »daß auch ich ihn liebe.«

»Aber Sie mögen ihn doch nicht wirklich.«

Schwester Maria schaute ihn groß an. »Na, würdest du es gut finden, wenn eine Gemeindeschwester ihr persönliches Urteil über ihre Mitmenschen äußert?«

Dann machte sie langsam einen Brief auf, der ihre ganze Aufmerksamkeit in Anspruch nahm. Ein zweiter Brief steckte noch darin.

»Entschuldige bitte, aber ich muß das jetzt hier lesen.«

Während sie die Zeilen überflog, lächelte sie. Dann schaute sie noch mal kurz auf.

»Geh in die Sonne. Mädchen mögen das«, sagte sie unvermittelt. »Julia Krüger ist auch braungebrannt. So, und jetzt laß mich arbeiten. Ich habe heute noch ein paar Schwierigkeiten in Ordnung zu bringen.«

Markus erhob sich zögernd.

»Das ist ein sehr unchristlicher Hinauswurf eines Genesenden, Schwester Maria.«

Sanft schob sie ihn zur Tür. »Es sollte andere Frauen in deinem Leben geben als eine Ordensschwester, Markus. Findest du nicht auch?«

Er wollte sich schon umdrehen und gehen, da hielt sie ihn noch einmal zurück.

»Ach, warte noch. Ich habe dir, glaube ich, was verschwiegen«, gestand sie, »etwas ziemlich Wichtiges.«

»So, was denn?«

Markus schaute sie fragend an.

»Nun, zunächst einmal, ich habe gesehen, wie Julia vor dem Krankenhaus auf dich gewartet hat.«

Markus schien überrascht.

»Ehrlich?«

»Ich lüge nicht, oder so gut wie nie. Und dann war da noch jemand, der dich wiedersehen wollte, wie sonst auch zweimal in der Woche.«

Markus runzelte leicht die Stirn.

»War es meine Mutter? War sie allein dort oder mit einem anderen Mann?«

»Als ich mit ihr gesprochen habe, war sie allein. Aber wir hatten nur kurz Zeit. Sie ist sehr nett und sehr besorgt um dich.«

»Hm.«

»So, nun geh.« Schwester Maria winkte ihm zu und schloß leise die Tür.

Langsam und tief in Gedanken ging Markus fort und ließ eine ganz und gar mit sich unzufriedene Schwester zurück, die sich immer wieder nachdenklich gegen das Kinn tippte.

Wie es schien, hatte Schwester Marias Anregung, sich in die Sonne zu legen, Erfolg bei Markus.

»Es würde wirklich nichts schaden«, dachte er, »sich ein wenig Bräune zuzulegen. Anscheinend ist der gesunde Bronzetyp heutzutage doch mehr gefragt.«

So kam es, daß er sich an diesem Tag ein Plätzchen auf einer sonnenüberfluteten Liegewiese aussuchte, ein großes Handtuch ausbreitete und sich in Bermudahose und einer neu erstandenen, ziemlich schrillen Sonnenbrille zur Bestrahlung niederlegte.

Wie sich bald herausstellte, war die Sonnenbrille ein guter Kauf gewesen, denn in einiger Entfernung seines Erholungsplätzchens konnte er des Autohändlers Tochter Julia ausmachen. Mit Hilfe der Gott sei Dank ziemlich dunkel gewählten Gläser konnte er sie so ohne großes Augenverdrehen und ohne mühsame Wimperntarnung beobachten.

Julia konnte seine Blicke nicht sehen, aber anscheinend doch fühlen, denn es war offensichtlich, daß sie ihrerseits alles tat, daß keine ihrer Bewegungen ihm zu irgendeiner Zeit entging.

Sie wählte dabei das altbewährte Mittel des ab und zu Vorbeischlenderns, so als hätte sie etwas zu besorgen, was nach dem fünften Hin-und-her-Gang innerhalb einer halben Stunde ziemlich unglaubwürdig wurde. Aber für auffällige Wiederholungen dieser Art haben Verliebte entweder keine Sinnesorgane, oder es ist ihnen einfach gleichgültig, Hauptsache ist die Wirkung.

Auch Schwester Maria beschäftigte sich gedanklich mit dem jungen Paar, und zwar recht grimmig. Mit einer gewaltigen Gartenschere quälte sie die Hecke ihres Vorgartens, warf das Ungetüm schließlich zu Boden, eilte in ihr Häuschen und knallte die Tür hinter sich zu.

Mit ringenden Händen kniete sie auf ihrer Gebetsbank. Hilfesuchend schaute sie zum Kruzifix hoch.

»Ich kann mich doch nicht in die inneren Angelegenheiten einer Familie einmischen. Das darf ich doch überhaupt nicht.«

Ungeduldig sprang sie wieder auf, lief in ihrem Zimmer hin und her. Sie grübelte vor sich hin. Eine Gemeindeschwester ist für alle da. Auch wenn man den einen oder anderen weniger leiden kann, oder? Das Kruzifix gab keine Antwort, aber dafür klopfte es draußen an der Tür.

Eilig strich sich Schwester Maria das Gewand glatt, rang sich ein freundliches Lächeln ab und öffnete. Vor ihr stand Pastor Wölm.

Schwester Maria war wirklich überrascht.

»Treten Sie ein, Herr Pastor.«

Pastor Wölm nickte zum Gruß und kam gleich auf den Punkt seines Besuchs. »Schlechte Nachrichten, Schwester«, sagte er, »ich konnte kein einziges Kind für Sie auftreiben, nicht mal leihweise. Man sollte es nicht für möglich halten. Was sollen wir denn jetzt tun?«

»Danke für Ihre Bemühungen, Herr Pastor. Es war ja auch nur ein flüchtiger, törichter Gedanke.«

Schwester Maria setzte sich niedergeschlagen an ihren Tisch.

»Haben Sie Geduld«, tröstete sie der Pastor. »Auch Sie werden Ihren Kinderladen voll kriegen.«

»Zwei oder drei haben wir ja schon«, erzählte sie etwas kläglich. »Aber daß sich für diese Handvoll Lämmer eigens der Weihbischof herbemüht, scheint mir doch unangemessen aufwendig.«

Plötzlich begannen die Glocken zu läuten: die Glokken der St.-Katharina-Kirche! Harmonisch und wohlklingend, wie aus purem Silber gegossen! Schwester Maria eilte zum Fenster und riß es begeistert auf. »Hören Sie?« Sie strahlte ihren Gast an. »Das ist der neue Elektromotor. Er funktioniert! Es ist nicht zu glauben!«

»Wer sagt's denn«, schmunzelte Pastor Wölm. »Nun haben Sie Ihrem Weihbischof doch noch etwas zu bieten.«

Schwester Maria drehte sich mit leuchtenden Augen um. »Seien Sie ganz vorsichtig, was Sie da sagen, Herr Pastor. Noch ist nichts verloren, und Gottes Wege sind unergründlich.«

»Da haben Sie recht. Kommen Sie, Schwester, ich lade Sie zum Abendessen ein. Es gibt bei uns hier ein vorzügliches chinesisches Restaurant.« Dann schaute er sie verschmitzt an.

»Oder ist Ihnen die Nahrungsaufnahme in öffentlichen Gaststätten untersagt?«

»Nein, das Mittelalter haben wir schon überwunden. Weitgehend jedenfalls. Ich darf mich also ganz beruhigt mit Ihnen in dieses fernöstliche Vergnügen stürzen. Ungestüm und ungerügt.«

Dieses geplante chinesische Essen beschäftigte nicht nur Schwester Maria, sondern auch die hohe Geistlichkeit ihres Stammklosters in Österreich. Um diese Zwistigkeiten aus der Welt zu schaffen, hatte die Generaloberin die Prokuratorin zu sich gerufen. Die alte Dame thronte hinter ihrem riesigen alten Schreibtisch.

»Wenn Schwester Maria unsere Erlaubnis zum Besuch eines chinesischen Restaurants einholen möchte«, erklärte sie, »so beweist mir das nur, daß sie unsere Ordensregeln ernst nimmt und keineswegs auf dem schmalen Grat der Unbedachtsamkeit wandelt. Wir leben schließlich nicht mehr im Mittelalter.«

Die Prokuratorin sah das nicht ganz so.

»Immerhin scheint der Grat so schmal und die Entscheidung so fragwürdig«, widersprach sie sehr bestimmt und schaute der Generaloberin fest in die Augen, »daß sie sich mit einem teuren Ferngespräch unsere Zusage sichern wollte.«

»Na, hoffentlich hast du die Erlaubnis erteilt, Schwester«, meinte die alte Dame streng.

»Nein, noch nicht, Ehrwürdige Mutter, ich wollte mich zuerst Ihrer Zustimmung versichern.«

»Also gut, ich stimme zu.« Dann stand sie auf und lächelte fast unmerklich. »Und somit kostet dieses chinesische Essen bereits zwei Ferngespräche. Nun teile das unserer Schwester in aller Strenge mit.«

Schwester Maria ließ es sich dennoch schmecken.

Vergnügt saß sie mit Pastor Wölm an einem schön gedeckten Tisch, beladen mit einer duftenden Unzahl von ausgesuchten Speisen, und freute sich an der Schar der chinesischen Kellner, die sich diensteifrig um sie bemühte.

»Schweinefleisch süß-sauer kann ich sehr empfehlen«, schwärmte der Pastor.

»Das hatte ich schon«, lachte Maria und reichte ihm einen anderen Teller hinüber. »Die Ente mit Chili ist einfach köstlich, schmeckt ausgezeichnet. Ich fühle mich wunderbar.«

»Ja, ja«, schmunzelte Pastor Wölm, »Ihr Ordensleben gebietet viel Verzicht.«

Schwester Maria ließ sich keineswegs aus der Ruhe bringen. Sie zuckte mit den Achseln.

»Ich will mich jetzt nicht ärgern«, meinte sie leichthin. »Ich will genießen.«

»Gut, dann versuchen Sie mal diese Krabben hier.« Er reichte ihr einen Teller, auf dem ein Reigen dieser wohlschmeckenden Meeresfrüchte so angeordnet war, daß er eine große Blume darstellte.

»Schauen Sie, es schmeckt nicht nur wunderbar, es sieht auch herrlich aus, finden Sie nicht?«

»Ja, schon«, meinte Schwester Maria, ließ sich aber nicht ablenken.

»Um auf mein Ordensleben zurückzukommen, davon haben Sie doch gar keine Ahnung, geschweige denn von Verzicht.«

»Nein, ich verzichte auf nichts, nur weil man es mir verbietet.«

»Aber Sie verzichten auf etwas, was Ihnen erlaubt ist.«

»Auf was verzichte ich denn?«

»Na, auf den Ehestand, Herr Pastor.« Sie schaute ihn groß und freundlich an.

»Ach, du liebe Zeit«, meinte der Pastor leicht entnervt und ließ die Stäbchen sinken, »fangen Sie schon wieder damit an.«

Schwester Maria nickte.

»Warum nicht?«

Dann griff sie ungerührt zu Löffel und Gabel, da sie im Lauf des Abends bereits eingesehen hatte, daß diese schmalen langen Stöckchen keine große Hilfe beim Essen waren.

Trotz allem: Es wurde ein reizender Abend. Man vergaß, daß man unterschiedlichen christlichen Bekenntnisgruppen angehörte, und unterhielt sich auch dann noch lebhaft, als der Tisch längst abgeräumt war.

Am Ende krönte man das gelungene Abendessen und den ebenso gelungenen Abend mit einem abschließenden Pflaumenschnäpschen und war höchst zufrieden mit diesem Ausflug in die gutbürgerliche Welt.

Die beiden Polizisten waren an diesem Abend noch lange im Dienst. Den Taschendieb hatten sie nicht vergessen. Unbeirrt hielten sie sich nach wie vor in der Nähe des katholischen Gemeindezentrums auf. Gott sei Dank konnten sie nicht ahnen, was sich im Hause des Dechanten tat.

Dort hatte man sich nämlich entschlossen, Johannes für diese Nacht im Gästezimmer unterzubringen. Kaplan Kümmerling, Mädchen für alles, bezog ihm das Bett mit frischer Wäsche.

»Sie haben als einziger in diesem Hause barmherzige Worte für mich gefunden, Herr Kaplan«, sagte Johannes echt beeindruckt. »Glauben Sie mir, nur zwei, drei Mützen Schlaf, dann verschwinde ich in aller Frühe.«

Kaplan Kümmerling nickte freundlich.

»Frau Hagenkötter stellt Ihnen eine Thermoskanne mit Kaffee unten auf die Treppe. Gute Nacht, und bessern Sie sich.«

In der Tür drehte er sich noch einmal um.

»Ich habe auch einmal vor langer Zeit eine Schlosserlehre gemacht, und Priester bin ich erst über den zweiten Bildungsweg geworden. Es ist nie zu spät zur Umkehr. Gott mit Ihnen.« Aufmunternd lächelte er Johannes zu und schloß leise die Türe.

Markus Gnecko hatte offensichtlich das Gefühl, daß er auf der Liegewiese nichts erreicht hatte. Mißmutig kehrte er abends nach Hause zurück, warf seine Tasche mit den Studienunterlagen lustlos in die Ecke und betastete seine Schulter, auf der sich ein Sonnenbrand abzuzeichnen begann.

»Na, Junge, Hunger?« empfing ihn sein Vater freundlich.

»Ein bißchen.«

»Die Sonne hat dir gutgetan. Bist nicht mehr so käsig. Übrigens, unsere beiden Elektriker haben deinen Freunden die Sache mit der Glocke in der Kirche wieder in Ordnung gebracht.«

»Sehr großzügig, Papa«, meinte er tonlos. Und da er dem Gespräch ohnehin kaum Beachtung schenkte, rutschte ihm eine kleine Unachtsamkeit heraus.

»Hast du auch Mutter vor dem Krankenhaus gesehen?«

Der alte Gnecko fuhr wütend hoch.

»Was? Wie?«

Nun war die Unterhaltung auch nicht mehr zu retten.

»Sie hat auf uns gewartet.«

Herr Gnecko atmete schwer und wütend durch die Nase.

»Hat die Hagenkötter dir das erzählt oder diese Nonne?«

»Papa!«

»Was wollt ihr denn? Ich habe meine Pflicht und Schuldigkeit getan«, wütete er, »mehr, als du und deine Physiknonne euch das überhaupt jemals vorstellen könnt! Was soll man denn noch alles machen? Soll man sich zerreißen? Wollt ihr das? Bitte schön, könnt ihr gerne haben!«

Tobend und händeringend hatte er sich in Wut geredet.

Dann wandte er sich ab und rauschte in wildem Zorn in sein Arbeitszimmer.

Markus verstand überhaupt nichts mehr. Wie angewurzelt stand er da. Er überlegte kurz, dann klopfte er an die Tür des Arbeitszimmers und trat ein. Sein Vater schob schnell die Schreibtischschublade zu, in der ein Silberrahmen mit dem Foto seiner geschiedenen Frau lag.

»Vater, ich muß dich etwas fragen. Sag mir ganz ehrlich. Hast du Mutter früher irgendwann einmal geschlagen?«

Die Frage kam für den alten Gnecko so überraschend, daß es ihm zunächst die Sprache verschlug. Er faßte sich jedoch schnell wieder.

»Also höre mal, mein Sohn«, entrüstete er sich, »sehe ich so aus, als ob ich deine Mutter schlagen könnte oder irgend jemanden? Ich kann keiner Fliege etwas zuleide tun. Du hast heute wohl zuviel Sonne abbekommen.«

Plötzlich ging er auf Markus zu und drückte ihn fest an sich.

»Ich hatte einfach zu wenig Zeit für sie«, sagte er leise, und seine Stimme zitterte. »Tja, und dann – irgendwann – war sie es, die zu wenig Zeit für uns hatte, weil da ein anderer Mann aufgetaucht war.«

Er schaute seinen Sohn zärtlich an.

»Bitte, Markus, mach keine Dummheiten.«

Markus nickte. »Versprochen, Vater, gute Nacht.«

»In der Küche steht noch was für dich zu essen«, rief ihm der Vater nach. »Deine Mutter hat das früher auch immer für mich gekocht.«

Am nächsten Morgen, in aller Herrgottsfrühe, regte sich im Pfarrhaus schon Leben. Johannes schlich die Treppe auf Socken hinunter und war ehrlich bemüht, niemanden von seinen Wohltätern aufzuwecken. Wie versprochen, stand am untersten Treppenabsatz eine Thermosflasche. Leise setzte er sich auf die Stufe, schraubte den Becher ab und goß sich den duftenden Kaffee ein. Bevor er schließlich seine Herberge verließ, seufzte er tief und schwer. Kaplan Kümmerling, der ihn heimlich beobachtet hatte, schaute ihm nach und schlug vorsichtshalber das Kreuz. »Lieber vorher, wenn's noch hilft, als nachher, wenn es schon zu spät ist«, dachte er geistlich praktisch und gab dem kleinen Gauner diese Geste mit auf den Weg.

Von dem vorbeugenden Kreuzschlagen hatte Johannes nichts bemerkt.

Er war, in Gedanken versunken, erst einmal losgelaufen.

»Man könnte noch einmal kurz bei Schwester Maria vorbeischauen«, dachte er, denn eigentlich war es ihm gar nicht so recht, die schützenden Fittiche der Mutter Kirche schon zu verlassen.

Schwester Maria war tatsächlich schon auf, auch wenn sie sich keineswegs ausgeschlafen fühlte. Sie verließ gerade ihren Privatraum, um sich an den Schreibtisch im Büro zu setzen, da entdeckte sie Johannes, der durch die Scheibe der Eingangstür lugte, und öffnete ihm die Tür.

»Ich begebe mich jetzt wieder in den Untergrund, Schwester«, sagte er gerührt. »Haben Sie für alles herzlichen Dank.«

»Was, wohin begeben Sie sich?« fragte sie etwas verwirrt.

»Na ja, ich haue ab, weg, auf Nimmerwiedersehen. Ist Ihnen nicht gut?«

»Doch, doch«, und dabei rieb sie sich erneut die Schläfen. »Ich hatte nur gestern einen ungewöhnlichen Abend, Johannes.«

Seine Augen blinzelten.

»Und deswegen haben Sie heute morgen einen Kater, was?«

Strafend schaute sie ihn an.

»Und das Schloß am Garagentor«, fuhr er fort, »das ist jetzt auch wieder in Ordnung. Und in der Sakristei klemmt nichts mehr. Also dann, gute Besserung. Und übrigens, dieser Kümmerling ist frommer als der Dechant und außerdem gelernter Schlosser.«

Dann machte er tatsächlich auf dem Absatz kehrt und verabschiedete sich. Schwester Maria ließ ihn wortlos gehen. Sie konnte und wollte sich auch nicht weiter um ihn kümmern, denn heute plagten sie andere Sorgen.

Immer wieder schaute sie zum Himmel und hielt Zwiesprache mit dem lieben Gott.

»Lasset die Kindlein zu mir kommen und wehret ihnen nicht«, sie hielt inne und seufzte, »ich meine, wenn sie kommen.«

Heute sollte der Tag der Eröffnung sein.

Gegen neun Uhr ging es im Gemeindezentrum schon etwas lebhafter zu. Über die Tür zur Pfarrei nagelte Sarwatzki eine Girlande aus Myrtenkraut. Sogar Flaggen wurden aufgezogen. Frau Hagenkötter harkte mit einem Rechen den Kies. In der Sakristei legte sich Dechant Strathmann das Meßgewand an mit der mehr oder weniger hilfreichen Unterstützung seines evangelilschen Amtsbruders Wölm, der gekommen war, um ihm für die bevorstehende Feier alles Gute zu wünschen.

Im Aufenthaltsraum für die Kinder standen überall Blumen. Einige Gegenstände, die es nötig hatten, waren neu gestrichen und verbreiteten den Geruch von frischen Ölfarben.

Diese ganzen Vorbereitungen waren natürlich Anlaß für Frau Weber und ihre beiden Freundinnen, sämtliche Örtlichkeiten zu besichtigen und genauestens zu überprüfen, ob auch alles seine Richtigkeit hatte. Man hob hier etwas hoch und schnupperte da, faßte dort etwas an und schaute kritisch irgendwohin, und so ganz nebenbei wurden ein paar giftige Bemerkungen dazu abgegeben.

»Ist dieser falsche Priester aus dem Beichtstuhl eigentlich schon gefaßt?« fragte Frau Kreitlein plötzlich aus dem Hinterhalt und wandte sich dabei an Schwester Maria.

»Ich denke, Gottes Gerechtigkeit wird ihn einholen«, antwortete diese kurz angebunden.

Da mischte sich auch gleich Frau Lissa ein.

»Gibt es denn hernieden keine Gerechtigkeit mehr?«

»Wenig, Frau Lissa.«

»Na ja, wie ich das so sehe, wird der Weihbischof den Beichtstuhl neu weihen müssen«, meinte nun Frau Weber und wartete mit nach oben gerichtetem Blick auf die Zustimmung des Himmels.

Schwester Maria ärgerte sich über diese ränkesüchtigen Hexen und dachte einen Augenblick nach.

»Ein Beichtstuhl muß nicht geweiht werden«, erklärte sie ruhig, »er kann nur entweiht werden, vor allem durch Unwahrheiten und Lügen.« Dabei schaute sie die drei Damen sehr vielsagend an.

Die ersten, die den Wagen des Weihbischofs sahen, waren Herr Schäfer und sein Sohn Thomas. Der Fahrer hielt langsam neben den beiden an, stieg aus und erkundigte sich nach dem Weg zum Gemeindezentrum. Der Bischof kurbelte das Fenster herunter.

»Na, junger Mann, wo willst du denn hin?«

Thomas drückte sein Schachbrett, das er vorsichtshalber mitgenommen hatte, fest an sich.

»Ich will in den Kindergarten. Und wohin wollen Sie? Wollen Sie auch in den Kindergarten?«

Der Bischof nickte.

»Ja, Kleiner, da will ich hin. Das beste wird sein, du steigst ein und zeigst uns den Weg.«

Das mußte er nicht zweimal sagen.

Der Fahrer öffnete dem kleinen Thomas den Schlag und ließ ihn hinten im Wagen Platz nehmen. Der Bischof wandte sich an Herrn Schäfer.

»Es ist Ihnen doch recht?«

Herr Schäfer nickte, und der Wagen fuhr los. Stolz blickte er hinter der Limousine her und ging ebenfalls in Richtung Kindergarten weiter.

Man hatte es gerade noch rechtzeitig geschafft, daß die Blumenkübel am richtigen Platz standen und die Flaggen fröhlich im Wind flatterten. Vor dem Kindergarten erwartete Dechant Strathmann in vollem Ornat das große Ereignis. Hinter ihm hatten sich Schwester Maria und natürlich auch Frau Weber mit ihren beiden Freundinnen aufgestellt, und tatsächlich waren auch fünf junge Frauen mit ihren Kindern gekommen. Der Anblick einer so winzigen Kinderschar ließ Kaplan Kümmerling ziemlich besorgt dreinschauen.

Frau Hagenkötter dagegen nahm sich gar nicht die Zeit für düstere Betrachtungen. Wild winkte sie mit den Armen, um den Weihbischof anzukündigen, dessen Wagen sie als erste um die Ecke biegen sah. Die ganze kleine Gruppe setzte sich nun in Bewegung, um den hohen Geistlichen zu begrüßen. Das Erstaunen war allerdings groß, als Thomas aus dem Wagen des Bischofs stieg und ein lässiges »Hallo« vernehmen ließ.

Das brachte sogar Dechant Strathmann aus der Fassung.

»Guten Morgen, Thomas«, grüßte er ganz verwirrt zurück.

Nachdem er die erste Überraschung überwunden hatte, wandte er sich mit einem freundlichen Lächeln an den hohen Würdenträger.

»Seien Sie herzlich gegrüßt.«

Der Weihbischof lachte.

»Dieser junge Mann hat uns den Weg gewiesen«, dabei schaute er Thomas an und tätschelte ihm die Wange.

»Ich habe mich überhaupt nicht mehr ausgekannt hier draußen.«

Dann schüttelte er Dechant Strathmann die Hand.

»Ein erfreulicher Tag, Herr Dechant. Endlich haben Sie wieder einen Kindergarten.«

Dechant Strathmann deutete auf Schwester Maria.

Gekonnt machte diese einen Knicks und küßte den Ring des Kirchenmannes.

»Gott mit Ihnen, Schwester Maria«, sagte der Bischof lächelnd.

»Ich möchte mich sehr herzlich bei Ihnen bedanken. Und bei Ihnen, Kaplan Kümmerling.«

Und dann, genau im rechten Augenblick, läuteten die Glocken von St. Katharina, kraftvoll, feierlich und voll wiederhergestellter Würde. Begleitet vom festlichen Glockenklang, setzte sich die kleine Prozession in Bewegung. Dechant Strathmann und die Meßdiener gingen voran. Jetzt sollte dem katholischen Kindergarten die ihm gebührende Weihe gegeben werden. Während der Zeremonie lauschten die Erwachsenen in ehrfürchtiger und frommer Anteilnahme. Die Kinder allerdings weniger. Es gab nicht eine Grimasse, die nicht geschnitten wurde, man stieß sich die Ellenbogen in die Rippen, zupfte den Nachbarn an den Haaren und steckte ihm den Zeigefinger ins Ohr. Man konnte es nicht übersehen, daß die Kleinen sich gottserbärmlich langweilten und sich nichts sehnlicher wünschten, als daß diese feierliche Stunde ein schnelles Ende nehmen würde.

Endlich war es soweit. Doch als Dechant Strathmann, der Weihbischof und Schwester Maria sich umwandten, trauten sie ihren Augen nicht. Vor dem Kindergarten stand, wie hingezaubert, eine große Schar türkischer Frauen, umgeben von einer großen Schar türkischer Kinder. Die Frauen und kleinen Mädchen trugen nach islamischer Sitte dunkle Kopftücher, mit denen sie auch zur Hälfte ihr Gesicht verhüllten. Dem Weihbischof blieb in ehrlichem Erstaunen der Mund offenstehen. Es dauerte lange, bis er mit tonloser Stimme den höflichen Satz sagen konnte:

»Ich wünsche Ihnen für Ihre Arbeit viel Erfolg!«

In diesem Augenblick öffnete Sarwatzki die Tür zum Kindergarten. Alle Kinder stürmten laut kreischend los, um sich in ihrem neuen zweiten Zuhause umzusehen. Jeder wollte der erste sein, und zwischen der jubelnden Schar schwenkten die Meßdiener etwas hilflos ihre Weihrauchgefäße. Es herrschte – leider muß man es sagen – ein höllisches Durcheinander, kein himmlisches.

Irgendwo in diesem Trubel stand Markus und versuchte, durch heftiges Winken Schwester Maria auf sich aufmerksam zu machen. Endlich hatte sie ihn entdeckt.

»Die Mütter der Kinder arbeiten bei meinem Vater in der Packabteilung«, erklärte ihr Markus, als sie sich endlich zu ihm durchgekämpft hatte, »und Sie brauchen ja Kinder. Und ob türkisch oder deutsch, katholisch oder evangelisch, meint mein Vater . . .«

»Da hat dein Vater im Grunde recht«, unterbrach ihn Schwester Maria, »nur jetzt ist unser katholischer Kindergarten zu 90% islamisch. Wer, bitte schön, soll denn die religiöse Verantwortung für diese Kinder übernehmen?«

Schwester Maria war etwas außer Atem. Es wurde auch nicht besser, als sie Issushio, den chinesischen

Restaurantbesitzer, mit seinem kleinen Sohn an der Hand auftauchen sah.

Markus winkte ab.

»Damit hat mein Vater nichts zu tun.«

»Nein«, raunte ihm Schwester Maria mit einem Gesicht wie ein aufziehendes Gewitter zu, »aber Pastor Wölm, dieses protestantische Ungeheuer!«

Dieser stand still und schweigsam in einer Ecke, lächelte vielsagend und vergnügt und beobachtete mit Genuß und äußerst gut gelaunt das bunte Treiben. Bevor er ging, winkte er Schwester Maria noch übermütig zu. Der kleine chinesische Junge war längst im Kindergarten verschwunden.

Erst später im Pfarrhaus löste sich die feierliche Gespanntheit allmählich in Wohlgefallen auf.

»Fritz, was ist denn mit den Glocken? Die läuten ja seit einer Dreiviertelstunde. Kannst du das nicht mal abstellen?« Der Weihbischof lehnte sich behaglich in seinem Sessel zurück.

»Sofort, Exzellenz«, antwortete Dechant Strathmann bereitwillig, denn ihm war der gesundete Glockensturm auch schon etwas übertrieben ausgedehnt vorgekommen.

»Unsinn, Fritz, jetzt bin ich wieder Rudolf.«

Dechant Strathmann wandte sich an Frau Hagenkötter und bat sie, die Glocken abzustellen.

»Was denn, was denn«, wunderte sich der hohe Gast, »habt ihr nicht mal einen Küster hier, Fritz?«

»Na, du bist gut, wir sind arm hier, Rudolf. Wir haben nicht mal eine Kindergärtnerin.«

Der Weihbischof schmunzelte.

»Ihr braucht ja drei, strenggenommen. Eine katholische, eine islamische und eine buddhistische.« Dabei mußte er so lachen, daß es lange dauerte, bis er wieder zu sich fand.

»Fritz, ich finde das herrlich. Ich kann dir gar nicht sagen, wie komisch ich das finde, daß dir das auf deine alten Tage noch passieren muß.«

Nun ließ sich auch Dechant Strathmann von der Fröhlichkeit des Gastes anstecken, und beide bogen sich vor Lachen.

Schwester Maria hatte das Gefühl, sie müsse hier irgend etwas klarstellen.

»Exzellenz, ich kann Ihnen das erklären«, meldete sie sich zu Wort.

Der Bischof schaute sie freundlich an.

»Ach ja, Maria, tun Sie das, aber bringen Sie mich bitte nicht um meine gute Laune. Sie sollen über einen gehörigen Teil rechtschaffenen Humors verfügen, hab' ich gehört.«

Schwester Maria winkte bescheiden ab. Sie wollte nun endlich einmal klar und deutlich aufzeigen, wie sich das alles ergeben hatte.

»Also den chinesischen Jungen hat uns der protestantische Amtskollege von Dechant Strathmann hergeschickt. Natürlich in allerbester Absicht, weil die chinesischen Eltern ihre Kinder keinesfalls in die antiautoritären Kinderläden schicken möchten und der evangelische Kindergarten bereits überfüllt ist.«

»Recht so«, meinte der Bischof vergnügt. »Es gibt 1,5 Milliarden Chinesen auf der Welt, warum nicht einen in Ihrem Kindergarten?«

Das ging Kaplan Kümmerling nun doch etwas zu weit, und er beschloß, ein bißchen dazwischen zu reden.

»Aber nach den Beschlüssen der letzten Bischofskonferenz von Fulda . . .«

»Wie bitte?« unterbrach ihn der Bischof.

»Ich wollte nur auf die Fuldaer Konferenz verweisen«, murmelte Kaplan Kümmerling nun doch etwas verlegen. Aber sein Einwand ging irgendwie völlig unter.

»Und was ist mit den anderen Kindern?«

»Exzellenz, ein Unternehmer unserer Gemeinde beschäftigt zu einem hohen Prozentsatz türkische Mitarbeiterinnen«, bemühte sich Schwester Maria um weitere Erklärungen.

»Aha, ich verstehe«, lachte der Bischof, »und die wollen auch nicht antiautoritär erzogen werden, sondern von Ihnen, ich meine von unserem neuen Kindergarten.«

»Nicht ganz, Exzellenz«, widersprach Schwester Maria.

Dechant Strathmann fühlte sich während dieser Unterhaltung etwas unwohl, und Kaplan Kümmerling räusperte sich leicht gereizt.

Aber Schwester Maria gab nicht auf.

»Also, die Gnecko-GmbH hat einen Betriebsrat, und der bestand auf einem betriebseigenen Kindergarten für die Kinder der weiblichen Arbeitnehmerinnen, übrigens Türkinnen.«

»Ist ja gut«, beschwichtigte der Bischof.

Doch Schwester Maria war nicht mehr aufzuhalten.

»Herr Gnecko hat das Problem auf seine Weise gelöst. Wir haben jetzt Kinder.«

»Herr Gnecko hat unsere Gemeinde auch mit einer sehr hochherzigen Spende bedacht«, beeilte sich Dechant Strathmann einzuwerfen.

»Vor einigen Tagen standen wir noch völlig im dunklen da.«

»Ach ja, ich hörte von diesem Unfall«, meinte der Bischof.

Kaplan Kümmerling nahm nun noch einmal seinen ganzen Mut zusammen. »Exzellenz«, sprach er, »ich muß einmal entschieden darauf hinweisen . . .«

»Ich weiß, worauf Sie hinweisen wollen, Kaplan Kümmerling, nur wenn ich mir dann die Folgen überlege, darf das doch nicht dazu führen, daß wir viele kleine Kinder aus unserem Kindergarten wieder hinausweisen.«

»Rudolf, mal unter alten Freunden«, gab Dechant Strathmann zu bedenken, »übernimmst du dich da nicht, wenn du das als Weihbischof in Ordnung findest?«

»Die Fuldaer Bischofskonferenz hat auch entschieden, daß in unterversorgten Gebieten die Religionszugehörigkeit weder bei Schulen noch Kindergärten eine Rolle spielen darf. Bei Krankenhäusern fragt doch auch kein Mensch danach.«

»Aber Herr Gnecko hat uns reingelegt«, meinte Dechant Strathmann etwas zornig.

»Ach was, Fritz, ich glaube nicht, daß unser Herrgott etwas gegen einen Betriebsrat hat.«

Das war Wasser auf Schwester Marias Mühlen. Sie hörte es sichtlich gern. »Ich habe drei Jahre lang auf einer internationalen Schule in Rom gearbeitet«, erzählte sie. »Da hat sich die Frage für uns auch nie gestellt.«

Der Weihbischof nickte ihr zu. »Eben, Schwester Maria. Das ist die richtige Einstellung.«

Dann wandte er sich an Kaplan Kümmerling. »Und in Rom paßt der Heilige Vater höchstpersönlich auf alles auf. Merken Sie sich das, Kümmerling.«

Später, als die Festtagswogen sich geglättet hatten und der Alltag wieder sein Recht verlangte, holte sich Kaplan Kümmerling sein inneres Gleichgewicht an der Orgel zurück. Schwester Maria und Dechant Strathmann setzten sich leise in die erste Reihe, um dem meisterhaften Spiel zu lauschen.

»Aber Orgel spielen kann er, das muß man ihm lassen«, flüsterte Dechant Strathmann.

»Ja, und vielleicht hört uns dann unser Herrgott ein bißchen lieber zu«, flüsterte Schwester Maria zurück. Vorsichtshalber bekreuzigte sie sich, denn immerhin bestand die Möglichkeit, daß der liebe Herrgott diesen letzten Satz als aufmüpfige Sünde empfinden mochte.

Am nächsten Morgen wurde Schwester Maria von strahlendem Sonnenschein geweckt. Gut gelaunt stand sie auf und machte sich fertig für den langen Arbeitstag. Wie immer verließ sie in allerhöchster Eile wenig später ihr rosenbewachsenes Gartenhäuschen, um mit dem Auto davonzubrausen.

Gerade als sie einsteigen wollte, bemerkte sie zwei riesengroße Stiefel unter ihrem Auto. Neugierig beugte sie sich hinunter.

»Herr Sarwatzki?«

»Ja, Schwester.«

»Ich hab' es ziemlich eilig. Sie sind doch bei Herrn Gnecko für die Wagen verantwortlich, nicht für mein Fahrzeug.«

Sarwatzki schob sich unter dem Wagen hervor. Sein Gesicht war ölverschmiert, und seine Hände und sein kariertes Hemd ebenfalls.

»Sie haben es immer eilig«, lachte er. »Herr Gnecko ist außerdem bestens versorgt.«

Schwester Maria schaute ihn empört an.

»Herr Latske hat schon zweimal angerufen.«

Sarwatzki blieb völlig ungerührt und pries seine Arbeit an.

»Ich habe Ihnen einen neuen Auspufftopf eingebaut. Die Knallerei war ja nicht mehr mit anzuhören. Ich wette mit Ihnen, daß die Polizei Sie spätestens in zwei Tagen zum Verkehrsunterricht eingeladen hätte.«

»Erstens wissen Sie genau, daß ich nicht wette, und zweitens: Ein Strafmandat hab' ich noch nie bekommen in all den Wochen, obwohl ich schon einmal direkt an einem Feuermelder geparkt habe.«

Sarwatzki hatte sich inzwischen erhoben.

»Aber nur, weil Sie unseren Polizisten schöne Augen machen, sagt Herr Gnecko!«

»Da muß ich aber doch sehr bitten. Sonst sagt doch nur Frau Weber so etwas!«

Schwester Maria lächelte Sarwatzki vergnügt an und reichte ihm die Hand.

»Danke, Herr Sarwatzki, daß Sie das erledigt haben.«

Sarwatzki schmunzelte.

»Sehen Sie, Schwester Maria, jetzt machen Sie mir auch noch schöne Augen. Übrigens – gern geschehen!«

Dann setzte Schwester Maria sich in ihr Auto und ließ den Motor an. Sie horchte ehrfürchtig auf. Ihr technisch geschultes Ohr erkannte den Unterschied sofort.

»Nicht schlecht, muß ich Ihnen sagen!« meinte sie mit Hochachtung und beugte sich aus dem Fenster.

Sarwatzki, der sich seiner Kunst völlig bewußt war, nickte stolz, dann fiel ihm noch einmal der Name Latske ein.

»Ach, Schwester – Latske, ist das nicht der ehemalige Postbote? Warum müssen Sie denn zu ihm?«

»Er ist einsam.«

»Sie schaffen das schon«, meinte Sarwatzki liebevoll.

Schwester Maria winkte kurz.

»Hoffentlich«, rief sie zurück, ehe sie endgültig davonbrauste.

Schwester Marias flotte Fahrt wurde erst unterbrochen, als die Ampel der Hauptdurchgangsstraße auf Rot schaltete. Direkt neben ihr hielt ein massiger Jeep, der ganz so aussah, als wolle er überall Aufsehen erregen. Es war schon fast peinlich, wie er mit überbreiten Reifen und verchromten Felgen herausgeputzt war. Diese Art Angeberei war ganz und gar nicht nach Schwester Marias Geschmack, aber sie konnte dennoch nicht umhin, dauernd hinzusehen. Erst als sie plötzlich den Fahrer erkannte, blieb ihr der Mund offenstehen. Es handelte sich doch tatsächlich um Pastor Wölm.

Er winkte ihr freundlich zu und rief: »Guten Morgen, Schwester Maria!«

»Ach du liebe Zeit, Sie sind das, Pastor Wölm! Seit wann fahren Sie denn so ein Ungeheuer?«

»Ich wußte«, unterbrach sie der Pastor fröhlich, »daß Sie an meiner Neuerwerbung Anstoß nehmen würden. Aber der Traktor hat seine Vorteile: Erstens ist er schnell, und außerdem kann ich meine sechs Presbyter oder – wenn sie zusammenrücken – meine acht Konfirmanden mitnehmen.«

Schwester Maria hatte inzwischen das Fenster heruntergekurbelt und die Hand hinter ihrem Ohr aufgestellt, um besser hören zu können. Sie nickte verständnisvoll.

»Ach, kommen Sie, geben Sie doch zu, daß Sie sich das Ding zuerst einmal angeschafft und dann erst darüber nachgedacht haben, wie man so ein affiges Auto überhaupt rechtfertigen könnte.«

»Und außerdem«, verteidigte sich Pastor Wölm von Fenster zu Fenster weiter, »war er als Gebrauchtwagen billiger als jeder Mittelklassewagen, denen Ihre Firma in falscher Bescheidenheit den Vorzug gibt.«

Das war ja wohl ein paar Takte zuviel. So weit hätte Pastor Wölm nicht gehen dürfen. Energisch kurbelte Schwester Maria ihr Fenster hoch. Und nun warteten beide auf grünes Licht, um dem anderen zu zeigen, wo der Barthel seinen Most holt, oder – um es etwas blumiger auszudrücken – wer hier vor der Ampel der PS-stärkere Platzhirsch war.

Nach 20 Sekunden entschied es sich bereits. Schwester Maria und ihr gepflegter Oldtimer mit technischer Sonderbehandlung hatten Pastor Wölm und seine gepriesene Konfirmandenkutsche bereits nach hundert Metern so eindeutig abgehängt, daß auch der Pastor es später nicht so hindrehen konnte, als wäre ein Zielfoto nötig gewesen, um das klarzustellen.

Schwester Maria kostete ihren Sieg mit vollem Herzen aus, aber sie wollte noch sein Gesicht sehen und ließ ihn aufholen. Als er endlich neben ihr fuhr und so tat, als habe er nichts bemerkt, winkte sie ihm fröhlich aus dem heruntergekurbelten Seitenfenster zu.

»Na, haben Sie sich in unserem kriegerischen Spruchabtausch etwas übernommen? Macht nichts. Vielleicht klappt es das nächste Mal!« Dann drückte sie noch einmal auf den Gashebel, schoß nach vorn, ordnete sich rechts ein und kümmerte sich nicht mehr um den geschlagenen Pastor Wölm.

»Da sind Sie ja endlich! Ich warte nun schon eine halbe Ewigkeit!« begrüßte sie Herr Latske ungeduldig, als sie etwas außer Atem seine Wohnung betrat.

»Erst mal guten Morgen, Herr Latske! Im übrigen, ich bin nur 12 Minuten zu spät, insofern decken sich meine Vorstellungen von der Ewigkeit nicht unbedingt mit den Ihren!«

Latske ließ sich in einen bequemen Ohrensessel fallen und schaute Schwester Maria herausfordernd an.

»Kommen Sie mir jetzt bloß nicht theologisch, Schwester!«

»Nein, ich komme, um Ihnen zu helfen. Ich werde das Geschirr abspülen, und Sie werden es abtrocknen.«

Latske erhob sich widerstrebend, und Schwester Maria schob den Sessel in Richtung Kochnische. Brummelnd setzte er sich wieder hin. Aber er wollte noch das letzte Wort haben.

»Meine liebe Schwester Maria, ich war ein halbes Leben lang bei der Post. Und bei der Post sind 12 Minuten Verspätung eine Katastrophe.«

Schwester Maria hatte bereits die Ärmel hochgekrempelt und Wasser in das Spülbecken eingelassen.

»Nun gut, das haben wir ja nun hinter uns, und nun beruhigen Sie sich erst mal wieder und erzählen mir schön brav, wie es Ihrer Hüfte geht.« Sie lächelte ihm versöhnlich zu.

»Na, dann raten Sie mal, wie es einer Hüfte gehen kann, die zweimal um den Erdball gelaufen ist!«

Schwester Maria reichte ihm ein Abtrockentuch und einen Teller.

Latske, glücklich, daß Schwester Maria endlich da war, wurde zunehmend freundlicher. Fast begeistert trocknete er ab und erzählte ihr dabei seine ganzen kleinen Kümmernisse und Freuden des vergangenen Tages.

Etwas später beschloß Schwester Maria, sich auch noch über die schon ziemlich angestaubten Fenster herzumachen, zum Vergnügen der vorbeigehenden Fußgänger.

»Wann waren Sie eigentlich das letzte Mal auf der Straße, Herr Latske?« fragte sie ihn unvermittelt.

»Ich muß ja nicht mehr runter. Der Arzt kommt rauf, und Sie kommen dreimal in der Woche und machen alles für mich.«

»Und wie lange soll das noch so gehen, Herr Latske?«

»Ich kann auch fast alles alleine machen, nur eben keine Treppen mehr steigen, Schwester Maria.«

»Wenn Sie eine Parterrewohnung hätten mit einem Stückchen grünem Garten, wäre Ihr Leben viel leichter.«

Latske hob in hilfloser Geste seine Hände.

»Woher soll ich eine Wohnung mit Garten bekommen bei meiner Rente?«

»Und wenn ich eine Wohnung für Sie fände, würden Sie dann umziehen?«

Latske schwieg störrisch, doch Schwester Maria fuhr unbeirrt fort: «Eine Wohnung – groß genug, um all Ihre Sammlungen unterzubringen, auch Dinge, die in diesem Zimmer dort sind, das ich nie betreten darf.«

Latske wurde auf einmal sehr unruhig. »Nein, um Gottes willen, da darf niemand rein, nicht mal Sie, Schwester.«

»Keine Angst. Ich halte Ihr Verbot in Ehren. Was ich fürchte, ist, wenn Sie sich hier oben weiterhin einschließen, wird der Arzt recht behalten, und dann kann nicht einmal ich Ihnen mehr helfen.«

Latske fuhr hoch. »Soll ich jetzt danke sagen?«

»Nein, das sollen Sie nicht. Ihre Hüfte ist nicht Ihr Problem, Herr Latske. Aber Ihre Einsamkeit, und die kann einmal sehr schlimm für Sie werden.«

Mittlerweile war sie mit dem Fensterputzen fertig geworden. Während sie die Sofakissen aufschüttelte, schaute Herr Latske kritisch auf die frisch gereinigten Scheiben.

»Auf den Fensterscheiben sind noch Schlieren«, schimpfte er. »Das muß ich Ihnen schon sagen, meine Frau konnte die Fenster besser putzen.«

»Das werde ich auch noch lernen«, erwiderte Schwester Maria und lächelte ihn freundlich an. Dann holte sie den Staubsauger, um im Wohnzimmer den Teppich zu saugen.

»Soll ich nächsten Freitag nicht auch mal Ihr zweites

Zimmer in Angriff nehmen?« rief sie laut, um sich gegen den Krach durchzusetzen.

»Versuchen Sie nicht, mich umzustimmen!« schrie Herr Latske zurück. »Außer mir kommt da niemand hinein. Nicht mal Sie, Schwester. Wie oft soll ich das denn noch sagen?«

Schwester Maria nickte und saugte weiter. Endlich stellte sie das Gerät ab. Die Ruhe wirkte ziemlich erleichternd.

»Gott sei Dank, den Lärm hält ja keiner aus«, atmete Herr Latske auf. Schwester Maria legte die Schnur zusammen.

»Und Sie meinen, Sie können wirklich noch alleine für sich kochen?« Sie schaute Herrn Latske streng prüfend an.

»Ja, Schwester. Sie brauchen gar nicht so mißtrauisch zu gucken. Heute abend zum Beispiel mache ich mir Omelette mit Spinat. Und wenn ich gegessen habe, dann höre ich Radio. Radio Norddeich. Das ist hochinteressant, Schwester. All die Gespräche mit den Schiffen auf der ganzen Welt. Auf Langwelle. Glauben Sie nur nicht, daß ich mich langweile.«

»Na ja, um so besser, Herr Latske.«

Während sie einige Schachbretter abstaubte, hatte sie einen Einfall.

»Wann haben Sie eigentlich das letzte Mal Schach gespielt?«

»Fragen Sie mich nicht soviel«, erwiderte Herr Latske mürrisch. »Lassen Sie einen alten Mann in Ruhe. Warum soll ich immer irgend etwas tun? Ich bin rundherum zufrieden.«

Schwester Maria zuckte mit den Schultern. »Also gut, wenn Sie meinen.«

»Das stimmt schon. Als meine Frau noch lebte«, fuhr Herr Latske fort, »da war ich natürlich zufriedener.

Kochen und Schach spielen, ich weiß nicht, was sie besser konnte.«

»Fensterputzen«, antwortete Schwester Maria keck.

»Na ja, das auch. Trotzdem, haben Sie vielen Dank, Schwester.«

Schwester Maria packte ihre Schürze und die Putzmittel, die sie mitgebracht hatte, in ihre Ledertasche.

»Würden Sie einem neuneinhalbjährigen Jungen die Ehre geben, gegen Sie einmal Schach zu spielen? Er heißt Thomas und ist ein dicker Freund von mir.«

Herr Latske zog die Augenbrauen hoch.

»Ein neuneinhalbjähriger Schachspieler? Hat Ihr kleiner Freund nichts anderes zu tun?«

»Er findet keinen Gegner mehr«, lachte Schwester Maria stolz. »Er hat hier weit und breit alles niedergemacht. Dechant Strathmann war in 18 Zügen fertig.«

»Ist das auch wirklich wahr? Nonnen dürfen nicht lügen.« Herr Latske freute sich sichtlich.

»Das tun Nonnen auch nicht! Einverstanden? Ich schicke Ihnen Thomas morgen vorbei. Punkt 15 Uhr. Er klingelt dreimal lang und zweimal kurz, dann wissen Sie, wer es ist.«

Herr Latske machte ein sehr nachdenkliches Gesicht. Endlich kam er zu einem Entschluß.

»Also gut, wenn Sie meinen.«

Schwester Maria verabschiedete sich freundlich.

»Auf Wiedersehen dann. Und ich werde für Sie beten.«

»Aber wieso denn? Das ist doch gar nicht nötig«, wehrte er sich gegen so viel christliche Liebe.

»Doch, Herr Latske. Und Beten ist nur der Anfang.« Sie winkte ihm kurz zu und verschwand, während Herr Latske ihr kopfschüttelnd nachschaute.

Ein Schreiben vom Bischöflichen Ordinariat hatte Dechant Strathmann innerlich völlig aus dem Gleis geworfen.

»Stellen Sie sich vor, die katholischen Gemeinden Westberlins planen eine Pilgerfahrt nach Altötting«, jammerte er laut, als Kaplan Kümmerling sein Arbeitszimmer betrat.

»Und wissen Sie, was das heißt? Nach der Regelung, wie viele Gläubige bei einer solchen Unternehmung beteiligt sein müssen, heißt das für uns, daß wir mindestens fünfzehn Gemeindemitglieder dafür begeistern müssen, 170 Mark zu zahlen, und daß sie dann auch noch freiwillig die Mühsal einer langen, frommen Wanderung auf sich nehmen sollen. Das heißt es. Und auf Anhieb kenne ich nur vier, die das tun würden.«

»Frau Weber, ihre beiden Freundinnen und vielleicht Frau Hagenkötter«, meinte Kaplan Kümmerling trübsinnig.

»An die alten Mädels habe ich auch gedacht«, meinte Dechant Strathmann nachdenklich. »Aber Frau Hagenkötter zählt nicht. Die gehört zum katholischen Kern. Wo nehmen wir den Rest her?«

Kaplan Kümmerlings Gesichtszüge erhellten sich plötzlich.

»Wenn Sie beim Hochamt am nächsten Sonntag ein geeignetes Bibelwort fänden, Herr Dechant, würde das die Herzen unserer Gemeindemitglieder vielleicht öffnen!«

»Kümmerling«, erwiderte Dechant Strathmann etwas entnervt, »ich finde jeden Sonntag ein geeignetes Bibelwort, und was bewirke ich damit? Bestens einen dreiprozentigen Anstieg der Kollekte.« Dann rief er laut durch die geschlossene Tür nach Frau Hagenkötter.

»Wo ist Schwester Maria?«

Frau Hagenkötter schaute auf ihre Taschenuhr.

»Neun Uhr fünfzehn. Im Moment kümmert sich Schwester Maria um Herrn Latske, aber nur bis zehn. Dann muß sie zur Familie Kaiser hinüber und Mittagessen kochen. Frau Kaiser liegt nämlich im Krankenhaus.«

»Schwester Maria hat ganz schön was um die Ohren«, seufzte Dechant Strathmann. »Ich frage mich, wann sie endlich für unsere Gemeinde dasein kann. Da gibt's wirklich genug Schwierigkeiten.«

Auch darauf wußte Frau Hagenkötter eine genaue Antwort:

»Gegen dreizehn Uhr dreißig, Herr Dechant. Da hält sie nämlich Sprechstunde in ihrem Büro. Bis 15 Uhr.«

»Wäre es nicht möglich, daß man auch diesen Herrn Sarwatzki überzeugen könnte, daß so eine Pilgerfahrt dem Leben eines jeden Mannes ein Glanzlicht aufsetzt? Dann kommt er vielleicht mit nach Altötting«, schlug Kaplan Kümmerling vor und schien aus schwerster Gedankenarbeit zu erwachen.

»Den läßt doch Gnecko nicht weg«, meinte Dechant Strathmann mürrisch. »Er hat keinen Urlaub mehr.«

Frau Hagenkötter hatte da einen ganz anderen Einfall.

»Und wie wäre es«, meinte sie, »wenn Sie mit Ihrem Studienfreund, dem Weihbischof, reden würden. Vielleicht kann man die Mindestbeteiligung einer Pilgerfahrt auf fünf Gläubige heruntersetzen.«

»Nein, nein, nein, so geht das nicht!« schüttelte Dechant Strathmann aufgebracht den Kopf.

»Nein, Frau Hagenkötter. Verstehen Sie mich jetzt bitte nicht falsch. Aber ein Dechant kann sich doch keine Blöße geben. Jedenfalls nicht, bevor wir die ganze Sache mit Schwester Maria erörtert haben. Ich werde sie bei Latske abholen.«

Dechant Strathmann schaute noch schnell in der Kirche vorbei, denn er hoffte, daß er dort möglicherweise das eine oder andere Gemeindemitglied für die Pilgerfahrt gewinnen könnte.

Natürlich traf er wieder nur Frau Weber, Frau Lissa und Frau Kreitlein an. Bescheiden brachte er sein Anliegen vor. Doch Frau Weber winkte entrüstet ab.

»Ach du liebe Zeit, Altötting! Altötting ist doch nicht Lourdes, Herr Dechant. Nach Lourdes ziehen die Menschen, die mühsam und beladen sind, und nicht nach Altötting. Und wir sind mühsam und beladen. Wir haben alle drei Rheuma. Können Sie mir sagen, was man in Altötting gegen sein Rheuma tun kann?«

Die beiden anderen Damen nickten eifrig.

Das schlug dem Faß den Boden aus.

»Frau Weber, Frau Lissa und Frau Kreitlein«, sprach der Dechant zornig. »Wir befinden uns hier in Gottes Haus, und deswegen sage ich Ihnen jetzt nicht, was ich Ihnen eigentlich sagen möchte. Aber unser Herrgott hat jedes Wort von Ihnen gehört, und er wird sich seine Gedanken machen!«

»So, welche denn?« fragte Frau Lissa keck, aber ein waches Ohr konnte einen gewissen ängstlichen Unterton heraushören.

Dechant Strathmann drohte mit dem Finger. »Lourdes! Das ist der Gipfel. Wenn Sie Urlaub machen und sich vergnügen wollen, fahren Sie meinetwegen nach Frankreich und schauen auch in Lourdes vorbei. Aber das hier, das soll eine Pilgerfahrt werden, verstehen Sie mich? Und keine Vergnügungsfahrt mit Kaffee und Kuchen, und da möchte ich mal wissen, was Ihnen an Altötting nicht paßt. Das ist genauso eine Stätte unseres Herrn wie diese Kirche hier. Morgen ist Mittwoch, da erwarte ich Sie zur Beichte!«

Dechant Strathmann holte tief Luft, drehte sich um und ging.

Die drei Damen waren erschüttert. Sie sahen aus, als ob der Blitz in sie eingeschlagen hätte. Dechant Strathmann wandte sich gerade dem Altar zu, da krachte ein Fußball durch eines der Kirchenfenster.

»Oh, oh, oh, der Zorn Gottes bricht über uns herein«, stöhnte Frau Kreitlein.

»Das hat man nun von diesen französischen Wallfahrtsorten«, stimmte ihr Frau Weber in einem nicht ganz nachvollziehbaren Gedankengang zu.

Frau Lissa hatte vor Schreck die Besinnung verloren.

»Wer war das?« rief Dechant Strathmann, als er draußen fünf kleine Jungen überraschte, die gerade davonlaufen wollten. Als sie die strenge Stimme des Dechanten hörten, blieben sie sofort stehen. Sie drehten sich um und hoben alle zusammen den Arm.

Nun kam auch Herr Sarwatzki um die Ecke.

»Ich war es, Herr Dechant.«

Dechant Strathmann schaute die kleinen Jungen wild an.

»Aha! Und auch noch lügen!«

Dann wandte er sich an Sarwatzki.

»Und was machen Sie hier?«

Sarwatzkis Stimme war ganz kleinlaut.

»Ich habe mit den Kindern gespielt, und da ist es einfach über mich gekommen, Herr Dechant. Ich wollte den Jungs einen angeschnittenen Ball vorführen. Ich habe doch gerade Mittagspause!«

»Hat ja vorzüglich geklappt. Guten Appetit!« meinte Dechant Strathmann wütend und wollte schon wieder weggehen.

»Warten Sie doch, Herr Dechant. Ich setze die Scheibe ja auch gleich wieder ein.«

Dechant Strathmann drehte sich um und mußte lachen. Sarwatzki machte ein so verzweifelt komisches Gesicht, daß er einfach nicht böse sein konnte. »Aber erst wenn alle gelernt haben, einen angeschnittenen Ball zu schießen!«

Dann flüsterte er Sarwatzki zu: »Übrigens, daß die Kinder sich für Sie opfern wollten«, murmelte er, »das spricht für Sie!«

Dann machte er sich auf den Weg.

»Ach ja, ich geh' jetzt zu Herrn Latske, Schwester Maria abholen«, rief er Sarwatzki noch zu und war schon verschwunden.

Schwester Maria rannte aus Versehen an Dechant Strathmann vorbei, als sie zur Haustüre herausschoß.

»Ich habe hier auf Sie gewartet!« rief er hinter ihr her.

Schwester Maria drehte sich erschrocken um.

»Herr Dechant?«

»Schwester Maria, ich weiß, wie beschäftigt Sie sind. Aber es herrscht Dringlichkeitsstufe rot.«

»Rot? Kommt wieder der Weihbischof?«

»Noch viel schlimmer. Aber wollen wir das nicht lieber im Auto besprechen?«

Sie setzten sich in Schwester Marias Wagen, und in wenigen Worten teilte Dechant Strathmann ihr mit, wie schwer ihm diese Pilgerfahrt zusetzte. Voller Hoffnung legte er ihr die Angelegenheit dar.

»Bitte, Schwester Maria, finden Sie irgendeine gute Lösung dafür.«

Schwester Maria runzelte die Stirn und dachte nach. Dechant Strathmann schaute sie flehend an wie der Sünder seinen Heiligen, und er wollte schon die Hände falten, da meinte Maria entschlossen:

»Ich denke, wir versuchen es einfach mal im Tante-Emma-Laden bei Gerkes.«

Und schon startete sie ihren Wagen und jagte los, um den Laden zu stürmen. Sie hielt vor dem Lebensmittelgeschäft, nickte dem Dechant noch mal zu und ging zum Angriff über.

Aber das Ergebnis war niederschmetternd. Als sie nach einer Weile wieder rauskam, sah man von ihr nichts als zwei riesige Papiertüten.

Dechant Strathmann sprang aus dem Wagen, um ihr beim Einladen zu helfen. »Du liebe Güte, das war aber ein Großangriff von der anderen Seite!«

Schwester Maria hatte rote Flecken im Gesicht und schüttelte völlig verwirrt den Kopf.

»Ich hab's versucht, Herr Dechant«, erzählte sie völlig erschöpft und ließ sich auf dem Fahrersitz nieder. »Aber die haben mich einfach niedergewalzt. Und als ich dann alles eingekauft hatte, erklärten sie mir, keiner der beiden wolle mit nach Altötting fahren, weil sie den Laden nur zu zweit schaffen würden, und Samstag hätten sie auch geöffnet, und sonntags müßten sie sowieso dasein, weil alle naselang Leute klingeln würden, die irgend etwas im Supermarkt vergessen hätten, und so weiter, und so weiter.«

Sie hielt einen Augenblick inne. »Und ich war mir bei Gerkes fast sicher!« meinte sie bekümmert. »Aber da müssen wir Verständnis haben. Immerhin haben sie mir acht frische Landeier und ein halbes Pfund Edamer für die Familie Kaiser geschenkt. Das ist ja schließlich auch was!«

Dechant Strathmann war ganz mulmig zumute. Er schaute Schwester Maria flehentlich an.

»Bitte, tun Sie etwas, Schwester Maria. Dem guten Kümmerling fehlen noch so viele persönliche Kontakte zur Gemeinde!«

Zum erstenmal machte Schwester Maria keinen Kavalierstart. Sie fuhr ganz langsam los.

»Eine Wallfahrt nach Lourdes, Herr Dechant. Das könnte ich vielleicht auf die Beine stellen. Aber Altötting!«

Dechant Strathmann rang die Hände. »Sie reden schon genauso wie Frau Weber und ihre Freundinnen!«

»Hol's der Teufel!« fuhr Schwester Maria auf, »das hat mir gerade noch gefehlt.« Dann erschrak sie über sich selbst.

Still und verantwortungslos – verantwortungslos deshalb, weil man im Straßenverkehr die Augen auf die Straße gerichtet halten sollte – schaute sie gen Himmel und murmelte eine Entschuldigung. Just in diesem Augenblick hatte Dechant Strathmann einen Einfall.

»Ha! Ich hab's!« rief er hingerissen und hätte fast einen Auffahrunfall damit heraufbeschworen. Schwester Maria trat erschreckt auf die Bremse. »Was haben Sie?«

»Nun ja, der Zeitschriftenhändler Schäfer vom Marktplatz. Der war doch schon vier Sonntage hintereinander in der Kirche, erstaunlicherweise!«

»Also den können wir nun wirklich vergessen, Herr Dechant. Er verkauft doch am Sonntag seine Sonntagszeitungen!«

Schweigend fuhren sie weiter, jeder in seine Gedanken versunken.

»Waren Sie eigentlich schon mal in Altötting?« fragte Schwester Maria unvermittelt.

»Nein, wieso?« knurrte Dechant Strathmann.

Nach einer Weile bohrte Schwester Maria weiter.

»In welchem Wallfahrtsort waren Sie denn schon?«

Dechant Strathmann schlug sich mit der Faust aufs Knie.

»So, das mußte ja nun noch kommen! Genau auf diese Frage habe ich noch gewartet. Das ist mehr als rücksichtslos und in diesem Augenblick wirklich nicht angebracht!«

Schwester Maria schluckte.

»Aha! Sie waren also auch nur in Lourdes«, folgerte sie schüchtern und fügte dann ein bißchen übermütig hinzu, »ich war wenigstens schon mehrfach in Assisi!«

Dechant Strathmann schaute völlig unbeteiligt aus dem Seitenfenster.

»Setzen Sie mich bitte am Marktplatz ab«, bat er sie mißmutig. »Nun wissen Sie wenigstens, worum es geht!«

Als Dechant Strathmann aussteigen wollte, hielt Schwester Maria ihn zurück.

»Achtung, Zigarre aus, Herr Dechant. Hinten am Blumenstand steht Frau Hagenkötter und kauft gerade Astern für den Altar.«

Dechant Strathmann warf die Zigarre wie von der Tarantel gestochen auf die Straße. Dann schaute er Schwester Maria verlegen an.

»Ich habe Frau Hagenkötter gar nicht bemerkt«, flüsterte er. »Sonst hab' ich das immer genau im Gefühl, wenn sie irgendwo auftaucht.«

Schwester Maria lächelte. »Ich muß mich jetzt wirklich beeilen, Herr Dechant.«

»Aber ich habe noch etwas auf dem Herzen.« Dechant Strathmann senkte seine Stimme. »Bitte besuchen Sie die Pilgerfahrt nach Altötting nicht gemeinsam mit meinem evangelischen Amtskollegen Wölm.«

Schwester Maria lachte auf.

»Aber Herr Dechant! Für einen Kreuzzug würde ich Pastor Wölm um Hilfe bitten. Aber eine Pilgerfahrt ist ganz allein unsere ureigene katholische Sache!«

Dechant Strathmann nickte erleichtert.

»Genau! Das sage ich auch. Außerdem wäre es auch zuviel von Pastor Wölm verlangt.«

Dann schlug er endlich die Autotür zu.

Gegen Mittag hatte Schwester Maria eine ganze Reihe anstrengender Verpflichtungen hinter sich gebracht. Etwas erschöpft stieg sie aus ihrem Auto und wanderte über den Kinderspielplatz in Richtung Kirche. Die Kinder spielten noch immer Fußball, und Sarwatzki stand auf einer Leiter und brachte das Fenster wieder in Ordnung.

Ein kleines Mädchen, das sich den Jungen angeschlossen hatte, holte gerade zu einem kräftigen Torschuß aus. Doch der unglückliche Ball traf nicht das Tor, sondern genau Schwester Marias Hinterteil.

Die Kinder erstarrten und warteten auf das Schlimmste. Was auch prompt eintraf! Schwester Maria drehte sich nämlich um, packte den Ball, legte ihn auf eine günstige kleine Vertiefung, ging etwas zurück, hob die Röcke, nahm einen kleinen Anlauf, holte mit dem Fuß aus und kickte den Ball kunstgerecht – nein – nicht ins Tor, sondern in eines der schönen, bunten, unversehrten Kirchenfenster!

Entsetzt blickte sie dem Ball nach. Auch die Kinder und die Kinderschwester hielten den Atem an, und von Kümmerlings schöner Orgelmusik war auf einmal nichts mehr zu hören.

»Das war's dann wohl«, murmelte Schwester Maria und stand wie erstarrt.

Dann schickte sie einen flehentlichen Blick nach oben.

»Bitte, verzeih mir!« flüsterte sie.

Plötzlich klatschte Sarwatzki einsam von der Leiter Beifall.

»Jetzt fehlt nur noch der Dechant!« Er lachte. »Dann sind aller guten Dinge drei!«

Schwester Maria lächelte verlegen und stotterte: »Es tut mir wirklich leid!«

Nach dem Mittagessen im Hause des Dechanten

begab sich Schwester Maria in ihr stilles Gartenhäuschen, um ein wenig Zwiesprache zu halten mit Gott dem Herrn. Es dauerte nicht lange, da wurde sie durch schauerlichen Lärm aus ihren Betrachtungen gerissen. Es war die Autohupe des Pastors Wölm, und kurz darauf schaute er auch schon höchstpersönlich durch das geöffnete Fenster zu ihr herein.

»Ich habe gerade eine Stunde Zeit, und wie ich weiß, halten Sie jetzt Ihre Sprechstunde ab. Da dachte ich mir, plaudern wir doch etwas. Oder haben Sie heute viel Publikumsverkehr?«

»Meine Sprechstunde ist für jeden da. Auch für Sie, Pastor Wölm. Wenn Sie nichts Besseres zu tun haben.«

»Schwester Maria, Sie machen den besten Cappuccino weit und breit. Wir könnten doch einen trinken«, bat er mit seinem bezauberndsten Lächeln.

»Also gut, wenn Sie meinen«, gab sich Schwester Maria geschlagen und öffnete ihm die Tür zum Büro.

»Eine Frau, die Espresso und Osso bucco so gut kochen könnte wie Sie, würde ich sofort heiraten«, flötete Pastor Wölm und schaute sie herausfordernd an. Schwester Maria ging gar nicht darauf ein, sondern nahm erst einmal ihre Espressomaschine in Betrieb.

»Können Sie mir sagen, warum Sie eigentlich so ein albernes Auto haben? Und dann die Hupe! Du liebe Güte!«

»Das gefällt den Frauen«, antwortete er fröhlich.

Schwester Maria goß den dampfenden Espresso mit der geschäumten Milch in zwei Tassen und reichte eine davon ihrem Gast,

»Fahren Frauen auf so was ab? Ich meine, beeindruckt das die Damenwelt?«

»Nur die falschen«, jammerte Pastor Wölm. »Leider.

Sie zum Beispiel, Schwester Maria, sind nicht beeindruckt!«

»Trinken Sie Ihren Cappuccino aus, und reden Sie keinen Unsinn!« antwortete sie etwas gelangweilt. »Ich habe noch sehr viel zu arbeiten.«

Gehorsam trank Pastor Wölm in einem Zug die Tasse leer.

»Ex, haben Sie gesehen?« meinte er stolz und stellte die Tasse wieder zurück. »So, und nun lassen Sie uns gemeinsam nachdenken.«

Er schaute Schwester Maria ernsthaft an.

»Wir Protestanten pilgern zwar nicht, aber ich habe jedes Jahr im Sommer eine ganz ähnliche Aufgabe zu bewältigen wie Sie. Wissen Sie, wie ich die dreißig Personen für die Kriegsgräberfürsorge in Flandern zusammenbekomme? Ich erzähle immer, daß keine Plätze mehr frei seien, auch wenn sich noch kein einziger freiwillig gemeldet hat. Das ist mein altes Hausmittel, und die Wirkung ist erstaunlich. Alle wollen auf einmal dabeisein!«

Schwester Marias Augen funkelten, und es gelang ihr kaum, zu verbergen, daß ihr dieses Hausmittel von Pastor Wölm außerordentlich gefiel.

Nur konnte sie es natürlich nicht einfach so zugeben, denn der ganz gerade Weg ohne Tadel war das nicht.

»Wenn ich nicht am Wochenende eine Verabredung hätte, Schwester Maria, dann würde ich rein forschungshalber gerne mit nach Altötting fahren.« Pastor Wölm erhob sich. »So, nun muß ich aber gehen.« Er reichte Schwester Maria zum Abschied die Hand.

Kopfschüttelnd ging Maria zurück in ihre Klause, zutiefst verunsichert ob dieser höchst beeindruckenden Notlüge.

Am nächsten Morgen beschloß Schwester Maria, ein klärendes Gespräch mit dem österreichischen Stammkloster zu führen, und so erzählte sie der Generaloberin vom Wölmschen Kunstgriff.

»Schwester Maria«, lautete die höchste Antwort, »der Zweck heiligt die Mittel. Ich bitte Sie, die Pilgerfahrt in diesem Sinne in Angriff zu nehmen. Guten Morgen.«

Und Schwester Maria nahm die Pilgerfahrt in Angriff.

Ohne Umschweife ging sie zur Tat über und fuhr sofort zu Gerkes Tante-Emma-Laden. Sie kaufte eine Packung Kaugummi und fing zunächst ein unverfängliches Gespräch mit dem alten Ehepaar an. Endlich hatte sie die beiden soweit.

»Es tut mir aufrichtig leid, Herr Gerke«, erklärte sie mit sanfter Stimme. »Gestern hatten wir noch drei, vier Plätze im Pilgerbus. Aber heute sind wir völlig überbucht. Na, vielleicht im nächsten Jahr, Herr Gerke.«

Ähnlich verfuhr sie mit dem Zeitschriftenhändler Schäfer, und bei all ihren Notlügen blickte sie immer wieder zum Himmel, um den lieben Gott ein wenig zu beschwichtigen.

Trotz ihrer Tätigkeit vergaß sie den alten Postrentner Latske nicht. Mit Klein-Thomas an der Hand besuchte sie ihn, um die beiden zu einer Schachpartie zu bewegen.

»Thomas, sei lieb. Laß ihn wenigstens einmal gewinnen!« bat sie ihn vor der Haustür und schenkte ihm schnell zum Abschied einen Kaugummi.

Thomas wurde von Herrn Latske in allerbester Laune empfangen.

»Guten Tag, Thomas. Ich freue mich, daß du bei mir vorbeischaust.«

»Ich komme, um mit Ihnen Schach zu spielen«, sagte

Thomas unter heftigem Kauen und reichte Herrn Latske die Hand.

»Na, dann komm herein und setz dich gleich hin.«

Herrn Latskes Begeisterung war vollkommen, als er die erste Partie gewann.

»Nun mach' ich dir erst einmal einen Kakao«, tröstete er Thomas nach der Niederlage, von der er leider nicht wußte, daß es gar keine war.

»Revanche, Onkel Latske.« Thomas kaute gut gelaunt und stellte die Figuren wieder auf. Von nun an hatte der gute Postrentner nichts mehr zu lachen. Der unweigerliche Untergang, der anfangs noch von Hoffnung getragen wurde, vollzog sich genau zwei Stunden später. Herr Latske hatte fünfmal verloren, zweimal langsam, dreimal schnell. Die Schachfiguren lagen wild auf dem Brett durcheinander, und er war in äußerst verdrießlicher Stimmung, während Thomas gelangweilt eine Sammlung uralter Postkarten anschaute.

»Hast du auch Mickymaus-Hefte?« fragte Thomas, nachdem er sich an den Postkarten satt gesehen hatte. »Mein Vater verkauft Mickymaus-Hefte, aber die kenn' ich schon alle.«

Herr Latske seufzte tief. »Nein, so was hab' ich nicht, aber wenn du meine ägyptischen Karten sehen möchtest?«

Thomas schüttelte den Kopf.

»Nein, ich glaube nicht, aber wenn du welche mit Beckenbauer hättest?«

»Das kann ich dir leider nicht bieten«, sagte Herr Latske und seufzte noch mal.

»Na gut, dann geh' ich wieder.«

Thomas rutschte von seinem Stuhl, schüttelte Herrn Latske weltmännisch die Hand und verschwand so schnell, wie er gekommen war.

Schwester Maria hatte inzwischen unter den anhänglichsten Gemeindemitgliedern für erhebliche Unruhe gesorgt. Frau Weber und ihre Freundinnen waren außer sich, und dieses empörende Gefühl mußten sie irgendwie loswerden. So lauerten sie Kaplan Kümmerling aus dem Hinterhalt auf, und gerade als er auf sein Fahrrad steigen wollte, fielen sie ihn an.

»Lieber Kaplan Kümmerling, auf ein Wort!« rief Frau Weber mit schriller Stimme. Kaplan Kümmerling wäre fast mit seinem Rad umgefallen.

»Mein Gott, haben Sie mich erschreckt!«

»Auch mich und meine Freunde hat man erschreckt!« sagte sie mit wild funkelnden Augen und deutete auf die beiden Damen hinter sich. »Und ich werde Ihnen auch gleich sagen, auf welche Weise man uns erschreckt hat.« Sie holte tief Luft. »Mit unserer Hände Arbeit haben wir tage- und nächtelang das Trinitatis-Meßgewand für Dechant Strathmann gestickt. Stunden um Stunden, bis uns die Augen schmerzten. Und was muß man nun hören?«

Sie beugte sich etwas nach vorne und bohrte den Zeigefinger in Kaplan Kümmerlings Ärmel, während die beiden Freundinnen beleidigte Mienen aufsetzten. »Da kommen doch einfach irgendwelche unbekannten Leute, die seit Jahren kein Gotteshaus mehr betreten haben, geschweige denn unseres, und werden für Altötting bevorzugt!«

Sie nickte heftig mit dem Kopf und stemmte die Hände in die Hüften.

»Na, was sagen Sie nun?«

Kaplan Kümmerling sagte nichts.

Nun drohte auch noch Frau Lissa aus dem Hinterhalt.

»Wissen Sie überhaupt, was es bedeutet, mit Brokat zu sticken? So dünn wie ein Menschenhaar!«

Kaplan Kümmerling fühlte sich zunehmend unwohl und schaute hilflos auf den Lenker seines Fahrrads. Er hatte keine Ahnung, worum es ging, denn er wußte noch nichts von Schwester Marias Machenschaften.

»Herr Kaplan«, senkte Frau Weber nun verschwörerisch ihre Stimme. »Wenn Sie ein gutes Wort für uns einlegen, werden wir drei für Sie klöppeln!«

Alle drei Damen hoben die rechte Hand zum Schwur, während Kaplan Kümmerling sich äußerst peinlich berührt fühlte.

»Ich muß jetzt ins Krankenhaus eilen«, murmelte er und bestieg hastig sein Fahrrad. »Guten Tag!«

Zur selben Zeit war Schwester Maria in eine schwierige Physikaufgabe vertieft, die Markus Gnecko bereits stundenlang erfolglos versucht hatte zu lösen.

»Na also, da haben wir es ja«, freute sie sich, als sie das Ergebnis auf dem Taschenrechner bestätigt sah. Vergnügt schaute sie Markus an.

»Bis zur Hälfte warst du schon ganz richtig. Aber ab hier hast du dann einen sehr eigenwilligen Weg eingeschlagen.«

Sie tippte mit dem Finger auf eine gefährlich aussehende mathematische Wurzel und erklärte Markus geduldig seinen Irrtum.

»Alles klar, Schwester«, nickte er zufrieden, als er verstanden hatte, wo der Fehler lag. »Jetzt weiß ich Bescheid. Man kann sagen, was man will, aber zu zweit geht's doch besser als alleine!«

Er schaute sie bewundernd an.

»Übrigens, fühlen Sie sich eigentlich bei uns wohl?«

Schwester Maria lehnte sich in ihrem Stuhl zurück.

»Na ja, so langsam habe ich das Gefühl, daß sich etwas bewegt in der Pfarrei St. Katharina, und das gibt mir ein gutes Gefühl.«

Dann klappte sie das Physikheft von Markus zu und reichte es ihm.

»Den Rest mußt du alleine schaffen.«

Mißmutig stopfte Markus das Heft in die Tasche.

»Ach, was ich dich noch fragen wollte. Wann will denn dein Vater eigentlich diese saure Wiese am Kanal bebauen?« fragte Schwester Maria ziemlich unvermittelt, als sie schon im Hinausgehen war. »Bei schönem Wetter haben die Kinder nämlich keinen richtigen Platz zum Spielen.«

Markus winkte ab.

»Ach du liebe Zeit, auf dem Ohr ist mein Vater völlig taub.«

Schwester Maria lächelte ein wenig heimtückisch und tippte mit dem Finger auf das Physikheft.

»Die vierte und die fünfte Aufgabe sind beide ziemlich schwierig. Mit Gottes Hilfe brauchte ich selbst schon eine Woche dafür. Ich glaube, das schaffst du nicht alleine.«

Ihr Blick war immer vielsagender geworden, während Markus in leichte Panik geriet.

»Aber wenn ich das bis nächste Woche nicht geschafft habe«, jammerte er und runzelte gequält die Stirn, »dann bekomme ich den Schein fürs Mittelseminar nicht.«

Schwester Maria blieb scheinbar ganz hart.

»Du wirst es versuchen müssen. Selbsthilfe ist eine Tugend, und dann hilft einem bekanntlich auch der Himmel.«

Markus sah sein Mittelseminar in unerreichbare Ferne rücken. Er verabschiedete sich ziemlich niedergeschlagen und schloß die Tür lustlos und etwas zu laut.

Schwester Maria tat er fast leid, aber man mußte schließlich zusehen, wie man zurechtkam. Sie schaute ihren Herrgott an der Wand an.

»Es geht schließlich um eine brachliegende Wiese«, sagte sie zum Kruzifix, um ihr Vorgehen etwas zu entschuldigen. »Und auf dieser Wiese können die Kinder völlig gefahrlos spielen, das mußt du doch zugeben.« Sie schaute ihren Herrgott lange an, und es schien ihr, als habe er leise genickt.

»Na also«, murmelte sie, faltete die Hände und betete.

Am nächsten Morgen nahm Schwester Maria die Sache gleich selbst in die Hand. Sie lief zur Gneckoschen Wiese, fackelte nicht lange, sondern schürzte leicht die Röcke und maß das Grundstück mit langen Schritten ab. Dabei sammelte sie schon die ersten hinderlichen Steine auf.

Sie ließ sich auch nicht im geringsten stören, als Vater Gnecko aus seiner Limousine stieg und ihr leicht verwundert – aber doch vergnügt – zusah.

»Ist das nicht eine wunderschöne, ungenutzte Wiese?« rief sie ihm herausfordernd zu. Dann blieb sie stehen und zeigte auf zwei Seiten der Wiese.

»Hier und dort stellen wir Tore auf, ganz einfache, verstehen Sie? Ich denke, Herr Sarwatzki erledigt das im Handumdrehen. Was meinen Sie?«

»Aha«, Herr Gnecko setzte sich erst einmal ins Gras. »So wird das hier gehandhabt. Die Kirchen läuten mit meinem Geld, den Kindergarten habe ich unterstützt.«

Schwester Maria unterbrach ihn fröhlich.

»Ja, indem Sie uns die Kinder Ihrer türkischen Mitarbeiter geschickt haben.«

Herr Gnecko holte tief Luft und stand wieder auf. Langsam ging er auf Schwester Maria zu.

»Hören Sie, Schwester, mein Markus muß das Mittelseminar schaffen, und ich habe das schauerliche Gefühl, daß das nur mit Ihrer Hilfe möglich sein wird.«

Er schaute sie beschwörend an.

»Wollen Sie ihm nicht helfen?«

»Er wird sich schon selber helfen, Herr Gnecko. Aber wenn er Fragen hat, kann er mich natürlich in meinen Sprechstunden aufsuchen.«

»Na also«, nickte Herr Gnecko zufrieden. »Bei mir im Lager liegen noch ein paar alte Balken herum. Wenn Sarwatzki die für Ihre Tore verwenden will, dann kann er sie mitnehmen.« Er gab ihr die Hand und wandte sich zum Gehen. »Das bleibt aber alles unter uns.«

Schwester Maria nickte mit einem bezaubernden Lächeln, aber sie konnte es sich doch nicht verkneifen, noch eine Bitte anzuhängen.

»Haben Sie nicht zufälligerweise noch eine Wohnung, ebenerdig, aber nicht zu groß, mit kleiner Terrasse, ohne Treppe?«

»Nein, Schwester Maria, so was habe ich nicht. Schließlich bin ich ja nicht das Wohnungsamt!«

Und dann stapfte er durch das Gras zu seinem Auto zurück.

»Mafia!« murmelte er leise vor sich hin. »Die reine Mafia!«

Schwester Maria schaute in den Himmel.

»Mein Physikmittelseminar war damals viel leichter, Herr! Ob ich es noch einmal schaffe?« Ganz so sicher war sie sich nicht.

Während des gemeinsamen Essens schwärmte Dechant Strathmann in den höchsten Tönen.

»Also, wenn wir Sie nicht hätten, Schwester Maria! Um was Sie sich alles kümmern! Der Weihbischof hat mich angerufen! Achtunddreißig Pilger für Altötting! Wir liegen an der Spitze aller Berliner Gemeinden!«

»Der Herr hat unsere Gebete erhört«, sprach Kaplan Kümmerling fromm und führte seinen Suppenlöffel zum Mund.

Schwester Marias Augen glänzten, und man konnte ihr deutlich ansehen, daß sie sich freute.

Kurze Zeit später war Schwester Maria schon wieder auf dem Weg zu ihrem Gartenhäuschen. Der Taschendieb Johannes lief neben ihr her, weil er im Gehen mit ihren schnellen Schritten nicht mithalten konnte. Er war völlig aufgebracht.

»Nennen Sie das christlich, Schwester Maria?« rief er. »Was Ihr Dechant da mit mir macht! Ja, was denkt er sich eigentlich von mir!«

»Daß Sie nach Altötting auf Geschäftsreise gehen, das denkt er«, erwiderte Schwester Maria seelenruhig.

Johannes blieb stehen und schaute sie empört an.

»Also, Schwester Maria, wissen Sie, bei meiner Ehre! Schließlich fährt da auch ein Kriminalhauptkommissar vom Diebstahl-Dezernat mit! Und was geschieht, wenn der mich als Pilger sieht? Das kann ich Ihnen sagen, was dann geschieht. Er wird mich dann als lebendes Beispiel der Wiedereingliederung in die heilige, gutbürgerliche katholische Welt betrachten. Was sagen Sie nun! Das macht doch Eindruck, oder etwa nicht?«

Schwester Maria nickte huldvoll.

»Ich werde für Sie beten, Johannes.«

»Ja, und Sie werden den Priester überreden, daß er mich mitnimmt«, drängelte er weiter und schüttelte sie am Ärmel.

»Na, wir werden sehen. Auf Wiedersehen, Johannes.«

Dann schritt sie hoch erhobenen Hauptes auf Markus zu, der schon mit seinem Physikheft auf den Eingangsstufen gewartet hatte.

Johannes, der zurückblieb, sich aber jetzt schon

etwas wohler fühlte und eine kleine Hoffnung im Herzen trug, lief nun eifrig zur neuen Spielwiese und ging Herrn Sarwatzki bei der Errichtung der beiden neuen Fußballtore zur Hand.

Schwester Maria hingegen half Markus bei den Physikaufgaben, und endlich, nach anstrengenden zwei Stunden, hatten sie die physikalischen Mauern durchbrochen.

»Danke«, sagte Markus völlig erledigt, aber doch zufrieden.

»Bitte schön«, meinte Schwester Maria und klopfte ihm auf die Schulter, »und jetzt gehe ich Fenster putzen.«

Abgehetzt betrat Schwester Maria Herrn Latskes Wohnung.

»Sie sehen müde aus, Schwester«, sagte Herr Latske freundlich und reichte ihr mit der einen Hand eine Tasse Kaffee, mit der anderen stützte er sich schwer auf seinen Stock.

Schwester Maria lachte.

»Ach was, Herr Latske, lassen Sie nur. Vielleicht ein bißchen. Aber das ist gleich wieder vorüber.«

»Trotzdem sehen Sie sehr hübsch aus«, sagte der alte Mann freundlich und lächelte.

»Das tut gut. Danke, Herr Latske! Man kann's manchmal gebrauchen, daß einem das jemand sagt.«

Herr Latske nickte.

»Ihr Thomas hat mich einmal gewinnen lassen. Das war es aber dann auch schon. Anschließend hat er mich dreimal erledigt, und das genügte mir, um für diesmal lieber aufzuhören. Ich holte ihm meine Postkarten und zeigte sie ihm, aber anscheinend war das nicht sein Geschmack.«

Schwester Maria wurde hellhörig. »Postkarten?«

Herr Latske humpelte, so schnell er konnte, auf die verschlossene, geheimnisvolle Tür zu.

»Da sind fast 20 000 Stück drin, vielleicht sogar noch mehr«, flüsterte er. »Lustige, traurige, kitschige, verrückte.«

Er öffnete die Tür und bat Schwester Maria, einzutreten.

Neugierig schaute sie sich in der Schatzkammer des ehemaligen Postbeamten um. An den Wänden, auf einfachen Regalen stapelten sich Schuhkartons, randvoll angefüllt mit Postkarten. Vorsichtig zog sie eine große Schachtel heraus.

»Herr Latske, das ist ein unglaubliches Vermögen«, sagte sie ernst.

»Darf ich mir fünfzig Karten aussuchen und für zwei, drei Tage ausleihen? Ich glaube, da fällt mir was ein.«

Herr Latske nickte stolz, aber gleichzeitig nahm er ihr ein halbes Dutzend Karten gleich wieder weg.

»Wissen Sie«, erklärte er gedehnt, »während meiner langen Dienstzeit als Postzusteller bin ich zehn-, zwanzigmal schwach geworden und habe, was mir gut gefiel, einfach nicht zugestellt.«

Schwester Maria deutete mit ihrem Zeigefinger auf ihren Mund. »Dieser Mund wird ewig schweigen. Vertrauen Sie mir.«

Und anstatt die Fenster zu putzen, verstaute Schwester Maria die vielen Postkarten in ihrer großen Ledertasche und verließ nach einem kurzen »Auf Wiedersehen« die Wohnung des verblüfften Herrn Latske.

Schwester Maria fuhr in Richtung Gnecko. Zu ihrer heimlichen Freude hatte sie die Angelegenheit richtig eingeschätzt. Herr Gnecko war von dem, was er da zu sehen bekam, begeistert.

»Herr Latske hat davon mindestens noch 20 000

Stück«, erklärte Schwester Maria so gelassen wie möglich. »Aus allen Bereichen, Herr Gnecko.«

»Das ist mit Geld gar nicht mehr zu bezahlen, Schwester Maria«, ereiferte er sich. »Mit diesen Sachen kann ich die Hälfte meiner Entwurfsabteilung vor die Tür setzen.«

Seelenruhig packte Schwester Maria die Postkarten wieder zusammen.

»Ich habe das nur so dahingesagt«, lenkte Herr Gnecko ein. »Sie kennen mich doch. Also, Schwester, was wollen Sie jetzt? Ein Planschbecken für Ihren Kindergarten?«

»Nein, eine Erdgeschoßwohnung mit Terrasse und vielleicht einen Garten für den ehemaligen Postboten Latske.«

»Ah, Latske, kenne ich. Ein Beamter. Ehrlich bis in die Knochen. Dem Mann kann doch geholfen werden. Sie haben Markus geholfen. Ich helfe Latske. Heiliges Ehrenwort!«

Schwester Maria war hochzufrieden.

»Aber den Umzug müssen Sie auch übernehmen. Und zweimal wöchentlich eine Zugehfrau, zum Fensterputzen und so weiter, braucht er auch.«

Herr Gnecko stöhnte.

»Alles klar, Schwester. Sonst noch irgend etwas?«

Schwester Maria schüttelte den Kopf.

»Nein, nichts mehr.«

Sie steckte die Postkarten wieder in ihre Aktentasche und verabschiedete sich mit sanftem Lächeln.

Kaum hatte sie die Tür hinter sich geschlossen, da ließ sich Herr Gnecko mit dem Immobilienmakler verbinden.

Der Pilgerbus nach Altötting stand abfahrbereit, und langsam fanden sich die dazugehörigen Pilger ein.

Auch Frau Weber, Frau Lissa und Frau Kreitlein tauchten mit ihrem Reisegepäck auf. Sie kamen allerdings nur langsam voran. Die Erbsen, die in einem frommen Pilgerschuh nicht wegzudenken sind, wenn es eine ernsthafte und andächtige Reise werden soll, drückten schon jetzt ganz ungeheuerlich.

»Diese Erbsen sind die reine Bosheit von Dechant Strathmann«, knurrte Frau Weber wütend vor sich hin.

»Was haben wir denn schon zu büßen, daß wir uns hier so jämmerlich abquälen müssen?«

»Richtig! Gemüse gehört auf den Teller und nicht in die Schuh! Ich mache das nicht mehr lange mit!« stimmte ihr Frau Lissa zu.

»Ich habe erst gar keine Erbsen in die Schuhe getan, weil mir das gleich zu blöde war!« grinste Frau Kreitlein mit wild entschlossenen Augen. Die beiden anderen waren über diesen Verrat entsetzt. Sie hatten ja gleich gemerkt, daß da was nicht stimmte bei ihrer Freundin viel zu flottem Gang.

Im Bus empfing sie Kaplan Kümmerling mit einer frommen Weise auf dem Akkordeon. Endlich kletterten auch Johannes, Frau Hagenkötter und der Dechant dazu. Nur Schwester Maria blieb noch etwas zurück. Hinter einer Hausecke entdeckte sie die Kühlerhaube von Pastor Wölms Jeep. Schnell kurbelte er das Seitenfenster herunter.

»Alles Gute, Schwester Maria!«

Schwester Maria lächelte ihn an.

»Danke, Herr Pastor. Und danke auch für Ihren Tip. Sie wissen schon! Aber ich habe mir trotzdem die Erlaubnis meines Mutterhauses eingeholt.«

Pastor Wölm spottete: »Ich weiß, so bleibt Ihre Seele rein, Schwester!«

Dann beugte er sich aus dem Fenster.

»Ach, was ich Sie noch fragen wollte. Was haben Sie

eigentlich für eine Haarfarbe?« Dabei schmunzelte er keck.

Schwester Marias Augen blitzten.

»Eine unbestimmte, Herr Pastor, eine ganz unbestimmte! Gesegnetes Wochenende!«

Dann drehte sie sich um und ging mit forschen Schritten auf den Bus zu.

Stolz, erhaben und selbstbewußt läuteten die Glokken in der kleinen St.-Katharina-Kirche. Sie läuteten zur Frühmesse, morgens um sechs an einem ganz normalen Werktag. Die Straßen waren fast menschenleer, nur Zeitschriftenhändler Schäfer stand schon in seinem Kiosk und schnitt mit einem Taschenmesser die mit Plastikbändern zusammengehaltenen Zeitschriftenballen auseinander.

Auf einmal hörte er das gequälte Husten eines Autos, das im nächsten Augenblick zu einer verdächtigen Stille erstarrte. Neugierig drehte er sich um.

»Herrgottsakra«, wütete Schwester Maria selbstvergessen und kam aufgeregt über den Marktplatz gelaufen.

Herr Schäfer erahnte die augenblickliche Stimmung der Schwester und hielt es für besser, die allzu kessen Deckblattbilder verschwinden zu lassen.

»Guten Morgen, Herr Schäfer«, grüßte sie knapp.

»Morgen, Schwester«, antwortete dieser genauso aufgeräumt wie seine kessen Titelbilder. »Sie sind aber früh unterwegs.«

»Früh schon, aber trotzdem zu spät«, sagte sie verdrießlich.

Herr Schäfer trat dann voll ins Fettnäpfchen.

»Machen Sie sich nichts draus, wenn Kaplan Kümmerling die Frühmesse liest, geht sowieso keiner hin!«

Schwester Maria runzelte ziemlich ärgerlich die Stirn.

»Doch, ich gehe hin zum Beispiel!«

Sie knallte ihr Kleingeld auf den Zahlteller, nahm ihre Zeitung und entschritt wütend.

Herr Schäfer dachte, er müsse die Schwester doch ein bißchen freundlicher stimmen, vielleicht konnte er helfen.

»Wo steht denn Ihr Auto?« rief er hinter ihr her.

Aber auch das war wieder falsch. Er sah, wie Schwester Maria tief Luft holte und zornig zurückrief:

»Vor der heiligen Messe bitte keine Einzelheiten, sonst werde ich verrückt! Außerdem wird sich Herr Sarwatzki meines Autos annehmen!«

Herr Gnecko, der aus seinem Bürofenster das morgendliche aufgeregte Geschehen beobachtet hatte, beschloß, sich den Wagen von Schwester Maria einmal anzusehen. Er verließ das Haus, ging zu ihrem Auto, setzte sich hinein und löste den Hebel für die Motorhaube. Das kleine Heiligenbildchen, das auf dem Fahrersitz lag, steckte er nach kurzem Zögern einfach in seine Jackentasche.

Nun erschien auch Herr Sarwatzki.

»Haben Sie schon mal was von der Geißel Gottes gehört?« fragte Herr Gnecko, während er die Motorhaube aufmachte.

Herr Sarwatzki beschwichtigte seinen Chef.

»Aber doch nicht unsere Gemeindeschwester, Herr Gnecko!«

Während die beiden Männer das Auto in Ordnung brachten, eilte Schwester Maria etwas verspätet in die heilige Messe, die temperamentlos von Kaplan Kümmerling und zwei unausgeschlafenen Meßdienern abgehalten wurde. Außer Dechant Strathmann und Frau

Hagenkötter, die einsam in ihren Bänken saßen, hatte sich nur noch Frau Hedwig Loos eingefunden, eine einfach gekleidete, verhärmte Frau. Es entging Schwester Maria nicht, daß Frau Loos immer wieder unruhig zu ihr hinübersah und ganz offensichtlich gerne ein Gespräch mit ihr angefangen hätte.

Nach dem Schlußsegen erhoben sich die wenigen Gläubigen. Frau Hagenkötter lief zum Altar, um sich um die Blumen zu kümmern, und der Dechant gesellte sich zu Schwester Maria.

»Eine Katastrophe, Schwester Maria!« flüsterte er. »So schlecht besucht war unsere Frühmesse noch nie. Dabei hat Frau Hagenkötter die Glocken drei Minuten länger läuten lassen, als das Ordnungsamt erlaubt.«

Als er Schwester Marias Blick bemerkte, mit dem sie sorgenvoll über seine Schulter hinweg die ältere Frau beobachtete, gab er ihr eine Erklärung.

»Das ist Frau Loos. Ich kenne sie nur flüchtig, aber das schon seit fast zwanzig Jahren. Das letzte Mal habe ich sie, glaube ich, bei der Kommunion ihres jüngsten Sohnes hier gesehen.«

»Sie braucht Hilfe«, meinte Schwester Maria leise. »Für so etwas habe ich ein unbedingtes und untrügliches Gefühl.«

Dechant Strathmann, der seine Hand auf Marias Schulter gelegt hatte, lächelte.

»Mir kommt gerade ein ziemlich frecher Spruch aus meiner Studienzeit in den Sinn, der übrigens von unserem verehrten Weihbischof stammt: Die Kirche, heißt es da, ist ein Ort, in der der Pfarrer den lieben Gott und die Frauen den Pfarrer anbeten.«

Er schaute Schwester Maria fröhlich an, weil er es großartig fand, daß ihm der Spruch wieder lückenlos eingefallen war. Aber das Gesicht von Schwester Maria belehrte ihn eines Besseren.

»Schockiert, Schwester?«

Sie schüttelte den Kopf.

»Ich vertrage eine ganze Menge! Aber der Herr Weihbischof und Sie scheinen mir genauso übermütige Sprüche abzufassen wie unser evangelischer Amtskollege Pastor Wölm. Unser Herrgott hat ja schließlich die Witzchen erfunden. Ist es nicht so?«

Dechant Strathmann räusperte sich. Er hatte verstanden. Schwester Marias Geschmack war nicht leicht zu treffen.

»Ich werde mir das nächste Mal genauer überlegen, was und wie ich es sage«, lächelte er gutmütig. Dann wandten sich beide zum Gehen.

»Aber trotz allem, von Pastor Wölm können wir eine ganze Menge über modernes Kirchenmanagement lernen«, fügte er beschwichtigend hinzu, während er Schwester Maria die Tür aufhielt.

Was sie dann draußen auf dem Kirchplatz zu sehen bekamen, machte sie für einen Augenblick sprachlos. Schwester Marias Oldtimer wurde eben von einem Abschleppwagen heruntergelassen.

»Was soll denn das, bitte schön?« empörte sie sich.

»Macht genau 115 Mark und 30 Pfennige, inclusive Mehrwertsteuer!« rief der Fahrer mit vorwurfsvoller Stimme.

Nun wurde Schwester Maria ernstlich wütend.

»Also, das ist ja wohl der Gipfel an Kleinlichkeit! Schließlich kann man es sich nicht aussuchen, ob einem der Wagen vor der Einfahrt Gnecko abstirbt oder auf einem freien Parkplatz!«

Trotz aller Wut brachte sie ihren langen Satz ohne Stottern an den Mann. Der Mann, in diesem Falle der Fahrer, hatte dafür wenig Verständnis.

»Macht 115 Mark und 30 Pfennige, inclusive Mehrwertsteuer«, wiederholte er unbeeindruckt.

Schwester Maria holte aus der Tasche ihres Gewandes eine abgenutzte Geldbörse. Mühsam klaubte sie den Betrag zusammen und blätterte ihn dann in die ausgestreckte Hand des Fahrers, der sie plötzlich mitfühlend ansah.

»Tut mir echt leid, Schwester«, murmelte er. »Aber was soll ich machen?«

Schwester Maria winkte ab. Nachdem die Scheine weg waren, war ohnehin alles gleichgültig, und sie wurde wieder etwas ruhiger.

»Sie haben nur Ihre Pflicht getan, und ich habe meine verletzt.«

Der Fahrer steckte die Scheine in eine große Geldtasche und ging mit einem kurzen Nicken zurück zu seinem Abschleppwagen. Dann drehte er sich noch einmal um.

»Nein, also verdienen möchte ich an Ihnen nicht, Schwester. Es geht wirklich nur um meine Unkosten«, erklärte er und drückte ihr zwei Zwanzig-Mark-Scheine und einen Zehner in die Hand.

Während der gute Sarwatzki in seiner Mittagspause versuchte, den abgestorbenen Geist des Oldtimers wiederzubeleben, und sich deshalb unter Einsatz seines ganzen Oberkörpers unter die hochgeklappte Kühlerhaube zwängte, radelte Schwester Maria mit flatterndem Gewand und nur halbem Frohsinn ihren Verpflichtungen entgegen.

Als sie an Herrn Gneckos Büro vorbeikam und dieser vergnügt aus dem Fenster winkte, so als hätte er nichts anderes zu tun, als die Straße zu beobachten, drohte sie ihm mit der Faust, ohne ihn jedoch eines einzigen Blickes zu würdigen.

Das machte Herrn Gnecko noch vergnügter.

Als Schwester Maria nach langen Stunden wieder in ihr Gartenhäuschen zurückkehrte, hatte sie zunächst einmal den dringenden Wunsch, mit ihrem Kruzifix Zwiesprache zu halten.

»Herr, alles geschieht nach deinem Willen und sicherlich auch die Straßenverkehrsordnung hier unten bei uns auf der Erde. Es war aber auch dein Wille, daß der Verteiler oder der Vergaser versagte, und Herr Gnecko zeigt keinerlei Herzensgüte! Schließlich war mein Auto ein Verkehrshindernis, und seine Einfahrt war der einzig sichere Platz. Trotz allem, ich schließe ihn jetzt in mein Gebet ein. Bitte gib mir die Kraft dazu!«

Der Herr gab ihr offenbar nur halbe Kraft, denn nach einer kleinen Weile inmitten des stillen Gebets fragte sie ihn vorsichtig: »Hatte Herr Gnecko eigentlich schon die Masern?«

Weiter kam sie nicht in ihren Betrachtungen, denn es klopfte jemand an ihre Tür. Geschwind erhob sich Schwester Maria vom Gebetsbänkchen, ordnete ihr Gewand und eilte, um zu öffnen.

Vor der Tür stand Frau Loos und hatte ängstlich ihr Handtäschchen unter den Arm gepreßt. Zaghaft trat sie ein. Sie setzte sich auf den Stuhl, den Schwester Maria ihr anbot, und schwieg erst einmal verlegen, bis sie langsam das aussprechen konnte, was ihr so sehr auf dem Herzen lag.

»Ewald mußte mit 17 Jahren zum ersten Mal eine Haftstrafe antreten«, erzählte sie, »aber er hat immer wieder schlimme Sachen gemacht, Schwester. Er hat Automaten ausgeraubt, ist in Kellerräume eingestiegen und hat in Gartenlauben und mehrfach auch in leerstehenden Wohnungen eingebrochen.«

»Und Fahrräder und Mopeds, was ist damit?« fragte Schwester Maria, die von Frau Hagenkötter schon einiges über Ewald wußte.

Frau Loos schaute sie entsetzt an.

»Nein, nein, das hat der Ewald nie gemacht! Nicht daß ich wüßte!«

»Na, nun beruhigen Sie sich erst einmal, Frau Loos. Ich mache uns jetzt zwei Cappuccino, die trinken wir in aller Ruhe, und Sie erzählen mir, wie ich Ihnen helfen kann!«

»Um Gottes willen, Schwester, Kaffee vertrage ich nicht und auch keinen Tee. Dann zittere ich am ganzen Körper. Hätten Sie vielleicht einen Schnaps?«

Ohne zu zögern, ging Schwester Maria zu ihrem Wandschrank. Sie öffnete ihn, und es kam eine herrliche Sammlung schönster, selbst angesetzter Schnäpse zum Vorschein.

»Sie können wählen«, sagte sie stolz. »Brombeere, Himbeere, Johannisbeere. Aber ich warne Sie, die haben alle stramme 60%. Es ist übrigens ein altes Rezept meiner Mutter.«

Frau Loos war ziemlich überrascht, aber ihre niedergeschlagenen Gesichtszüge erhellten sich merklich.

»Ja, ich weiß nicht.«

Schwester Maria kürzte die Qual der Wahl ab und griff nach der Flasche mit den schwarzen Johannisbeeren.

»Ich glaube, die ist richtig für uns. Und außerdem ist der Tropfen bereits gut durchgezogen.«

Sie nahm zwei Schnapsgläser und füllte sie randvoll.

»Ja, Frau Loos«, erklärte sie, »ich habe auch manchmal Dienstverpflichtungen, wo ein Schnäpschen ganz guttut. In meinem Mutterhaus stellen wir einen Kräuterlikör her, aber das ist sehr schwierig, und da trau' ich mich noch nicht ran. Zum Wohl!«

Schwester Maria kippte das Glas mit einem Schlag hinunter und strahlte ihren Gast fröhlich an. »Da spritzt einem das Wasser in die Augen.« Nun endlich schien das Eis gebrochen zu sein.

Frau Loos verlor ihre Schüchternheit und leerte das Gläschen ebenso forsch wie ihre Gastgeberin.

»Gute Arbeit, Schwester, aber ziemlich stark.«

Schwester Maria nickte zufrieden, und Frau Loos lehnte sich endlich gemütlich zurück und begann zu erzählen von ihren Söhnen Ewald und Günter, ihren Straftaten, ihren Gerichtsverhandlungen und wie sie, die Mutter, den Söhnen zuliebe vor Gericht falsche Aussagen gemacht habe.

»Ich lüge auch manchmal«, sagte Schwester Maria, »und unser Herrgott wird auch über mich richten, genau wie über Sie und den Rest der Menschheit.«

»Ja, ja, das sagt sich so leicht«, seufzte Frau Loos, »aber vor einem Landgericht sind nicht alle Menschen gleich. Sechs Monate ist der Ewald eingesperrt worden, und wenn Herr Gnecko ihm nicht eine Stelle als Lagerist gegeben hätte, säße er immer noch.«

Schwester Maria wurde hellhörig.

»Ewald arbeitet bei Herrn Gnecko?«

Frau Loos nickte.

»Guter Mann. Ewald mußte doch für die Bewährung einen festen Arbeitsplatz nachweisen, und Herr Gnecko hat ihn genommen ohne Wenn und Aber.«

Frau Loos hatte langsam Vertrauen gewonnen zu dieser Schwester, die Schnäpse trank und zuhören konnte. So rückte sie dicht an den Schreibtisch heran und beugte sich vor.

»Und obwohl Herr Gnecko so großzügig und anständig war, planen Ewald und Günter gemeinsam ein Ding.«

Schwester Maria beugte sich ebenfalls vor.

»Ein was?«

Frau Loos seufzte.

»Ein Ding!«

Schwester Maria seufzte auch.

»Und ich hatte schon gehofft, ich hätte Sie falsch verstanden.«

Es kommt sicherlich nicht oft vor, daß sich ein Pastor und eine Nonne in einem Boxclub aufhalten, aber Schwester Maria hatte einen ganz bestimmten Plan, und Pastor Wölm, der sich hier auskannte, wollte ihr dabei behilflich sein.

»Es sind alle da«, sagte er hocherfreut. »Die gesamte Boxstaffel des Heros BC.«

Der Trainer, Herr Witte, war vollauf mit seinen Schützlingen beschäftigt.

»Weitermachen, denk an die Linke, Günter«, rief er und verfolgte gespannt jede der Bewegungen. Dann wandte er sich den beiden Besuchern zu und begrüßte sie freundlich.

Auch Günter schaute einen Augenblick mißtrauisch und neugierig in Richtung Pastor Wölm und Schwester Maria, und das kostete ihn eine gewaltige Rechte seines Kameraden, der gerade mit ihm boxte. Damit war Günter schnell wieder bei der Sache.

»Ich trainiere hier manchmal mit«, erzählte Pastor Wölm. »Eine fabelhafte Staffel, ordentliche Jungs, ordentliche Boxer.«

Schwester Maria bedachte den Trainer mit ihrem bezauberndsten Lächeln. »Ich habe viel vom Heros BC und Ihnen gehört, Herr Witte. Aber ich habe Sie noch nie gesehen.«

»Tagsüber arbeite ich von sechs bis um halb fünf, und abends bin ich immer hier.«

»Wie macht sich denn der Günter Loos?« fragte Pastor Wölm.

Herr Witte wandte sich um und schaute zum Boxring. Dort bekam Günter soeben von seinem Partner eine gekonnte Linke, der er tapfer standhielt.

»Sie sehn's ja, er ist schon ein guter Nehmer, das härtet ab. Aber was wollt ihr denn eigentlich vom Günter?«

»Oh, nichts Bestimmtes«, erwiderte Schwester Maria und zögerte etwas. Herr Witte tippte sich mit dem Finger an den Kopf.

»Ich verstehe. Über Günter werden üble Gerüchte verbreitet, doch davon ist kein Wort wahr, und außerdem weiß ich, daß er katholisch ist, Schwester.«

Diese Bemerkung entlockte Pastor Wölm ein fröhliches Schmunzeln, doch Schwester Maria hatte bereits ihre Selbstsicherheit wieder zurückgewonnen.

»Ich möchte ihn nur kennenlernen«, erklärte sie bestimmt, »eben wegen dieser Gerüchte.«

»Na gut«, meinte Herr Witte und winkte Günter heran. Günter, der sofort den Kopfschutz abgenommen hatte und nun auch den Mundschutz herausnahm, blieb unschlüssig hinter den Seilen stehen. Schwester Maria schaute ihn fest an.

»Ich glaube nicht, daß ich mit irgend jemandem sprechen will«, rief Günter und machte einen Schritt zurück.

»Die beiden hat hundertprozentig meine Mutter geschickt!«

Dann wandte er sich schnell um und kletterte auf der entgegengesetzten Seite des Boxrings durch die Seile.

Herr Witte ließ ihn laufen, auch wenn ihm die ganze Sache nicht gefiel. »Er ist ein guter Junge, Schwester Maria«, meinte er beschwichtigend. »Und wenn er nicht will, dann muß man ihm seinen Willen lassen. Frau Loos braucht sich um Günter keine Sorgen zu machen.«

Schwester Maria war ziemlich verärgert, und ihre Augen wurden schmal und funkelten.

»Sie macht sich aber Sorgen«, antwortete sie wütend. »Vielen Dank und auf Wiedersehen!«

Pastor Wölm wollte die Stimmung nicht noch weiter aufladen. Er beschloß zu schweigen und folgte der zornigen Schwester zur Ausgangstür, allerdings erst, nachdem er sich mit einem kleinen Achselzucken bei Trainer Witte entschuldigt hatte.

Herr Witte verstand, aber er konnte es sich doch nicht verkneifen, noch hinterher zu rufen:

»Damenbesuch ist beim Training ohnehin strengstens untersagt, Schwester!«

Schwester Maria schickte daraufhin noch einen wilden Blick zurück, nickte knapp und rauschte dann durch die von Pastor Wölm aufgehaltene Tür.

Herr Witte ging langsam und nachdenklich zu den Seinen zurück.

»Auf den Günter pass' ich schon auf«, flüsterte er vor sich hin.

»Aber wer achtet auf seinen Bruder Ewald?«

Schwester Maria schob schweigend Frau Hagenkötters Rad neben sich her. Sie war ziemlich bedrückt, weil die Unternehmung schiefgelaufen war und sie nicht so recht wußte, wie es weitergehen sollte, aber irgend etwas mußte sie sich einfallen lassen.

Pastor Wölm ging ebenso schweigsam neben ihr her, bis er endlich stehenblieb und sie dabei fragend anschaute.

»Sagen Sie mir, was Sie so quält, vielleicht hilft es Ihnen.«

»Ach, es ist so viel, daß ich es gar nicht mit Ihnen teilen möchte, Herr Pastor.«

»Sie können ruhig Siegfried zu mir sagen«, bot Pastor Wölm freundlich an und dachte, er könne so der allgemeinen Stimmung etwas Schwung verleihen. Schwester Maria schaute den Pastor verständnislos an.

»Nun ja, ich meine, wir kennen uns inzwischen doch so gut, da wäre das ganz angebracht«, er zögerte einen Augenblick und fügte dann hinzu: »Und so spricht es sich auch leichter.«

»Also gut, Siegfried«, gab sich Schwester Maria geschlagen, aber ihre Stimmung wurde deshalb auch nicht besser.

»Fein, nachdem wir das nun geklärt haben, setzen wir uns doch und sprechen uns aus.«

Pastor Wölm suchte ein geeignetes Plätzchen, setzte sich ins Gras und forderte Schwester Maria auf, sich neben ihn zu setzen.

»Kommen Sie, machen Sie es sich hier neben mir bequem, und packen Sie aus. Reden Sie sich alles von der Leber weg.«

Schwester Maria zögerte zunächst etwas, aber dann legte sie kurz entschlossen ihr Rad hin und setzte sich. Sie ordnete gewissenhaft ihre Kutte und blickte eine Weile gedankenverloren vor sich hin. Plötzlich begann sie zu sprechen:

»Also, Siegfried – Herr Gnecko hat einen Tresor in seinem Büro. Und ich weiß, daß Ewald Loos und unser junges Boxertalent Günter am 30. des Monats diesen Tresor ausräumen wollen.«

Pastor Wölm war entsetzt.

»Wie bitte? Günter Loos? Ich weiß natürlich, daß sein älterer Bruder . . .«

»Ein ganz krummer Hund ist, wie Johannes sagen würde«, fuhr Schwester Maria fort.

»Genauso ist es. Aber woher wissen Sie von diesem Plan, Schwester? Weiß es Herr Gnecko auch schon?«

Schwester Maria schüttelte den Kopf.

»Nein, Herr Gnecko war sehr anständig und hat diesem Ewald Loos eine Stelle als Lagerarbeiter gegeben, damit er vorzeitig aus der Haft entlassen werden konnte. Und ich möchte Frau Loos helfen, daß der Günter nicht in solche Sachen hineingezogen wird, und den Ewald möchte ich gerne . . .«

»Retten?« fragte Pastor Wölm. »Aber wie?«

»Ich habe nicht die geringste Ahnung«, meinte Schwester Maria niedergeschlagen und schaute nachdenklich auf den Kanal.

Plötzlich sprang Pastor Wölm auf.

»Um Himmel willen«, rief er völlig aufgeregt. »In zehn Minuten habe ich meinen Bibelkreis! Wie soll ich das schaffen? Ich muß sofort zurück.«

»Na, dann nichts wie auf meinen Gepäckträger mit Ihnen!« ordnete Schwester Maria an, »und machen Sie sich so leicht wie möglich, sonst kommen wir nicht voran.«

Und schon saßen die beiden auf dem Fahrrad. Schwester Maria stemmte sich in die Pedale, Pastor Wölm machte sich ganz leicht – was allerdings bis heute noch kein Mensch weiß, wie man das bewerkstelligt –, und langsam setzte sich das ungewöhnliche Paar in Bewegung.

Wenn Schwester Maria sich einmal einer Sache angenommen hatte, dann ließ sie niemals mehr locker. So war sie fest entschlossen, der Familie Loos zu helfen, da gab es keine Nachsicht, kein Hin und Her, nicht für sie und nicht für den armen Dechanten. Sogar in einer berüchtigten Kneipe mußte er mit ihr einkehren, in der sie Ewald Loos und seinen Bruder zu finden hoffte.

Als Dechant Strathmann die verqualmte Höhle hinter den vergilbten Vorhängen sah, hatte er überhaupt keinen Schwung mehr für diese Wirtschaftseinkehr. Er machte ein äußerst besorgtes Gesicht.

»Sie glauben doch nicht im Ernst, daß wir da einfach hineingehen können!«

Schwester Maria zog die Augenbrauen hoch.

»So? Und warum nicht? Ich bestelle mir einfach ein Bier, da ist doch nichts dabei!«

Hinter ihrem Rücken zauberte sie eine große blecherne Sammelbüchse hervor und klapperte damit vor Dechant Strathmanns Gesicht.

»Heilsarmee oder so etwas Ähnliches«, triumphierte sie. »In Rom habe ich sogar in einem Mafia-Restaurant gesammelt.«

»Es ist verfrüht, Schwester. Wir brauchen zunächst einmal den guten Gnecko auf unserer Seite!«

Schwester Maria zögerte, kam dann aber zurück und nickte geduldig.

»Also gut, wenn Sie meinen.«

Sehr gütig reichte der Dechant ihr seinen Arm, doch da sie sich nicht einhakte, ließ er ihn enttäuscht wieder sinken, und so verließen sie gemeinsam das düstere Pflaster. Im Rücken Gegröle und wüste Musik. Erst an einer Würstchenbude hielten sie an. Hungrig machten sie sich über ein Würstchen her und tranken dazu mit großen Schlucken Dosenbier.

Langsam kam Schwester Marias gute Laune wieder zurück. Sie hatte auch gleich einen Einfall, den sie aber erst einmal vorsichtig zur Sprache brachte.

»Unser Freund Johannes, der Taschendieb, das wäre doch unser Mann. Ein Fachmann sozusagen.«

Dechant Strathmann schaute sie streng an.

»Nach unserer Wallfahrt nach Altötting hat er 100 Mark für unsere Kollekte gespendet!«

»Na, wie erfreulich, Herr Dechant. Irgendwo ist er eben doch ein guter Mensch.«

Dechant Strathmann lächelte milde und hob seine Bierdose.

»Ach, Schwester Maria, haben Sie eine reine Seele. Prost!«

Jetzt verstand auch Schwester Maria.

»Halten Sie es denn wirklich für möglich, daß er die Pilgerfahrt nach Altötting nur dazu benutzt hat, um zu klauen?«

Dechant Strathmann rollte mit den Augen.

»Ja, was glauben denn Sie, warum er so viel gespendet hat?«

Das wollte Schwester Maria gar nicht gerne hören.

»Auch mit Geld läßt sich der liebe Gott nicht gnädiger stimmen, sollten Sie mit Ihrer Vermutung recht haben.«

Dann trank sie genüßlich den letzten Schluck Bier und warf die leere Dose in den Abfallkorb.

»Jedenfalls darf ich das Vertrauen von Frau Loos nicht mißbrauchen«, sagte sie mit listiger Miene, »und muß gleichzeitig verhindern, daß Herr Gnecko sofort die Polizei benachrichtigt.«

Schon am nächsten Morgen machte sie sich auf den Weg und war fest entschlossen, sich von niemandem aufhalten zu lassen, bis sie alle ihre Schwierigkeiten klar und deutlich dargestellt hatte. Mit dem ihr eigenen Durchhaltevermögen ging sie zunächst der Sekretärin auf die Nerven, später dann Herrn Gnecko, und zwar so lange, bis dieser alles stehen und liegen ließ, um sie anzuhören. Ohne Umschweife erzählte sie ihm, was sie von Frau Loos über den Plan ihrer Söhne wußte.

»Das habe ich nun von meiner Gutmütigkeit«, brüllte der Herr Gnecko. »Ich nähre eine Natter an meinem Busen, und dann will diese Natter auch noch in meinen Tresor kriechen.«

»Ist denn so viel Geld in Ihrem Tresor, daß es sich für Einbrecher lohnt?« fragte Schwester Maria.

»Ach was, unwesentliche Summen«, murmelte er.

Scheinbar empört schüttelte Schwester Maria den Kopf.

»Da sehen Sie mal, wie töricht dieser Ewald Loos ist. Daß er nicht einmal weiß, daß in Ihrem Tresor überhaupt kein Geld liegt!«

Herr Gnecko sprang von seinem Sessel auf.

»Weiß der Himmel!« wütete er, »was dieser Kerl herausbekommen hat!«

»Könnten Sie mir bitte zwanzig Mark leihen?« bat Schwester Maria unvermittelt, »ich habe nämlich kein Geld bei mir.«

Etwas verwirrt zückte Herr Gnecko seine Brieftasche. »Sie haben nie Geld, und Wiedersehen macht Freude!«

Schwester Maria bedankte sich höflich.

»Ich halte Sie auf dem laufenden, Herr Gnecko. Wenn Sie bitte die Polizei nicht verständigen. Ich bin sehr froh, daß ich so offen mit Ihnen über diese Sache reden konnte.«

Stolz gab Herr Gnecko ihr die Hand.

»Nichts für ungut, Schwester! Wer mit mir ehrlich ist, wird auch bei mir auf Verständnis und Ehrlichkeit stoßen, und auf mein Geld!«

Mit einem entzückenden Lächeln verließ Schwester Maria das Büro.

Unschlüssig, was er als nächstes tun sollte, wandte sich Herr Gnecko seinem Tresor zu. Er überlegte ein paar Minuten, dann ging er nachdenklich in die Lagerhalle. Als er Ewald Loos gefunden hatte, blieb er vor ihm stehen.

»Alles klar, Ewald, oder kann ich irgendwas für dich tun? Sag es.«

»Einmal mehr, einmal weniger, Herr Gnecko. Soll ich mich wieder bedanken, daß ich bei Ihnen arbeiten darf?«

»Das hast du bisher nicht gemußt, und du hast es auch nicht getan!«

Frech nahm Ewald sofort die Gelegenheit wahr.

»Kann ich einen Vorschuß haben?« fragte er schnell.

Herr Gnecko griff in seine Jackentasche, holte seine Brieftasche heraus und entnahm ihr zwei Hundertmarkscheine.

»Die Lohnbuchhaltung wird's dir am Letzten einbehalten. Du hast zum Geld ein schlechtes Verhältnis, Ewald.«

»Weil ich es nötiger habe als Sie«, erwiderte der ungerührt, »und vor allem weniger.«

Am Abend ging Schwester Maria noch einmal zum Boxclub Heros. Sie wußte durch Herrn Witte, um welche Zeit Günter sein Training beendete.

Als sie in der Sporthalle war, ließ sie unauffällig ihren Zwanzigmarkschein auf den Boden fallen. Geschickt stellte sie sich so, daß er nicht sofort bemerkt werden konnte.

Günter wirkte ziemlich schlecht gelaunt, als er den Umkleideraum verließ. Herr Witte ging neben ihm her und redete ernst auf ihn ein. »Diese Nonne kommt nicht umsonst zweimal hierher! Ich weiß zwar nicht, was sie von dir will, aber du redest jetzt mit mir!«

»Was wollen Sie eigentlich! Sie sind nicht mein Vater, und der hatte mir außerdem auch nichts zu sagen!«

Herr Witte blieb stehen und hielt Günter fest.

»Ich kann dich von unserem Ringarzt für die Staffelkämpfe sperren lassen. Den Gefallen tut er mir jederzeit. Klar?«

Günter nickte mürrisch.

»Was will denn die Alte von mir?«

»Ich weiß es nicht, Junge, aber sie hat was, das mir gelegentlich bei Frauen gefällt. Sie ist hartnäckig und treu.«

Zögernd ging Günter auf Schwester Maria zu, die geduldig wartete. »Was wollen Sie von mir, Schwester? Soll ich jemanden für Sie verhauen, oder brauchen Sie einen Schlosser?«

»Oh, Sie sind Schlosser? Das wußte ich gar nicht.«

Sie schaute ihn freundlich an und trat einen kleinen Schritt beiseite, damit der Geldschein deutlich sichtbar wurde.

Dann schaute sie auf den Boden, bückte sich und hob ihn auf.

»Oh, Sie haben gerade zwanzig Mark verloren, Günter. Bitte.«

Der junge Mann blickte sie ruhig an.

»Ich habe keine zwanzig Mark verloren, Schwester. Ich habe nämlich gar keine bei mir. Vielleicht sind sie Ihnen aus der Kutte gefallen.«

»Ja, tatsächlich, Günter«, strahlte sie. »Sie haben recht, es sind meine zwanzig Mark! Meine Güte, Sie sind aber ehrlich.«

Sie wandte sich zum Gehen.

»Begleiten Sie mich und fahren ein Stück mit mir?«

Günter nickte lustlos, folgte ihr aber dann doch nach draußen.

Neugierig betrachtete er das sehr sportliche Auto, das so gar nicht zu einer Nonne passen wollte, stieg aber doch schließlich ein.

Dank der raschen Hilfe von Herrn Gnecko war der alte Herr Latske inzwischen schon in seine neue Wohnung umgezogen. Dorthin fuhr jetzt Schwester Maria mit Günter Loos.

»Wer ist denn dieser Oldie?« fragte Günter.

»Das ist ein Freund von mir«, antwortete sie.

»Er kann sich an seine neue Wohnung nicht gewöhnen, weil er Angst hat, daß jemand eindringt und ihm seine Sammlung stiehlt.«

»Das kenn' ich gut. Wenn meine Mutter allein ist, hat Sie auch immer Angst.«

»Er will Gitter vor den Fenstern haben.«

»Ach so«, lachte Günter. »Das wollen Sie. Weil ich Schlosser bin, soll ich ihm Gitter vor die Fenster machen.«

»Herr Latske will solche Gitter vor den Fenstern haben, vor denen ich dich bewahren will, dich und deinen Bruder Ewald. Herr Latske bezahlt dir das dann natürlich.«

Stumm reichte ihr Günter die Hand, und Schwester Maria schlug ein.

Als sie an diesem Abend endlich nach Hause kam, fühlte sie sich ziemlich erschöpft, aber sie war höchst zufrieden. Für den nächsten Tag plante sie einen kurzen Besuch bei Siegfried Wölm, um mit ihm noch einmal die Frage der Loos-Söhne zu besprechen.

Schwester Maria fand Pastor Wölm auf dem evangelischen Kinderspielplatz, wo er den kleinen Fußballspielern gerade einen Ball zukickte. Es dauerte eine Zeit, bis er Schwester Maria bemerkte, dann lief er ihr sofort freudestrahlend entgegen.

»Hallo, Schwester! Schön, daß Sie mich besuchen. Kommen Sie. Ich flehe Sie an. Ich habe Hunger. Gehen wir in meine Küche und kochen uns Spaghetti à la Bolognese.«

Schwester Maria lachte fröhlich und nickte huldvoll.

»Ausnahmsweise, bevor Sie wieder eine Büchse Ravioli öffnen!«

Eine halbe Stunde später saßen sich die beiden am Küchentisch gegenüber und verschlangen heißhungrig die köstlichen Nudeln.

Endlich hatten sie alles aufgegessen und lehnten sich glücklich zurück.

»Also, Günter ist ehrlich«, sagte Wölm nachdenklich. »Aber wird er seinen älteren Bruder Ewald vor einer großen Dummheit bewahren können?«

Schwester Maria lächelte siegessicher.

»Lassen Sie nur, ich glaube, da müssen wir uns keine Sorgen machen. Ich vertraue dem kleinen Bruder vollkommen.«

Plötzlich hatte Pastor Wölm einen guten Gedanken.

»Warum lassen wir nicht die Kleinen aus Ihrem Kindergarten gegen meine Fußballmannschaft spielen?«

Schwester Maria war damit einverstanden. »Aber es wird auf unserer Wiese gespielt, weil unsere Mannschaft noch im Aufbau ist, und nur Kinder bis zu 5 Jahren, keine Erst- oder Zweitkläßler.«

Pastor Wölm beugte sich vor. »Wieso denn das?«

Schwester Maria lachte ihn an.

»So, und nun muß ich gehen. Wunderbar war Ihr Essen. Nur schade, daß Sie kein frisches Basilikum im Hause haben, Siegfried«, lenkte Schwester Maria großartig ab.

Pastor Wölm, dem sich ein Verdacht aufdrängte, mußte nun auch lachen.

»Ich werde mir ein Kräutergärtchen anlegen. Ach, übrigens – keine Tricks, Schwester Maria!«

Am Tage vor dem geplanten Diebstahl bei Herrn Gnecko standen Schwester Maria und Dechant Strathmann hoch oben auf dem Turm und schauten nachdenklich über die Gemeinde. Dechant Strathmann tat einen tiefen Zug an seiner geliebten Zigarre.

»Sie haben Angst vor heute nacht, nicht wahr?«

Schwester Maria nickte.

»Aber was immer auch geschieht, Herr Gnecko ruft in keinem Fall die Polizei.«

Dechant Strathmann paffte eine gewaltige Rauchwolke in den Himmel.

»Ach, übrigens – wir brauchen Fußballtrikots für die Kleinen«, sagte Schwester Maria unvermittelt.

»Pastor Wölm hat uns für Sonntag den Fußballkampf angesagt, auf unserem Platz. Wir brauchen gleiche Turnhosen, gleiche T-Shirts.«

»Und welche Farben schweben Ihnen da so vor, Schwester?«

»Na, die Farben unseres Heiligen Vaters, gelbweiß.«

»Es gibt aber keinen katholischen Fußballclub, oder kennen Sie etwa einen 1. FC Vatikan?«

Schwester Maria zuckte die Achseln. »Das entzieht sich meiner Kenntnis, aber es wäre doch schließlich möglich. Oder?«

»In welchen Farben treten denn die Protestanten an?«

Schwester Maria dachte nach. »Ich glaube, in Blau.«

»Und wer ist Ihr Schiedsrichter?«

»Ein Bereichspolizist.«

Dechant Strathmann schaute die Schwester an, als zweifle er einen Augenblick an ihrem Verstand. »Was sagen Sie da?«

»Warten Sie's nur ab«, sagte sie, geheimnisvoll lächelnd.

»Warten Sie das ganze Spiel erst einmal ab.«

In der folgenden Nacht betätigte sich Schwester Maria als Pförtnerin in Herrn Gneckos Pförtnerloge. Auf dem Schwarzweiß-Bildschirm konnte sie alle Vorgänge beobachten, die sich im Bereich der Einfahrt abspielten. Da fuhr auch schon ein Auto heran, parkte in der Nähe der Einfahrt und ließ sofort die Scheinwerfer erlöschen. Schwester Maria war nun die Wachsamkeit selbst. Sie konnte beobachten, wie ein junger Mann, es war Ewald Loos, ausstieg und sich sichernd umsah. Plötzlich trat aus dem Schatten auch Günter hervor.

Es kam zu einer heftigen Auseinandersetzung.

»Nun komm schon! Mach das Ding auf!«

Ewald packte seinen Bruder wütend am Kragen der Jacke und schüttelte ihn heftig. Günter hob die Faust. Schwester Maria hielt den Atem an.

Oben im Büro saß Herr Gnecko hinter seinem Schreibtisch, und neben ihm stand Markus. Nur das Licht der Straßenlaternen erhellte den Raum notdürftig.

»Was machst du denn, wenn dieser Typ hier hereinkommt?« flüsterte Markus.

»Ich glaube, ich werde nicht viel tun müssen. Er wird abhauen«, meinte Herr Gnecko ruhig.

»Wird du ihn anzeigen?«

»Natürlich, aber das wird deine akademische Nonne erst später erfahren.«

»Ach, Vater«, sagte Markus traurig.

Schon geriet Herrn Gneckos Blut wieder in Wallung.

»Du bist gut, so was kann man nicht einfach verzeihen, außerdem gebe ich Schwester Maria noch die Möglichkeit zu einer guten Tat.«

»Sind denn deine Geschäfte alle sauber? Kannst du das mit gutem Gewissen behaupten, Vater?«

Herr Gnecko schüttelte nun ziemlich ärgerlich den Kopf.

»Also Markus, davon verstehst du wirklich nichts. Du bist alles andere als ein Geschäftsmann.«

»Aber ich bin dein Sohn.«

»Weiß Gott, und du bist das einzige, was ich noch habe!«

Dann schwiegen beide und warteten in der Dunkelheit.

Unten auf dem Hof stand Günter immer noch in drohender Haltung vor Ewald.

»So blöd kann man doch gar nicht sein«, sagte er leise.

»Ich habe weiß Gott auch schon viel Mist gebaut, aber daß ich ein Moped mitgehen lasse, in dem kein Benzin im Tank ist, das ist wohl das Hirnverbrannteste, was mir jemals vorgekommen ist!«

Ewald blieb stur stehen und ließ sich nicht aus der Fassung bringen. Da hörten sie auf einmal Schritte. Erschreckt schauten sie sich um und erkannten ihre Mutter.

»Schnell weg«, schrie Ewald, aber Günter hielt seinen Bruder fest.

»Einen Moment, Alter. Ich wollte dir nur noch auf Wiedersehen sagen.« Und er versetzte seinem Bruder einen kräftigen Schlag in die Magengegend. Ewald krümmte sich vor Schmerzen, konnte aber noch zu seinem Wagen laufen und fuhr mit quietschenden Reifen davon.

»Du hast ihm weh getan, Günter«, sagte Frau Loos vorwurfsvoll.

»Nee, Mama, so schlimm war das auch wieder nicht. Von dieser Art Schwingern stecke ich in der Woche mindestens zwanzig im Training weg. Komm, wir holen jetzt Ewald aus seiner Kneipe!«

»Ach, Junge«, dann hakte sie sich bei ihrem Sohn Günter ein.

Den Taschendieb Johannes, der mit einer Metallröhre in der Hand erleichtert aus einem Hauseingang trat, sahen sie allerdings nicht.

Schwester Maria hatte währenddessen ihr Pförtnerhäuschen verlassen, um Vater und Sohn Gnecko im Büro aufzusuchen.

Glücklich lächelnd trat sie ein.

»Bitte schön, Ihre zwanzig Mark, oder wollen Sie lieber Schweizer Franken?«

Schwester Maria war ein schwerer Stein vom Herzen gefallen.

Schwungvoll und in bester Laune versah sie in den nächsten Tagen ihre Arbeit. Nichts konnte sie mehr ernsthaft bedrücken.

Jetzt galt es nur noch, das Fußballspiel gegen die Evangelen zu bestehen, fürs erste. Da sowohl Schwester Maria als auch Pastor Wölm, beide so listenreich wie Odysseus, sich immer einige Hintertürchen offenließen, konnte eigentlich nichts schiefgehen – oder alles.

An einem Samstagnachmittag war es endlich soweit.

Auf der neuen Spielwiese am Kanal versammelte sich das farblich gekennzeichnete Kindervolk, und siehe da, sogar eine ganze Menge Zuschauer fanden sich ein. Weiterhin schmuste in einem Gebüsch Markus Gnecko mit Julia, an einem anderen Plätzchen massierte Herr Sarwatzki die Wade seines Minimittelstürmers. Hier wartete Pastor Wölm in seinem Jeep, dort stand auf dem Anstoßpunkt der Bereichspolizist, und ansonsten hatten Frau Weber, Frau Lissa und Frau Kreitlein die Augen überall und überwachten die allgemeine Moral.

Es wurde ein stürmisches Spiel mit allen nur denkbaren Tricks, unübersehbaren Regelwidrigkeiten und keck getarnten Verstößen, mit heftigen Flügelangriffen und fast unentrinnbaren Engpässen, vor allem aber mit Auswechselspielern, die seltsamerweise auf beiden Seiten immer größer, immer stattlicher, kräftiger und älter und vor allem sportlich immer gewandter wurden.

Am Ende war es einfach so, daß zwei erwachsene, durchtrainierte Mannschaften gegeneinander spielten, die mit der anfänglichen Besetzung nicht mehr viel zu tun hatten.

Dabei schnitt die katholische Seite mit Günter Loos und Markus Gnecko nicht schlecht ab.

Am Ende der zweiten Halbzeit hatte es nicht weit gefehlt, und Schwester Maria und Pastor Wölm wären, vom Fußballfieber geschüttelt, in der Arena aufeinander losgegangen. Doch dem Himmel sei Dank! Sie wurden beide von wohlmeinenden Freunden mit aller Kraft daran gehindert.

Am Abend dieses denkwürdigen Tages besuchte Pastor Wölm Schwester Maria noch kurz in ihrem Gartenhäuschen. Sie schnitt gerade Blumen, als er sich gemütlich an den Gartenzaun lehnte. Er blinzelte ihr freundlich zu.

»Revanche, Schwester Maria?«

Sie schaute ihn vergnügt an.

»Selbstverständlich, Siegfried, wann immer du möchtest.«

»Aber diesmal ohne Tricks!« Er lachte, und Schwester Maria mußte fröhlich mitlachen.

Die Sonne schien, die Blumen vor dem Gartenhäuschen blühten, und Schwester Maria nahm sich ein Herz und machte etwas wahr, was auf Anregung des Dechanten schon lange in ihrem geistigen Terminkalender stand: Sie gab Kaplan Kümmerling die erste Fahrstunde.

Lehrerin und Schüler hatten sich eine Nachmittagsstunde herausgesucht, in der alle Leute sich in ihren Büros und nicht auf der Straße aufhielten, was den Sinn und Zweck hatte, daß erstens kleine unvermeidliche Ungeschicklichkeiten von harmlosen Fußgängern kaum belächelt werden konnten, und zweitens war es einfach eine Sache der allgemeinen Sicherheit.

So klemmte Kaplan Kümmerling dicht hinter seinem Steuer und gehorchte brav Schwester Marias Befehlen, wobei er sich zwischendurch die Schweißperlen von der priesterlichen Stirn wischte, denn natürlich gab es anfängliche Schwierigkeiten. Sollte er Gas geben, so bewegten sich die Scheibenwischer, sollte er die Kupplung bedienen, so bediente er die Bremse, und für all dies entschuldigte er sich höflich.

Endlich waren sie in dem technischen Dschungel so weit vorgedrungen, daß Schwester Maria es wagte, an ein erstes Fortbewegen zu denken.

Sie schaute Kaplan Kümmerling ermunternd an.

»So, langsam die Kupplung kommen lassen, und wenn der Wagen anrollt, dann lenken Sie einfach etwas nach links, ja?«

Kaplan Kümmerling nickte. Der Wagen rollte in der Tat etwas an, aber anschließend machte er einen lebhaften Satz und brach mit gewaltigem Schwung nach rechts voll in den Gartenzaun.

Das Ergebnis war wesentlich eindrucksvoller als der vorangegangene Versuch, man konnte es – in saubere Beamtensprache gefaßt – schlichtweg als mittleren Flurschaden bezeichnen.

Für kurze Zeit war es ganz still im Wagen.

»Das war ja dann wohl nichts, was?« meinte Schwester Maria endlich, noch immer etwas außer Atem.

»Nein«, meinte Kaplan Kümmerling bescheiden und rieb sich die kleine schmerzende Stelle am Kopf. »Das war nichts.«

Nach diesem mißlungenen Unternehmen war Schwester Maria ein wenig aus der Fassung gebracht. Um sich zu beruhigen, stieg sie auf den Kirchturm und traf Dechant Strathmann, der sich dort mit seiner verbotenen Zigarre ausruhte. Er merkte sofort, daß mit Schwester Maria etwas nicht stimmte, fragte sie nach ihrem Kummer, ließ sich die ganze verhängnisvolle Geschichte erzählen und meinte dann tröstend:

»Dafür ist Kaplan Kümmerling ein hingebungsvoller Seelsorger und wundervoller Organist, Schwester.«

Stumm und einsichtig pflichtete Schwester Maria ihm bei.

»Machen Sie sich bitte keine Vorwürfe«, fuhr er fort, »schließlich hab' ich den Kollegen Kümmerling überredet, Sie zu bitten, ihn in die Grundbegriffe ... na ja, Sie wissen schon.«

»Ich hab's ja auch gern getan«, flüsterte Schwester Maria und wußte selbst nicht so genau, ob sie das auch ernst meinte.

Dechant Strathmann stieß eine gewaltige Zigarrenrauchwolke aus.

»Wir konnten doch Kaplan Kümmerling nicht völlig unvorbereitet in eine Fahrschule schicken! Er ist immerhin ein Amtsträger unserer heiligen römischen Kirche!«

Schwester Maria hatte überhaupt keine Lust, sich dazu zu äußern. Um ihrer stillen Empörung Ausdruck zu geben, schaute sie wütend auf Dechant Strathmanns Zigarre, der den Wink auch sofort verstand und seinen geliebten Stummel ergeben ausdrückte.

Diesen kleinen Sieg ließ er ihr gern, weil er wußte, daß er ihr Gemüt damit wieder etwas zur Ruhe bringen konnte.

Stumm schauten beide hinunter auf den Pfarrhof, wo Herr Sarwatzki mit einem Gummihammer den rechten Kotflügel des leicht mitgenommenen Fahrzeugs bearbeitete.

»Ich gehe jetzt meinen Pflichten nach«, sagte Schwester Maria, noch immer nicht gut gelaunt, und begann den Abstieg.

»Gottes Segen mit Ihnen, Schwester«, rief Dechant

Strathmann ihr hinterher und betrachtete nachdenklich und mit einem tiefen Seufzer den zerzausten Zigarrenstummel in seiner Hand.

Schwester Maria strebte mit schnellen Schritten der Kirche zu.

Als sie an Herrn Sarwatzki vorbeilief, schaute der sie vorwurfsvoll an, ohne jedoch aufzuhören, herausfordernd an einem der Kotflügel herumzuhämmern. Aber Schwester Maria beachtete ihn in ihrem Schwung überhaupt nicht, sondern öffnete entschlossen das Portal und stemmte es dabei kraftvoll mit dem Fuß ab. Nun drang die herrlichste, gewaltigste Orgelmusik, meisterhaft von Kaplan Kümmerling dargeboten, nach draußen, so daß sogar Herr Sarwatzki kurz im Hämmern innehielt und aufhorchte.

Schwester Maria drehte sich mit drohendem Gesichtsausdruck zu ihm um.

»Es ist eine große Gnade unseres Herrgotts, wenn er einen Menschen mit einer solch außergewöhnlichen Gabe segnet!«

Nachdem Herr Sarwatzki sich so aufgefordert sah, Kaplan Kümmerling begnadet zu finden, wurde er wieder trotzig, verschloß unwirsch seinen wach gewordenen Sinn für die schöne Muße, hämmerte mit aufreizender Gleichgültigkeit weiter und war wieder ganz der Sarwatzki, den nur Motoren kümmerten und nicht die heiligen Orgeltöne eines Provinzkaplans.

Schwester Maria betrat nun die Kirche und setzte sich still in eine Bank, um Kaplan Kümmerling zu lauschen. Und je länger sie zuhörte, um so mehr fand ihr Gemüt wieder in die alte Sanftmut und Ruhe zurück. Sie war auf einmal gar nicht mehr wütend. Es war ihr vor Glück mehr zum Weinen zumute.

Gerade als sie sich diesem seligen Zustand hingeben wollte, fiel ihr Blick zufällig auf die Vorderbank, und dort entdeckte ihr zwar nur halb ausgebildeter, aber doch vorhandener Hausfrauensinn etwas, das ihr Blut in Wallung brachte. Staub! Staub in einem Gotteshaus! Da half die himmlische Fingerfertigkeit Kaplan Kümmerlings nicht mehr.

Sie stand sofort auf, bat Gott den Herrn mit einem flinken Kreuzzeichen um Verzeihung und stürzte schnurstracks zu Frau Hagenkötter in die Küche, um sich einen Putzeimer zu holen.

Frau Hagenkötter war natürlich entsetzt und in ihrer hausfraulichen Gründlichkeit tief verletzt.

»Also, Schwester Maria, ich weiß gar nicht, was ich sagen soll! Ich wische zweimal in der Kirche durch und putze auch Staub, und Frau Loos hilft mir dabei, sooft es ihr Gesundheitszustand nur zuläßt. Aber . . .« Dann blieb Frau Hagenkötter vor Verständnislosigkeit der Mund offen, und sie brachte keinen Ton mehr heraus.

»Empfinden Sie es bitte nicht als bemängelnde Kleinlichkeit«, versuchte Schwester Maria sie zu beruhigen.

»Doch, das empfinde ich schon so«, entgegnete Frau Hagenkötter ruhig.

»Aber St. Katharina kann sich ein Küsterehepaar nun mal nicht leisten.« Und dann fügte sie noch keck hinzu, nach der guten alten Regel: Angriff ist die beste Verteidigung:

»Und außerdem haben Sie heute noch eine lange Liste. Wie wollen Sie das alles noch schaffen, wenn Sie vorher die Kirche putzen?«

»Ich bemühe mich, mein Bestes zu geben«, erwiderte Schwester Maria.

»Das tun Sie ja auch, und mehr als das, und das erkennen wir auch hoch an.«

Nun war es Schwester Maria, die sich angegriffen fühlte. »Vielen Dank«, brummte sie ärgerlich.

Frau Hagenkötter lenkte ein. »Putzen ist doch ohnehin nicht Ihre Stärke, Schwester Maria. Kochen ja.« Und sie nahm ihr freundlich den Eimer, die Tücher und den Staubwedel wieder aus der Hand.

»Ich kümmere mich um unsere Kirche«, sagte sie sanft. »Als ich in Ihrem Alter war, war ich auch manchmal so eigensinnig.«

Und ehe Schwester Maria widersprechen konnte, wurde sie vorsichtig aus der Küche geschoben.

Draußen wartete Herr Sarwatzki auf sie, der ihr Frau Hagenkötters Fahrrad zuschob.

»Heute müssen Sie etwas für Ihre Gesundheit tun, Schwester. Das Rad an Ihrem Wagen vorne rechts hat nämlich auch was abbekommen.«

Schwester Maria überhörte den kleinen Vorwurf nicht, und sie fühlte sich ziemlich schuldig.

»Durch mich kommen Sie kaum noch in Ihren Garten, das tut mir wirklich leid, Herr Sarwatzki!«

»Mir auch«, brummte Herr Sarwatzki kurz und unversöhnlich.

Da übernahm Schwester Maria das Fahrrad und fuhr eilig davon, denn sie war wirklich in Zeitbedrängnis geraten.

Zuallererst mußte sie Herrn Latske versorgen und dann anschließend für eine halbe Stunde die Mutter der kleinen Vera Gerke vertreten. Dann hatte sie sich im Altersheim um einen gelähmten alten Mann zu kümmern und schließlich einer Gruppe Vierzehnjähriger Nachhilfeunterricht in Mathematik zu geben.

Letzteres erwies sich in Anbetracht einer unverhüllten Teilnahmslosigkeit und Unaufmerksamkeit als ziemlich nervenaufreibend, und Schwester Maria mußte insgeheim Gott den Herrn immer wieder bitten, sie mit genügend Geduld auszustatten, um das durchzuhalten.

Als sie am Abend die Tür ihres kleinen Gartenhäuschens aufschloß, vollgepackt mit zwei Einkaufsnetzen, lag ein langer, arbeitsreicher Tag hinter ihr.

Erschöpft ließ sie sich auf ihre Bank vor dem Kruzifix nieder und betete. Dann nahm sie noch zwei Stunden Anrufe entgegen und versorgte ihre restliche Post. Einen langen, handgeschriebenen Brief, über den sie sich besonders freute, hob sie sich bis zum Schluß auf. Sie wollte ihn gerade auseinanderfalten, da klopfte es an die Tür, und Pastor Wölm betrat das Büro.

»Guten Abend, Schwester. Was ist los? Ich leide an Entzugserscheinungen. Seit Tagen hab' ich Sie nicht mehr gesehen.«

»Übertreiben Sie da nicht ein bißchen, Herr Pastor Wölm?«

Er setzte sich auf den Besucherstuhl, lehnte sich zurück und lächelte Schwester Maria fröhlich an.

»Siegfried, darauf hatten wir uns doch geeinigt, oder? Warum sind Sie denn wieder so förmlich? Ich habe noch viele Fragen an Sie.«

Nun mußte auch Schwester Maria lächeln. »Ich weiß.«

»Also, es war keine zwischenmenschliche Enttäuschung, die Sie ins Kloster getrieben hat, Schwester. Oder?«

Schwester Maria mochte Fragen dieser Art gar nicht, und sie schaute ihn etwas böse an.

»Fragen Sie jetzt da nicht Dinge, die Sie gar nichts angehen, Herr Pastor?«

»Oh, entschuldigen Sie, Schwester. Ich wollte Ihre Gefühle nicht verletzen. Ihre Berufung ist über jeden Zweifel erhaben.«

Schwester Maria runzelte die Stirn und machte ein unentschlossenes Gesicht. Dann aber schaute sie dem Pastor fest und entschlossen in die Augen.

»Pastor Wölm, ich muß Sie bitten zu gehen.«

Pastor Wölm erhob sich schwerfällig.

»Ach ja, was ich noch sagen wollte. Heute abend besuche ich mit der Tochter dieses Recklinghausener Kollegen ein italienisches Restaurant.«

Schwester Maria lächelte schon wieder verbindlich. »Wenn Sie einen guten Eindruck hinterlassen wollen, dann bestellen Sie lieber Aqua minerale, denn der italienische Schnaps, fürchte ich, steigt Ihnen zu schnell zu Kopf, Siegfried.«

Pastor Wölm machte ein äußerst biederes Gesicht.

»Nach so langer Zeit hat mir unsere Unterhaltung wohlgetan, Schwester. Wiedersehen. Ich gehe jetzt Aqua minerale trinken.«

Und ebenso schnell, wie er gekommen war, verschwand er auch wieder.

Für den armen Kaplan Kümmerling waren wahrhaft kummervolle Zeiten angebrochen. Entweder saß er, das Fahrschulbuch dicht vor den Augen, unbequem auf seinem Stuhl, oder er mußte sich hinter das Steuerrad klemmen und auf dem in jeder Beziehung unbequemeren Fahrersitz des priesterlichen Autos Platz nehmen.

Inzwischen hatte Herr Sarwatzki die Aufgabe des Fahrlehrers übernommen, aber auch er mußte nach langem Mühen einsehen, daß er im Grunde genommen noch nicht weitergekommen war als Schwester Maria.

»Also, Herr Pfarrer, nun passen Sie mal ganz genau auf«, sprach Herr Sarwatzki so väterlich, wie er nur konnte. »Hier auf dieser Spielwiese kann uns überhaupt nichts geschehen. Wir fahren zunächst nur geradeaus, ganz einfach.«

Kaplan Kümmerling nickte, verarbeitete still die

geduldigen Anweisungen seines Lehrers, versammelte sich geistig und schritt dann zur geforderten Tat.

Zunächst geschah gar nichts, dann allerdings geschah eine ganze Menge. Es geschah – ehrlich gesagt – zu viel, denn der Wagen schoß in atemberaubender Geschwindigkeit nach vorn, und es schien offensichtlich, daß Kaplan Kümmerling nicht mehr Herr der Lage war.

»Bremsen, Mann, bremsen!« brüllte Herr Sarwatzki. Doch da war es schon zu spät. Kaplan Kümmerling hatte in einer kühn angesetzten, rechts drehenden Flugbahn einen Torpfosten niedergerissen und mit diesem auch den dazu gehörigen Querbalken zu Fall gebracht.

Schwester Maria, die in angemessener Entfernung dieser erneuten Unternehmung Pate gestanden hatte, machte auf dem Absatz kehrt und suchte flucht- und panikartig das Weite.

In St. Katharina rüstete man sich zu einem Fest.

Dechant Strathmann feierte nämlich demnächst sein Priesterjubiläum.

Pastor Wölm – im Sinne der Ökumene – hatte Schwester Maria bereits seine Mithilfe für die Gesamtgestaltung der Feier angekündigt.

Auch Frau Hagenkötter machte sich ihre Gedanken, genauso wie Kaplan Kümmerling.

In einem Punkt waren sie sich alle einig: Nichts würde klappen ohne Schwester Maria, auf sie mußte man bauen, denn der Herrgott würde ihr schon die richtigen Eingebungen schenken.

Und er schenkte sie ihr.

Zunächst einmal stattete sie Herrn Gnecko einen Besuch ab.

»Was kann ich für Sie tun?« fragte dieser ungeduldig.

»Bitte, nehmen Sie Platz. Ich habe aber nur wenig Zeit.« Unauffällig schob er einen Packen anzüglicher Postkartenbilder in die Schublade, die er soeben prüfen wollte. Dann nahm er seine Brieftasche aus seiner Jacke und legte sie so auf den Tisch, daß sie niemand übersehen konnte.

»Also?« fragte er, »wieviel soll ich zahlen – und wofür?«

Schwester Maria winkte ab.

»Herr Gnecko, Sie haben wirklich eine verhängnisvolle Neigung, mich und die jeweilige Lage falsch einzuschätzen. Es geht darum, daß unser verehrter Herr Dechant in knapp drei Wochen sein Priesterjubiläum feiert.«

»Sie kennen doch meine Einstellung zu Dechant Strathmann«, brummte Herr Gnecko, »und außerdem hat er Frau Hagenkötter in sein Haus aufgenommen.«

»Das war eine gute Tat, Herr Gnecko. Sie haben doch Frau Hagenkötter entlassen, obwohl sie einmal das Kindermädchen von Markus war.«

Herr Gnecko beugte sich vor und sah Schwester Maria streng an. »Weil sie auf der Seite meiner Frau stand, deshalb. Die hat mich doch genauso hintergangen, wie meine Frau mich betrogen hat.«

Schwester Maria beschloß, diese alten Geschichten zu überhören, und kam sogleich auf den Punkt.

»Anläßlich des Priesterjubiläums von Dechant Strathmann wird die Pfarrei St. Katharina eine Festschrift herausgeben. Ich bin lediglich gekommen, um mit Ihnen über einen Druckauftrag zu verhandeln.«

Nun war Herr Gnecko ehrlich überrascht.

»Eine Festschrift? Ein richtiges Buch? Reicht Ihnen denn die Bibel nicht?«

»Daß Sie mit den Vertretern des Herrgotts auf Erden nicht einverstanden sind, kann ich zwar nicht nachvollziehen, aber ich erkenne es an. Sie wissen, daß die Bibel die großartigste Niederschrift der Geschichte der Menschheit ist, und ich bin sicher, daß Sie mir da zustimmen.«

Herr Gnecko strich sich ungehalten durch das Haar. »Was ist, Schwester Maria, wollen Sie mich moralisch unter Druck setzen?«

»Nein, Herr Gnecko«, entgegnete sie, »ich nenne das Gemeinschaftsgeist. Also, einen Druckauftrag, Weiteres werden wir noch besprechen.«

Dann stand sie auf, nickte kurz und rauschte würdevoll aus der Höhle des Löwen.

Auch Markus hatte im Rahmen der feierlichen Vorbereitungen von Schwester Maria einen Auftrag erhalten. Er sollte Dechant Strathmann für die Festschrift fotografieren, natürlich möglichst privat und ganz unauffällig.

So geschah es, daß er Dechant Strathmann auflauerte, als dieser an einem schönen Spätnachmittag wie immer durch seinen Garten spazierte und sich – nachdem er nach allen Seiten vorsichtig Umschau gehalten hatte – heimlich seine Zigarre anzündete.

Das war natürlich ein umstrittener Augenblick, aber er ergab dennoch schöne und lebensnahe Bilder.

Auch die übrige Mannschaft saß nicht tatenlos herum.

Frau Weber mit ihren beiden Freundinnen und die gute Mutter Loos putzten unter Frau Hagenkötters Anleitung die Kirche. Die Säuberungsarbeiten waren nach einer strengen Rangordnung verteilt worden.

Frau Weber nahm sich selbstverständlich des Altarsilbers an, und Frau Kreitlein stand auf der Trittleiter und putzte die Fenster. Nur Frau Lissa und Mutter Loos knieten auf dem Marmorfußboden und schrubbten ihn mit einer Bürste.

»Es muß ein Festtag für den Herrn Dechant werden, Frau Hagenkötter«, seufzte Frau Weber.

»Er ist ein so guter Mensch.«

»Und ein berufener Priester!« rief Frau Kreitlein von der Leiter herunter.

»Immer zur Stelle, wenn man ihn braucht. Wird es einen Festgottesdienst geben?«

Frau Hagenkötter nickte beifällig. »Ja, natürlich. Unser Weihbischof wird die Festmesse lesen.«

Frau Lissa schaute hoch und hielt sich das schmerzende Kreuz. »Das ist ja wohl auch das mindeste, was unser Dechant von der Kirche verlangen kann.«

Frau Weber polierte wütend ihr Silber. Sie hatte etwas auf dem Herzen, das sie schier zu zerreißen drohte.

Dann brach es schließlich aus ihr heraus.

»Ich möchte mich ja nicht aufdrängen, Frau Hagenkötter, aber ich könnte doch . . .« Und dann, anstelle weiterer Worte, zwitscherte sie mit einem Tremolo ohnegleichen das »Ave Maria«.

Frau Hagenkötter erschrak aufs heftigste. Sie ahnte, worauf das hinauslaufen sollte. Hastig wandte sie sich weiteren Arbeiten zu und war von tiefem Mißtrauen erfüllt. Bei allernächster Gelegenheit erzählte sie ihren schlimmen Verdacht Schwester Maria.

»Ich fürchte, sie will wirklich singen«, meinte sie mit rollenden Augen. »Stellen Sie sich das bitte vor!«

»Na, mal sehen«, beruhigte sie Schwester Maria. »Ich werde mich gleich mal um diese Angelegenheit kümmern.«

Kurz darauf suchte Schwester Maria Pastor Wölm auf, um mit ihm während eines Spaziergangs ein paar Dinge zu erörtern, die anlagen.

Als alles einigermaßen geklärt war, kam Schwester

Maria auf Frau Weber zu sprechen. »Und, was halten Sie davon?«

»Lassen Sie sie doch singen«, meinte Pastor Wölm leichthin. »Wo ist denn da die Schwierigkeit?«

»Du meine Güte, sie kann nicht singen!« antwortete Schwester Maria verzweifelt. »Aber Kümmerling hat es ihr schon zugestanden.«

Pastor Wölm blieb einen Augenblick stehen und schaute Schwester Maria ruhig an.

»Sie müssen sich doch nicht um alles kümmern. Lassen Sie doch die Dinge ihren Lauf nehmen. Auch das Ave Maria.«

Dann holte er aus der Brusttasche seiner Lederjacke ein paar selbst verfaßte Aufzeichnungen hervor.

»Hier. Das ist mein Beitrag für Ihre Festschrift. Die Zeichensetzung können Sie ruhig verbessern, aber gnade Ihnen Gott, wenn Sie die Textinhalte verändern!«

»Danke«, nickte Schwester Maria und steckte die Notizen mit leicht fragendem Blick ein.

Während sie weiterschlenderten, bemerkten sie nicht, daß Frau Weber und ihre beiden Freundinnen bereits in sicherer Entfernung Stellung bezogen hatten und von ihrem Beobachtungsposten aus den Spaziergang argwöhnisch überwachten.

»Unser verehrter Herr Weihbischof wird Ihnen eine Einladung zu unserem Festgottesdienst zukommen lassen«, wandte sich Schwester Maria wieder an Pastor Wölm und lächelte etwas künstlich. »Kommen Sie?«

»Natürlich, Schwester Maria. Eine solche Einladung ist üblich. Wir sind hier ja nicht in Rom. Natürlich komme ich, schon um mir das Ave Maria von Frau Weber anzuhören. Außerdem bringe ich meinen CVJM mit, um die leeren Bänke in St. Katharina zu füllen.«

Schwester Maria warf dem Pastor einen leicht giftigen Blick zu. »So sehr brauchen Sie sich gar nicht zu bemühen. Dechant Strathmann hat in unserer Gemeinde viele Freunde, die ihn sicherlich nicht im Stich lassen werden. Ich befürchte sogar sehr, daß Ihr CVJM mit Stehplätzen vorliebnehmen werden muß.«

Pastor Wölm kickte ein Stück Holz mit dem Fuß weit von sich. »Auch gut«, meinte er ungerührt, »aber mir wird doch wenigstens ein Platz freigehalten, oder?«

»Na, was glauben Sie! Das ist doch ganz selbstverständlich«, bestätigte Schwester Maria etwas scheinheilig.

Dann blieben sie erneut stehen und schauten über den Kanal, immer noch streng beobachtet von den drei versteckten Freundinnen.

»In meiner Gemeinde arbeiten zwei Diakonissen als Gemeindeschwestern«, erzählte Pastor Wölm, »und ich hab' weit weniger Verbindung zu diesen beiden tüchtigen Frauen als zu Ihnen.« Dabei lächelte er etwas verlegen und bückte sich, um einen flachen Kieselstein aufzuheben und ihn über das Wasser zu werfen, so daß er mehrfach hüpfte. Da Schwester Maria ebenfalls nicht so recht wußte, was sie sagen sollte, bückte auch sie sich, um einen Kieselstein aufzuheben.

»Hochachtung«, sagte Pastor Wölm leise, als ihr Stein häufiger über die Wasseroberfläche sprang als seiner.

Zu Hause in ihrem Gartenhäuschen las Schwester Maria neugierig den Wölmschen Festbeitrag. Es war ihr von vornherein klar gewesen, daß sie darin einiges finden würde, was ihr sicherlich ganz und gar nicht gefiel, aber das, was sie hier zu lesen bekam, übertraf weiß Gott ihre schlimmsten Befürchtungen.

Sie war so wütend und entsetzt, daß sie das Gelesene augenblicklich mit ihrem Herrgott teilen mußte.

Sie kniete sich vor das Kruzifix und las ihm fassungslos einige besonders unmögliche Stellen daraus vor. »Und bitte hör dir das an. Hier steht: Dem in der Gemeinde und seiner Kirchenleitung beliebten und geschätzten Dechant Strathmann widerfuhr im Jahre 1978 die Gnade, nicht zum Monsignore ernannt zu werden. Ich als evangelischer Amtskollege bin unserem Herrgott dankbar, daß er den verehrten Herrn Dechant nicht mit diesem Amt bedacht hat, weil der Begründer unserer gemeinsamen Religion, unser Herr Jesus Christus, die Vorzüge des Amtes wohl übersah.«

Schwester Maria schaute das Kruzifix empört an und knallte den Wölmschen Aufsatz auf ihren Schreibtisch.

»Das ist Ketzerei!« wütete sie atemlos. »Diese Protestanten haben doch auch Bischöfe und Pröpste. Wenn unser Herr Weihbischof diese Festschrift liest, wird er sich weigern, Pastor Wölm überhaupt die Hand zu geben.«

Trotz des späten Abends zog sich Schwester Maria kurz entschlossen eine Strickjacke über und marschierte los in Richtung evangelische Kirche, um dem überheblichen Pastor ordentlich die Meinung zu sagen. Unterwegs begegneten ihr Markus und Julia, die ihr gerade die Fotos von Dechant Strathmann vorbeibringen wollten. Im Licht der Straßenlaterne betrachtete sie schnell die Schnappschüsse, die ihr samt und sonders gefielen.

»Hier sieht er besonders fromm aus, schauen Sie. Wie ein Heiliger.« Markus lachte und zog ein Bild hervor, auf dem Dechant Strathmann blauäugig in den Himmel blickte. »Das ist eine Ausschnittvergrößerung, denn in Wirklichkeit schaut er die Katze an, die sich vor irgendeinem Köter auf einen Apfelbaum geflüchtet hat.«

Schwester Maria mußte ebenfalls lachen. Sie schüttelte den Kopf.

»Da sieht man mal wieder, wie Einzelheiten die gesamte Wahrheit verfälschen können.«

Dann verpackte sie die Fotos sorgfältig in ihrer Tasche.

»Danke, ihr beiden, und einen schönen Abend noch.«

Dann machte sie sich weiter auf ihren Weg.

Innerlich grollte sie: »So, Siegfried, und jetzt zu Ihnen!«

Als sie an dem chinesischen Restaurant vorbeikam, warf sie einen Blick durch die hell erleuchteten Fenster. Und siehe da, an einem kleinen gemütlichen Tisch saß Pastor Wölm in Begleitung einer jungen Frau.

Schwester Maria blieb unvermittelt stehen und schaute noch einmal ganz genau durch die halb zugezogenen Vorhänge.

»Das ist ja wohl der Gipfel!« zischte sie halblaut und stemmte die Hände in die Hüften.

Nicht, daß Schwester Maria sich da ein Urteil gestattet hätte, aber sie sah schließlich, was sie sah! Da saß so eine biedere, brave, nichtssagende Frau, ein völlig naturbelassenes Geschöpf, ohne Falsch, selbstgehäkelt und selbstgewebt, die wahrscheinlich genauso selbstgehäkelte und selbstgewebte Witzchen machte, die sich wiederum in jedem Falle und unbedingt in den erlaubten Grenzen hochanständigen Schabernacks bewegten und die von Pastor Wölm bestimmt mit Entzücken aufgenommen und wohl vermerkt wurden.

Das haute wirklich dem Faß den Boden aus!

Daß Pastor Wölm plötzlich hinter vorgehaltener Hand verzweifelt gähnte, das konnte sie nicht mehr sehen, denn in wildem Zorn war sie umgekehrt und zurück in ihr Gartenhäuschen gestürmt.

Dies alles nun war von der anderen Straßenseite übel vermerkt worden. Sechs Augenpaare leuchteten vielsagend in der Dunkelheit.

Schon seit geraumer Zeit war man sehr damit beschäftigt, Schwester Maria und Pastor Wölm aufzuspüren, sie genau zu beobachten und sich einen Reim aus ihrem Verhalten zu machen – man: das waren natürlich Frau Weber, Frau Lissa und Frau Kreitlein.

Und da es ihnen jetzt reichte, die Verdachtsmomente sich gefährlich verdichtet hatten und sie in ihrer Gemeinde solcherlei Abweichungen vom gottgefälligen Weg nicht dulden konnten, verfaßten sie zu dritt einen geharnischten Brief an die Ehrwürdige Mutter des Stammklosters in Österreich, in welchem sie ihre Beweise in aller Demut auf den Tisch legten.

Und da lag er nun und machte der guten Generaloberin doch ein wenig zu schaffen. Vor allem aber der gestrengen Schwester Prokuratorin. »Ich habe Schwester Maria mehrfach in Briefen ermahnt«, berichtete sie, »nicht in zu enge Berührungen mit der evangelischen Gemeinde zu kommen. Und vor allen Dingen nicht mit diesem Pastor Wölm.«

Die Generaloberin schüttelte erbost den Kopf. »Dazu bedarf es keiner Ermahnung, meine Tochter. Ich finde, sie ist sogar falsch, denn es ist uns aufgegeben, draußen die Verbindung zu den Mitmenschen zu suchen. Und dazu gehören auch ökumenische Kontakte, soweit es unsere Ordensregeln erlauben.«

Wütend nahm sie den Brief in die Hand und knallte ihn wieder auf ihren Tisch.

»Dieses Schreiben ist nicht aus dem Gedanken der christlichen Barmherzigkeit verfaßt worden«, murmelte sie.

»Aber es ist uns geschickt worden, Ehrwürdige Mutter, und irgendein Funken Wahrheit wird sich wohl dahinter verbergen.«

Die Generaloberin beugte sich vor. »Schwester«, fragte sie bekümmert, »glauben Sie wirklich an heimliche Treffen mit diesem Pastor Wölm?«

Ehrlicherweise schüttelte die strenge Prokuratorin nun doch die Haube, und die Generaloberin fuhr erleichtert fort:

»Was soll auch heimlich an einer Sache sein, die drei Frauen gleichzeitig beobachten können?«

Etwas zu heftig zog sie eine Schublade heraus und ließ geradezu lieblos den anklagenden Brief von Frau Weber und ihren Freundinnen hineinfallen. Dann beeilte sie sich, in die Kirche zum Gebet zu kommen.

Durch ihre Einblicke in das chinesische Restaurant hatte sich Schwester Maria einigermaßen gehemmt gefühlt, dem Pastor irgendwann doch noch die Meinung zu sagen.

»Kommt Zeit, kommt Rat«, dachte sie, ließ ihren Zorn ein wenig verrauchen und widmete sich weiterhin ihren täglichen Pflichten.

Eine davon, die allerdings sämtliche Mitarbeiter von St. Katharina beschäftigte, waren die Fahrkünste von Kaplan Kümmerling. Mittlerweile begnügten sich letztere auf den Umgang mit einem Mofa.

Während Schwester Maria ihm nach jeder Übungsstunde, die er bei Herrn Sarwatzki genoß, die Wunden verband, machte der geknechtete Fahrschüler keinen Hehl daraus, daß er die praktische Seite des Lebens schon immer als seine persönliche Widersacherin empfunden hatte.

»Schwimmen habe ich erst mit dreizehn gelernt und mit vierzehn Fahrrad fahren«, erklärte er betrübt.

Schwester Maria tröstete ihn. »Das macht doch

nichts, Herr Kaplan. Ich wiederum war mit vierzehn viel zu faul, um selber in die Pedale zu treten, und habe mich lieber von meinem Bruder hinten auf dem Motorroller herumfahren lassen!«

Kaplan Kümmerling lächelte tapfer. Er fühlte sich gerade besser, da tauchte schon die nächste Sorge auf.

»Seit Tagen bedrängt mich Frau Weber mit der inständigen Bitte, ob sie nicht das Ave Maria beim Festgottesdienst singen dürfe.«

»Davor bewahre uns Gott«, polterte Frau Hagenkötter aufgebracht los. »Das Priesterjubiläum unseres Herrn Dechanten ist schließlich ein Fest und kein Festival für singende Möchtegerns und sonstige blutige Anfänger!«

Kaplan Kümmerling betastete vorsichtig seine mit Heftpflaster völlig zugeklebte Stirn und wollte gerade den Mund aufmachen, um etwas zu sagen, da zischte Frau Hagenkötter ein gebieterisches »Pssst!!« und legte ihren Zeigefinger auf den Mund. Ganz offensichtlich befürchtete sie, daß Dechant Strathmann an der Küchentüre lauschen könnte.

Sie eilte auf Fußspitzen zur Tür, riß sie auf – und prompt erwischte sie den Dechant.

»Also Herr Dechant!« fuhr sie ihn streng an.

Aber dieser fühlte sich in keiner Weise verlegen, ganz im Gegenteil. »Ich habe von Ihrem neuerlichen kleinen Unfall gehört, Herr Kollege«, meinte er fröhlich, als er über Frau Hagenkötters Schultern hinweg den verarzteten Kaplan Kümmerling entdeckte.

»Er ist schon auf dem Wege der Besserung«, erklärte Schwester Maria kurz.

Da dem Dechant natürlich nicht entging, daß er augenblicklich störte, kam er gar nicht weiter in die Küche, sondern verschwand gleich in seinem Arbeitszimmer.

»Das wird immer schlimmer mit ihm«, raunte Frau Hagenkötter, als sie die Küchentür wieder geschlossen hatte. »Ich kenne ihn ganz genau. Vor Heiligabend ist er auch immer so. Aber jetzt wird es so langsam unerträglich. Er ist neugierig wie ein kleines Kind.«

Sie hielt einen Augenblick inne, um Luft zu holen.

»Und nun geht das schon wieder los, daß er sich einen Hund wünscht. Sein ganzes Leben lang wollte er schon immer einen Hund. Aber solange ich hier bin, habe ich ihm immer davon abgeraten. Dann war eine Zeit Ruhe. Jetzt fängt er wieder damit an.«

Frau Hagenkötter plusterte sich auf und versuchte, die Stimme des Dechanten nachzuahmen.

»Wissen Sie was, Frau Hagenkötter, was ich mir wünsche? Einen Hund wünsche ich mir! Meinetwegen auch nur einen ganz kleinen.«

»Ach wirklich, das wußte ich ja gar nicht.« Schwester Maria dachte nach.

»Ja, einen ganz kleinen Hund«, meinte Frau Hagenkötter noch einmal abschließend entrüstet und machte sich dann daran, das Teewasser aufzusetzen.

Schwester Maria hatte den Wunsch des Dechanten nicht vergessen.

Gleich am nächsten Tag setzte sie ihre Leute darauf an.

Der erste, der in Sachen Hund fündig wurde, war bezeichnenderweise Johannes, der Taschendieb. An einem langen Seil zog er das Tier hinter sich her. Es war groß wie ein Kalb, herrenlos, aber in Neukölln überall zu Hause, allgemein bekannt und viel geliebt.

»Nein, das geht unmöglich«, meinte Schwester Maria und streichelte das zottige Ungetüm hinter den Ohren.

»Neukölln wird ihm fehlen. Dort hat er seine Stammkneipen, seine Metzgereien und seine Herrchen und Frauchen. Außerdem ist er viel zu groß für unseren Herrn Dechanten.«

Und sie bat Johannes dringend, das Tier wieder zurückzubringen und in seine Freiheit zu entlassen.

Sobald es ihre Zeit erlaubte, nahm sie die Angelegenheit selber in die Hand. Sie hatte sich nach einer Dackelzucht erkundigt und war dabei auf den Namen Demel gestoßen.

Frau Demel empfing sie bald darauf mit wichtiger Miene und verfiel sogleich in die Hundezüchter-Fachsprache, die der ungeheuerlichen Bedeutung der nicht nur reinen, sondern auch edlen Rasse Rechnung trug.

Schwester Maria entschied sich für einen Rüden namens Ajax.

Um seine lebhafte Gemütsart unter Beweis zu stellen, nahm ihn Frau Demel am Schwanz hoch und ließ ihn mit dem Kopf nach unten baumeln. Natürlich wehrte sich Ajax nach Kräften.

»Sehen Sie, was für ein aufgewecktes Kerlchen das ist?« Die Dame lächelte zufrieden.

»Na, na, na, Frau Demel«, sagte Schwester Maria leicht besorgt und nahm der Züchterin sanft den kleinen zappelnden Hund aus den Händen, um ihn schützend an ihrer Brust zu bergen.

»Du mußt sehr nett zu unserem Herrn Dechanten sein, Ajax, verstehst du«, flüsterte sie ihm ins Schlappohr.

»Hat er denn auch genügend Auslauf und die nötige Führung?« erkundigte sich Frau Demel. »Schließlich habe ich die Verantwortung.«

»Hat er alles, Frau Demel, da kann ich Sie beruhigen. Dechant Strathmann ist Geistlicher über eine Gemeinde von etwa 3000 Schafen, um es einmal in der Sprache der Bibel auszudrücken.«

Doch das beeindruckte Frau Demel keineswegs.

»Auf keinen Fall«, schloß sie mit drohendem Zeigefinger ihre Ausführungen, »auf keinen Fall darf Ajax zu viele Treppen steigen.«

Schwester Maria beruhigte sie. »Ihr Ajax soll ein normaler kleiner, lieber treuer Hund für unseren Herrn Dechanten werden, und er muß keineswegs den Kirchturm hinaufjagen, um die Glocken zu läuten.«

Höchst zufrieden setzte sie Ajax in ihrem Auto auf den Beifahrersitz, wo das Hündchen natürlich keine Sekunde sitzenblieb.

»Ich muß dich ein paar Tage bei mir verstecken. Du bist nämlich eine Überraschung«, erzählte sie ihm und streichelte über sein weiches Köpfchen.

Mit ihrem warmen fiependen Bündelchen daheim angekommen, legte sie den Fußboden mit Zeitungspapier aus, denn Ajax war gewissermaßen noch im Windelalter.

Während Schwester Maria – wie fast immer – an ihrem Schreibtisch bis tief in die Nacht hinein arbeitete, saß der kleine Dackel zusammengekauert in einer Ecke und wimmerte. Dies tat er so anhaltend und herzzerreißend, daß Schwester Maria ihn schließlich hochnahm. Genüßlich schmatzend machte er es sich auf ihrem Schoß bequem und schlief sofort ein.

Große Ereignisse werfen bekanntlich ihre Schatten voraus.

Die Schatten des Strathmannschen Dienstjubiläums trafen begreiflicherweise bei Schwester Maria zusammen. Da gab es immer noch die Schwierigkeiten mit Frau Weber und ihrer unstillbaren Sangeslust, die Festschrift mußte zusammengestellt werden, der Ärger mit Pastor Wölms ketzerischem Schreiben war noch nicht aus der Welt geschafft, und während sie sich um all dies kümmern mußte, nagte Ajax mit spitzen Zähnchen Elektroschnüre, Schuhe, Papierkörbe und Bücher durch.

Und was sie noch gar nicht wußte: Auch die Generaloberin und Schwester Prokuratorin hatten sich bereits auf den Weg nach Berlin gemacht. In einer Limousine rollten sie nordwärts, unaufhaltsam, um das Dienstjubiläum ihres geistlichen Bruders zu beehren und um einmal bei ihrer lieben Tochter hineinzuschauen.

Diese – wie bereits erwähnt – ahnte nichts davon.

Fleißig jagte sie ihren Pflichten nach und versuchte noch immer, trotz aller Vorbereitungen, jedermann gerecht zu werden, auch Pastor Wölm, dem sie jedoch zuvor noch unbedingt die Meinung sagen mußte.

Als sie ihm bei der Erledigung ihrer Post am Briefkasten begegnete, schien die Gelegenheit gekommen zu sein. Doch Pastor Wölm hatte offenbar wenig Zeit und ganz anderes im Kopf.

In seinem Jeep saß das Pastorentöchterlein Dorothee und winkte Schwester Maria lieb zu. Siegfried selbst machte ein betont biederes Gesicht. »Ich würde Ihnen ja gerne die Tochter meines Kollegen vorstellen, nur hätte ich mir für diese Begegnung einen etwas persönlicheren Rahmen und einen besseren Augenblick als gerade diesen vorgestellt, Schwester.«

»Ich habe ohnehin sehr viel zu tun und Sie sicherlich auch«, erwiderte Schwester Maria kühl.

Pastor Wölm schaute sie fragend an.

»Habe ich Sie irgendwie vergrämt?«

»Wieso? Nicht im geringsten«, log Schwester Maria keck und stürzte sich in den Angriff.

»Sie haben wohl ein schlechtes Gewissen, was?«

Pastor Wölm spielte den plötzlich Erleuchteten. »Ha,

Sie meinen meinen Artikel über den Kollegen Strathmann in Ihrer Festschrift, stimmt's? Beruhigen Sie sich. Ich wollte lediglich die Bescheidenheit und Demut Dechant Strathmanns ins rechte Licht rücken. Dann streichen Sie den Absatz doch einfach.«

Schwester Maria zog ihre Augenbrauen hoch und setzte ihre Worte wohlgewählt und äußerst förmlich.

»Ich denke, ich habe nicht das Recht, und ich maße es mir auch gar nicht an, in Ihrem Artikel in irgendeiner Art schriftstellerisch tätig zu werden, geschweige denn, ungewollte Änderungen vorzunehmen.«

Nun mußte Pastor Wölm sich sehr zusammennehmen, um nicht fröhlich herauszulachen.

»Na gut, Schwester, wie Sie wollen. Dann kommen Sie doch einfach heute abend zu mir zum Essen, da können wir über alles reden, und ich denke, das ist dann doch der geeignete Anlaß, Ihnen Fräulein Sütterlin in angemessener Weise vorzustellen.«

Er winkte zum Jeep hinüber.

»Kochst du uns heute abend was Schönes?« rief er über die Straße. Dorothee blühte geradezu auf. Entzückt drehte sie die Seitenscheibe herunter.

»Ja, aber gern«, antwortete sie fröhlich. »Grünkohl-Durcheinander, Schwester. Dürfen Sie so etwas essen?«

Doch Schwester Maria wollte noch nicht vergeben. Sie bedankte sich höflich, begründete ihre Absage mit Zeitmangel und rauschte davon.

»Falls Sie es sich noch anders überlegen, rufen Sie doch einfach an«, rief ihr Pastor Wölm hinterher und stieg in seinen Jeep.

»Laß die Schwester doch, dann koch' ich das Grünkohl-Durcheinander nur für uns beide, Siegfried«, zwitscherte Dorothee und versuchte, ihren nun doch etwas enttäuschten Begleiter zu trösten.

»Wie schön«, murmelte er tonlos, startete den Motor und fuhr davon.

Schweigend saßen sie sich abends gegenüber, Pastor Wölm und Fräulein Dorothee, und sie löffelten Grünkohl-Durcheinander.

»Also, das schmeckt wirklich ausgezeichnet, Dorothee«, eröffnete er schließlich das Gespräch, denn bis zu diesem Zeitpunkt hatte noch keines stattgefunden.

»Wirklich ausgezeichnet«, wiederholte er noch einmal und beschloß, den letzten Bissen, der sich so gar nicht schlucken lassen wollte, rücksichtslos mit einem ordentlichen Schluck Bier hinunterzuspülen. Es gelang ihm, und er lächelte.

Fräulein Dorothee bezog das auf sich und ihre Kochkunst, und so freute sie sich von ganzem Herzen.

»Schön, daß es dir geschmeckt hat«, führte sie nun das Gespräch ihrerseits fort. »Ich darf es dir ruhig verraten. Grünkohl-Durcheinander ist mein Paradestück in der Küche. In der Grünkohl-Saison verlangt es mein Vater jeden Mittwoch und Freitag.«

Während sie diese Offenbarung aus ihrem ganz persönlichen Bereich in den Raum stellte, spielte sie verzückt mit ihrer wohl von der Großmutter geerbten Bernsteinkette.

»Wenn wir fertig sind«, erklärte sie dann weiter, »spüle ich noch und gehe dann sogleich zu Bett. Ich darf morgen die Probe unserer Kantorei nicht versäumen.«

»Ich helfe dir gerne beim Abtrocknen, Dorothee«, bot Pastor Wölm etwas zögernd und mit halbem Herzen an.

»Nein, nein, Siegfried«, scherzte sie, »Männerfinger weg aus der Küche.«

Und schon nahm sie Pastor Wölms leer gegessenen Teller und ihren eigenen und eilte zur Spüle hinüber.

Während der Arbeit, die ihr leicht von der Hand ging, erzählte sie ihm von ihren Chorproben und gab auch einige Takte zum besten.

Als sie gerade ein hübsches »C« trällerte, wollte sie gerne die Wirkung ihrer kristallklaren Stimme erforschen und warf einen Blick durch die Tür. Leider sah sie da keinen verklärten Siegfried, sondern einen, der sich wie ein eben nach Hause gekommener Bauarbeiter die Flasche an den Hals setzte.

Eine Zehntelsekunde überfielen sie Enttäuschung, Verwirrung und der Gedanke, daß das schon die zweite Flasche sein mußte. Dann aber nahm sie die Schuld ganz einfach auf sich.

»Habe ich für deinen Geschmack zu kräftig gesalzen?« fragte sie und machte ein besorgtes Gesicht. Pastor Wölm schüttelte den Kopf und trank in kräftigen Schlucken die Flasche leer.

Es sollte eine höchst merkwürdige Nacht werden.

Immer näher rollte die Limousine der beiden Ordensfrauen auf St. Katharina zu. Völlig erschöpft hockte die Prokuratorin hinter dem Steuer, und auf dem Rücksitz des Wagens saß die Generaloberin würdevoll, aufrecht und hellwach und erforschte mit Hilfe eines Leselämpchens den Stadtplan von Berlin. Ab und zu gab sie einige Anweisungen und schaute auch einige Male aus dem Wagenfenster, wo sie einen Blick auf den Funkturm und das Kongreßzentrum erhaschte.

Sie hatte zwar für hohe Bauwerke viel Verständnis, aber meistens dachte sie dann gleich an das viele Baumaterial, aus dem man besser eine oder mehrere Kirchen hätte machen können, und ärgerte sich.

Am späten Abend hatte Herr Sarwatzki noch

Schwester Maria besucht, und beide bemühten sich nun, den kleinen Ajax zur Stubenreinheit zu erziehen.

»Nun komm, Ajax, mach schon«, befahl Herr Sarwatzki, der das Hundekind vor dem Gartenhäuschen auf und ab führte.

»Ich glaube, auch wenn er wollte, könnte er nicht mehr«, lachte Schwester Maria. »Ajax hat bereits die Donnerstags-, Freitags- und die dicke Samstagsausgabe überschwemmt.«

Herr Sarwatzki schüttelte unmutig den Kopf. »Das hätten Sie von vornherein gar nicht anfangen sollen. Gerade im Flegelalter brauchen kleine Dackel eine feste Hand.« Dabei nahm er Ajax hoch und drückte ihn fest an sich und mummte ihn in seine Jacke ein.

»Schwester, ich schlage vor, Ajax wohnt ab jetzt bei mir.«

»Herr Sarwatzki, Sie verstehen eine Menge von Motoren, aber schon Ihre Kenntnisse des Fußballspiels sind dürftig. Welche Beziehung haben Sie denn überhaupt zu Hunden?«

Dann ging sie schnell auf ihn zu und nahm ihm den Hund ab. »Gute Nacht. Ich muß noch arbeiten.«

Schon verschwand sie mitsamt ihrem kostbaren Besitz hinter der Tür und ließ Herrn Sarwatzki enttäuscht von dannen ziehen.

Auch im evangelischen Pfarrhaus brannte zu dieser späten Stunde noch das Licht. Da Pastor Wölm den Abend etwas mühsam gefunden hatte, kam er auf die Idee, noch etwas frische Luft zu schnappen und eine Runde in der Dunkelheit zu laufen. Irgendwie führte ihn der Weg zu Schwester Marias Gartenhäuschen. Und als er die hell erleuchteten Fenster sah, machte er halt und klopfte an die Tür.

Nicht ängstlich, aber ziemlich erstaunt schaute Schwester Maria von ihrem Schreibtisch auf. Als auf ihr »Herein« Pastor Wölm in die Tür trat, war sie mehr als überrascht.

»Jeden hätte ich erwartet, sogar den Teufel, aber nicht Sie«, sagte sie und stand auf.

»Guten Abend, Schwester. Ich bin hier bei meinem Abendlauf rein zufällig vorbeigekommen, da brannte noch Licht, und ich dachte mir, da schau' ich doch noch schnell mal bei Ihnen herein.«

»Das trifft sich großartig, ich arbeite gerade an Ihrem Artikel.«

Pastor Wölm ließ sich nach einem fragenden Blick in den Besuchersessel fallen.

»Und ich dachte schon, Sie würden ihn auf die Liste verbotener Literatur setzen. Das ist doch allgemein üblich bei Ihnen: verbieten, was aus der Reihe schlägt und nicht den Segen des Hauses hat.«

»Ich habe leider keine Streichhölzer, sonst hätte ich den Schrieb in der Tat schon verbrannt, Herr Pastor Wölm«, meinte sie hochmütig.

»Diese Bemerkung werden Sie ja wohl beichten müssen, stimmt's, Schwester? Und Ihren unverschämten Hochmut auch.«

Schwester Maria nickte leicht und reichte ihm die aufgeklebten Druckfahnen seines Aufsatzes.

Über den Rand der Blätter hinweg entdeckte Pastor Wölm Ajax.

»Niedlicher Dackel, noch nicht ganz dicht, was?«

»Unser Herr Dechant wird ihn schon erziehen«, erwiderte sie und kraulte das schnarchende Hundekind hinter den Ohren.

Doch ganz so friedlich und still blieb es nicht im Büro der Gemeindeschwester. Da beide vorhatten zu streiten, beschlossen sie erst einmal, sich mit Schwester Marias selbst aufgesetztem Johannisbeerschnaps ein wenig Durchschlagskraft anzutrinken.

Ajax, der die veränderte Stimmung spürte, erwachte und versteckte sich in einer Ecke hinter Schwester Marias Turnschuhen und Bergen von zerknülltem Schreibpapier.

»Ich schätze und mag Dechant Strathmann sehr«, ereiferte sich Pastor Wölm. »Das wissen Sie. Aber in meinem Schreiben muß deutlich werden, daß ich den höheren Vertretern Ihrer Amtskirche mit äußerster Zurückhaltung gegenüberstehe.«

»Sie beleidigen meine Kirche!« brauste Schwester Maria auf und nahm einen kräftigen Schluck aus ihrem Schnapsglas.

Auch Pastor Wölm nahm einen kräftigen Schluck.

»Wenn ich meine Aufsätze so wischi-waschi abfasse, dann kann ich ja gleich zum Katholizismus übertreten.«

Schwester Maria füllte aufreizend ruhig ihr leer getrunkenes Glas und lächelte gefährlich.

»Zur katholischen Kirche kann man nicht übertreten, Pastor, sondern nur heimkehren.«

Nun wurde Pastor Wölm wütend.

Er sprang auf und zerknüllte ein Stück Papier.

»Meine liebe Schwester Maria, so können wir nicht zusammenarbeiten. So nicht!«

Schwester Maria war ebenfalls aufgesprungen. Sie hatte auch schon eine herausfordernde Erwiderung auf den Lippen, aber da ging die Tür auf – und die Generaloberin, gefolgt von der Prokuratorin betraten ohne Anklopfen das Büro.

Was sie zu sehen bekamen, machte sie im ersten Augenblick sprachlos. Feuchtes Zeitungspapier auf dem Boden, ein verängstigter Dackel, der in einer Ecke des Zimmers kauerte, Schwester Maria mit dem Schnapsglas und der Schnapsflasche in der Hand und am zerwühlten Schreibtisch ein in seiner sportlichen

Kleidung höchst ansehnlicher evangelischer Pastor, der ebenfalls ein Schnapsglas in der Hand hielt, und noch dazu ein ziemlich großes.

Schwester Maria erstarrte vor Entsetzen, während Pastor Wölm die beiden Ordensfrauen nur leicht verwundert anblickte.

Endlich ließ Schwester Maria Glas und Flasche sinken, stellte beides auf den Schreibtisch und ging auf die Generaloberin zu.

»Ehrwürdige Mutter«, murmelte sie.

»Meine Tochter, gepriesen sei unser Herr Jesus Christus.«

»In Ewigkeit, amen.«

»Und Sie«, wandte sich die hohe Ordensfrau an Pastor Wölm, »sind sicher dieser tatkräftige Sarwatzki, der mit Autos so gut Bescheid weiß und von dem mir Schwester Maria so viel Gutes erzählt hat.«

Pastor Wölm streckte ihr freundlich die Hand entgegen. »Nein, ich bin Pastor Wölm von der Paul-Gerhard-Gemeinde. Herzlich willkommen.«

Die Prokuratorin funkelte Schwester Maria an, während diese im Geiste ihren Herrgott, seinen Sohn, den Heiligen Geist und die Jungfrau Maria gleichzeitig um Hilfe anflehte.

Die Generaloberin war leicht überrascht. Sie musterte den Pastor und stellte sich nun ihrerseits vor.

»Ich weiß, wer Sie sind«, unterbrach sie Pastor Wölm.

»Schwester Maria und ich arbeiten an der Festschrift für Dechant Strathmann.«

Die Generaloberin nickte sanft, während ihr Blick über das Papierdurcheinander auf Schreibtisch und Fußboden schweifte.

»Vertreten Schwester Maria und Sie dabei unterschiedliche Meinungen? Ich meine, wenn ich mir das so ansehe, wäre wohl ›Papierkrieg‹ eine geeignete Umschreibung für diesen Zustand hier.«

Schwester Maria nickte kampfeslustig.

»Bei normalen Streitereien einigen wir uns immer gütlich, Schwester«, lenkte Pastor Wölm ein.

Nun wandte sich die Generaloberin an Schwester Maria. »Begib dich bitte mit der Schwester Prokuratorin in deine Kammer. Sie hat dir noch einige wichtige Obliegenheiten mitzuteilen.«

Als die Prokuratorin wie eine weibliche Kriminalbeamtin die Tür aufriß, fing Ajax vor Schreck an, jämmerlich zu fiepen. Die Generaloberin überhörte es. Sie schaute Pastor Wölm an.

»Seit dem Westfälischen Frieden 1648 zu Münster ist es zwischen den Katholiken und Protestanten, von einigen Ausnahmen abgesehen, ziemlich ruhig geblieben, Herr Pastor.«

Pastor Wölm stimmte ihr zu.

»Die Pfarrei St. Katharina und meine Paul-Gerhard-Gemeinde leben friedlich miteinander, nicht gegeneinander. Schwester Maria und ich spielen uns gelegentlich die Bälle zu.«

»Leider habe ich auch Kenntnis davon, daß das gute Verhältnis, das Sie zu Schwester Maria haben, auf Verständnislosigkeit und Unwillen stößt.«

Pastor Wölms Gesicht verdüsterte sich. »Mit anderen Worten, man hat Schwester Maria bei Ihnen angeschwärzt«.

»Ich darf es nicht dulden, daß sich Unruhe in einer Gemeinde ausbreitet, die durch eine meiner Mitschwestern ausgelöst wird, und seien die Vorwürfe auch noch so an den Haaren herbeigezogen.«

»Sie sind nicht nur an den Haaren herbeigezogen«, schimpfte Pastor Wölm aufgebracht, »sondern sie sind einfach eine Frechheit.«

»Es geht hier nicht nur um die schlichte Wahrheit, sondern um das Seelenheil von Schwester Maria.«

Pastor Wölm schaute die Ordensfrau ernst an.

»Die Glaubensstärke, die Unerbittlichkeit und Aufopferung, mit der Schwester Maria ihre Pflichten erfüllt, wünschte ich mir manchmal selber!«

Die Generaloberin ging nun zum Schreibtisch und las durch ihre randlose Brille die zuoberst aufliegende Manuskriptseite.

»Ist dieser angestrichene Satz in Ihrem Artikel der Anlaß für Ihre religiöse Auseinandersetzung?«

Pastor Wölm schaute der Generaloberin über die Schulter. »Ja«, erwiderte er standhaft, »und ich streiche kein Wort.«

Die Generaloberin blickte Pastor Wölm von der Seite an, und durch die Brillengläser sah es so aus, als würde sie fürchterlich mit den Augen funkeln.

Am Tag darauf machten sich die drei Nonnen auf den Weg zu Herrn Gnecko, denn außer dem gottgefälligen Lebenswandel ihrer Tochter lag ihnen ja auch noch das Dienstjubiläum am Herzen.

Kerzengerade saßen sie vor dem Schreibtisch des Postkartenfabrikanten und besprachen mit ihm den Wölmschen Aufsatz.

»Mir sind Ihre Angelegenheiten im großen und ganzen egal«, meinte Herr Gnecko ehrlich, aber nicht gerade verbindlich.

»Ich sage das in aller Offenheit, Ehrwürdige Mutter, aber dieser Artikel von Pastor Wölm ist abschnittsweise eine Frechheit.«

Begütigend hob die Generaloberin die Hand.

»Der Artikel gibt lediglich die Überzeugung des Verfassers zum Ausdruck, und ich denke, man muß lernen, Überzeugungen Andersdenkender zu achten und als eigenständige Meinung zu tolerieren.«

Herr Gnecko teilte diese Anschauung ganz und gar nicht.

Finster wiegte er den Kopf, nahm ein Foto hoch und hielt es den drei Ordensfrauen entgegen.

»Und für dieses Foto eines Heiligen haben Sie sich also entschieden?« fragte er die drei Damen tonlos.

Dann drehte er das Foto noch einmal um und betrachtete den nach oben blickenden Dechanten, der – wie bereits erwähnt – nur einer Katze hinterher schaute und keineswegs die Zehn Gebote aus den Händen des Herrn empfing.

»So fromm hab' ich den noch nie gesehen«, meinte Herr Gnecko leicht verwirrt.

Erst als Schwester Maria erwähnte, daß es ein Foto seines Sohnes Markus sei, betrachtete er es liebevoll mit den Augen eines Vaters.

»Ein begabter Fotograf, nicht wahr?«

Damit schien zunächst einmal das Eis gebrochen zu sein.

Endlich war es soweit. Im katholischen Gemeindezentrum St. Katharina wehten die Flaggen. Um die Kirche herum standen Blumenkübel. Die Glocken läuteten den Festtagsgottesdienst für Dechant Strathmann ein.

Mehr Gläubige als sonst hatten sich eingefunden, darunter auch Markus und Julia und neben der vor Rührung schluchzenden Frau Hagenkötter die schöne, elegante Frau Gnecko.

Ihr geschiedener Mann jedoch hatte nicht über seinen Schatten springen können. Mit dem Dackel Ajax an der Leine, der nach allen Richtungen zerrte und zog, stand er unschlüssig am Zufahrtsweg zur Kirche. Als einer der letzten fand sich auch Pastor Wölm ein. Diesmal als Amtsperson und deshalb in seinen Talar gekleidet. Freundlich sprach er Herrn Gnecko an.

»Kommen Sie mit in die Messe?«

Herr Gnecko deutete auf Ajax. »Tut mir leid, aber ich muß auf den Hund aufpassen.«

»Ach was, Herr Gnecko«, lachte Pastor Wölm. »Hineingehen wollen Sie nicht, aber dabeisein wollen Sie doch.«

Er winkte ihm kurz zum Abschied zu und eilte weiter, denn es war schon spät.

Der Weihbischof begann bereits, feierlich die Messe zu lesen.

Es wurde eine eindrucksvolle Feier. Dechant Strathmann saß auf einem Ehrenstuhl. In der ersten Reihe hatten Priester und evangelische Pastoren Platz genommen und selbstverständlich auch die drei Ordensfrauen. Die Generaloberin legte sanft ihre rechte Hand auf die Linke von Schwester Maria und nickte ihr unmerklich zu. Schwester Maria lächelte glücklich, weil sie sich von der Ehrwürdigen Mutter in ihrer Gemeindearbeit bestätigt fühlte.

Kaplan Kümmerling spielte wie immer meisterhaft und nahezu göttlich die Orgel, was laut und deutlich nach außen drang, wo Herr Gnecko aufmerksam lauschte.

Etwas mühsam und leicht störend für den stilvollen Ablauf der Messe wurde es erst, als Frau Weber mit verstärktem Quetschsopran das Ave Maria sang, was die Stimmung fast umbrachte.

»Sie ist also jene Frau Weber«, flüsterte die Generaloberin Schwester Maria zu, und ihre Miene verriet deutlich, daß ihr diese Art von Kunstgesang ganz und gar nicht gefiel.

»Du hast doch auch eine schöne Singstimme, meine

Tochter«, flüsterte sie noch einmal, aber schon etwas lauter und etwas unwilliger.

Am meisten aber litten Kaplan Kümmerling und sein musikalisches Sendungsbewußtsein. Mit verbissenem Gesicht begleitete er die nervtötende Stimme, die mit jedem Ton das Ave Maria rücksichtslos zerstückelte.

Endlich aber schwoll ihm die Wut bis an den Kehlkopf. Der Organist in ihm siegte über den Seelsorger, und wild entschlossen zog er mächtige Register und brauste mit wahrhaft stürmischen Orgelklängen wie eine aufgewühlte Meereswoge über Frau Webers Stimme hinweg, so daß sie, wenn auch nicht sanglos, so doch völlig klanglos unterging.

Ein Raunen und Aufatmen ging durch die Reihen, und für diesen Augenblick hieß der Held des Tages Kaplan Kümmerling.

Später, als der Gottesdienst zu Ende war und die Gemeinde ihre Kirche verlassen hatte, wandte sich der Weihbischof seinem alten Freund Dechant Strathmann zu.

»Das war auch für mich ein sehr schöner Tag, mein Freund.«

»Danken wir doch unserem Herrgott, daß wir diesen Tag erleben durften«, entgegnete Dechant Strathmann gut gelaunt und paffte voller Genuß an seiner Zigarre, die er sich heute zu seinem Ehrentag in aller Öffentlichkeit gönnte.

»Und rauch nicht soviel«, ermahnte der Bischof ihn.

Dechant Strathmann lachte.

»Und du, arbeite nicht soviel.«

»Du warst als Student schon fleißiger als ich«, erinnerte sich der Weihbischof.

»Ohne deine Hilfe hätte ich nie das Hebraicum geschafft, und was wäre dann aus mir geworden?«

Kaplan Kümmerling grüßte schüchtern und wollte

sich rasch an der Gruppe vorbeidrücken. Doch der Bischof hielt ihn an und gab ihm die Hand. »Danke, mein Sohn«, sagte er freundlich.

Dann wandte er sich an Schwester Maria, die mit Pastor Wölm ganz in der Nähe stand.

»So eine schöne Festschrift hatte ich nicht zu meinem Priesterjubiläum, Schwester Maria«, flüsterte er ihr freundlich zu und wandte sich dann an Pastor Wölm.

»Sehr einfallsreich, Herr Pastor. Wirklich sehr einfallsreich.«

Plötzlich hatte Schwester Maria ein schelmisches Blitzen in den Augen.

»Im nächsten Jahr ist Pastor Wölm zehn Jahre lang Pastor.«

Der Weihbischof rieb sich vergnügt die Hände.

»Hoffentlich schreiben dann Sie einen Artikel. Ich erteile Ihnen jetzt schon Dispens.«

»Auch meine Vergebung«, mischte sich die Generaloberin ein, »ist Ihnen gewiß, meine Tochter.«

Schwester Maria lächelte fein.

Zögernd näherte sich jetzt auch Herr Gnecko mit dem Hündchen an der Leine. Langen Schrittes eilte Kaplan Kümmerling zu ihm hin, nahm den kleinen Dackel ängstlich auf den Arm und überreichte ihn dem Jubilar. »Unser Geschenk, Herr Dechant. Ajax von ... äh, ach, Schwester Maria, Ajax von was?«

»Von irgendwas, völlig egal«, winkte Schwester Maria ab und deutete auf Dechant Strathmann, der bereits selig mit dem kleinen Hundekind auf dem Arm in der Hundekindsprache zu reden begann.

Dann wandte sich Dechant Strathmann an Schwester Maria.

»Dieser kleine Kerl heißt Ajax? Warum das denn, muß das sein?«

»Nein, das steht nur im Stammbaum, Herr Dechant«, erklärte Schwester Maria.

Dann schaute Dechant Strathmann Ajax tief in die Augen.

»Warum eigentlich nicht Ajax?« murmelte er. »Also, Ajax.«

Und dann fügte er stolz hinzu: »Dich mach' ich scharf wie eine Rasierklinge.«

Jetzt drängten sich auch Frau Weber und ihre beiden Freundinnen zum Dechanten, um ihm mit einem angedeuteten Hofknicks zu gratulieren.

Die Generaloberin legte eine Hand auf Schwester Marias Schulter und zog sie fort.

»Ich muß gleich zurückreisen, meine Tochter. Gehen wir zu dir.«

»Ehrwürdige Mutter, wir sind aber noch ins Pfarrhaus geladen. Frau Hagenkötter hat ein Festmahl zu Ehren Dechant Strathmanns gekocht.«

Doch die Generaloberin gab nicht nach.

»Ich habe nur noch Zeit auf einen Cappuccino und einen kleinen Johannisbeerlikör. Du darfst dann später feiern.«

Fest hakte sie sich bei Schwester Maria ein, und so gingen beide auf das Gartenhäuschen zu, während Frau Prokuratorin gehorsam hinterher trippelte.

»Ich weiß«, nahm die Generaloberin das Gespräch auf, »daß du den gebotenen Abstand zu Pastor Wölm einhältst, meine Tochter. Aber du solltest bei ihm aus gegebenem Anlaß darauf hinweisen, daß der Ehestand ihm und seiner Arbeit das Leben ziemlich erleichtern würde.«

Schwester Maria nickte eifrig.

»Das tu' ich ja schon die ganze Zeit, Ehrwürdige Mutter, immer wieder.«

Die Generaloberin lächelte Schwester Maria mütterlich zu.

»Du mußt hier auf deinem Posten bleiben, Gottes Kinder brauchen dich.«

In diesem Augenblick kam Frau Gnecko in einem offenen kleinen Sportwagen vorbei. Sie fuhr sehr langsam und nickte Schwester Maria freundlich zu.

»Das war die geschiedene Frau von Herrn Gnecko«, erklärte Schwester Maria der Generaloberin.

»Ich habe sie heute zum erstenmal in der Messe gesehen. Ich fürchte, sie wollte nur ihren Sohn treffen.«

»Aber ich habe das Foto dieser Frau auch auf dem Schreibtisch ihres geschiedenen Mannes gesehen, meine Tochter.«

Schwester Maria blieb einen Augenblick stehen.

»In dieser Richtung habe auch ich schon Überlegungen angestellt, Ehrwürdige Mutter, aber auf dem geraden Weg werde ich da nicht zum Erfolg kommen.«

Die Generaloberin bekreuzigte sich vorsichtshalber.

»Nimm eine Umleitung, wie schon so oft«, riet sie ihr.

Schwester Maria verstand, und beide gingen einträchtig nebeneinander weiter.

und in St. Katharina war der Alltag wieder eingekehrt.

Die Arbeitstage von Schwester Maria begannen früh am Morgen und endeten meist spät in der Nacht, denn es hatte sich in der Gemeinde herumgesprochen, daß jeder mit seinen Sorgen zu ihr kommen konnte. Heute abend war es wieder einmal Markus, der einen Rat brauchte, allerdings nicht wegen einer physikalischen Schulaufgabe.

Julia saß draußen in ihrem Cabriolet und drückte gereizt eine Zigarette nach der anderen im Aschenbecher aus. Zwischendurch warf sie immer wieder einen ungeduldigen Blick zu den erleuchteten Fenstern des Gartenhäuschens hinüber.

Schwester Maria lief in ihrem Büro auf und ab, wie immer, wenn sie sich einer schwierigen Sache gegenübergestellt sah.

»Daß es Ärzte und jede Apotheke für einen solchen Test gibt, muß ich dir wohl nicht sagen, Markus. Hat Julia diesen Test schon gemacht?«

»Nein«, erwiderte Markus. »Aber Sie haben mich nicht richtig verstanden, glaube ich.«

Schwester Maria blieb stehen.

»Nein, habe ich in der Tat nicht, das ist wahr. Aber was erwartest du eigentlich von mir? Eine Standpauke, daß ich den vorehelichen Geschlechtsverkehr ablehne, oder was? Das ist doch völlig unsinnig. Ich bin doch nicht von gestern. Was willst du eigentlich? Dich mit mir aussprechen oder mit mir streiten?«

Markus blitzte sie an.

»Streiten«, sagte er herausfordernd.

»Der Papst lehnt doch die Pille ab, oder nicht? Sie und Ihre Kirche sind völlig veraltet.«

»Zunächst ist das auch deine Kirche, zu der du dich bekennst, und daß Kinder auf die Welt kommen, ohne daß die Eltern verheiratet sind, ist weder für den Papst noch für mich eine Sünde und schon gar nicht eine Katastrophe.«

»Aber Julia will das Kind nicht«, sagte Markus leise.

Schwester Maria trat ans Fenster und schaute nach draußen.

»Das allerdings ist ein Unglück und eine Todsünde an dem Kind.«

»Und mein Vater«, fuhr Markus fort, »will es auch nicht.«

Schwester Maria drehte sich wieder um. »Und was willst du?«

»Ich weiß es nicht, Schwester.«

»Es mag jetzt hart klingen, Markus. Aber geh jetzt und werde dir bitte darüber klar, was du eigentlich willst. Das ist das Wichtigste. Für mich ist es ziemlich schwierig zu helfen. Ich bin meinem Glauben und meinem Gelübde verpflichtet, und besonders auch meiner Überzeugung.«

Markus stand auf. »Und das heißt?«

»Ganz einfach, Markus: Ich bin für das Kind.«

Ziemlich niedergeschlagen und ratloser als vorher verließ Markus das Büro von Schwester Maria, ließ sich auf den Beifahrersitz des Cabriolets fallen und schaute Julia verzweifelt an.

Schwester Maria blickte zum Kruzifix.

»Ich fühle, daß ich recht habe«, flüsterte sie, »aber ich weiß nicht, ob ich's richtig angefangen habe.«

Weitere Überlegungen konnte sie an diesem späten Abend nicht mehr anstellen, weil schon wieder das Telefon klingelte. Es war Frau Hagenkötter.

»Schwester Maria«, bat sie angstvoll und völlig aufgeregt. »Bitte kommen Sie, ich mache mir um Dechant Strathmanns Blutdruck große Sorgen.«

Ihr Hilferuf war weiß Gott nicht unberechtigt, denn Dechant Strathmann und Herr Sarwatzki bemühten sich soeben, Kaplan Kümmerling Skat beizubringen, und diese Bemühungen nahmen bedenkliche Züge an.

»Hören Sie, Kümmerling, das Rote, Runde hier, das ist Herz! Und das Eckige da, das ist Karo! Das schwarze Kreuz ist Kreuz, und das umgedrehte schwarze Herz mit dem Trichter, das ist Pik!« rief Dechant Strathmann außer sich und tippte aufgeregt mit dem Zeigefinger auf die vier Karten.

»Ich kenne die Karten durchaus, Herr Dechant«, wehrte sich Kaplan Kümmerling ziemlich gekränkt.

»So, kennen Sie, na, das ist ja wunderbar«, rief

Dechant Strathmann erregter und lauter, schaute ihm in die Karten und gab weitere Anweisungen.

»Kümmerling, mit dem Blatt reizen Sie Bock, und ich biete Re. Sagen Sie, was haben Sie während der Studienzeit eigentlich gemacht?«

»Studiert, Herr Dechant«, entgegnete der Kaplan kleinlaut und nahm beleidigt einen kleinen Schluck Mineralwasser zu sich.

Daraufhin nahm Herr Sarwatzki einen großen Schluck Bier, denn der Anblick des Wasser trinkenden Kaplans beklemmte ihn etwas, und außerdem wollte er seinen Ärger hinunterspülen.

»Ja bitte, Schwester, kommen Sie so schnell wie möglich«, flüsterte Frau Hagenkötter eindringlich ins Telefon, »sonst geschieht noch ein Unglück.« Dann legte sie den Hörer auf die Gabel, die Hand auf ihr Herz und atmete tief durch. Langsam wurde sie wieder etwas ruhiger.

Eine Viertelstunde später bestand die Skatrunde aus Dechant Strathmann, Herrn Sarwatzki und Schwester Maria. Kaplan Kümmerling saß etwas abseits. »Na, hoffentlich können Sie wenigstens mischen, Schwester«, bemerkte Dechant Strathmann laut vernehmlich mit einem wilden Seitenblick auf den armen Kümmerling.

Schwester Maria konnte es. Flink wie ein knochenharter Gewohnheitszocker nahm sie die Karten ordnend in die Hand, ließ sie klackernd aufspringen und lautlos ineinandergleiten, so daß es den Herren – und sogar Frau Hagenkötter – restlos den Atem verschlug.

Schwester Maria schaute geradezu rührend unschuldig in die Runde, teilte dann aus und ermahnte ihre Mitspieler, nicht auf irgendwelche trickreichen Kunststückchen zurückzugreifen, wenn das Blatt zu wünschen übrig ließ.

So versprachen die beiden Herren wortlos, nicht zu

schummeln, denn eine gewisse Vorsicht und auch Hochachtung vor Marias gefährlich gekonnter Art, mit Karten umzugehen, hatten sie etwas ruhiger gestimmt.

Es wurde eine lange, lange Nacht im Pfarrhaus, in der nur Kaplan Kümmerling gelegentlich vor die Tür trat, um Dackelkind Ajax Gelegenheit zu geben, sein kleines Bein zu heben.

Eine lange Nacht wurde es auch für Markus und Julia, die vor dem Gneckoschen Anwesen im Auto sitzenblieben und miteinander sprachen. Irgendwann stiegen sie aus und gingen ein paar Schritte durch die Nacht.

Plötzlich nahm Markus seine Freundin in die Arme.

»Es ist doch eigentlich wahnsinnig, daß ich nicht vor meinen Vater hintreten und sagen kann: Vater, ich liebe Julia, und sie bekommt ein Kind von mir!«

»Bitte tu das nicht, Markus«, sagte Julia leise.

Markus griff sich an den Kopf. »Nur weil mein alter Herr seit sieben Jahren seine Lieferwagen nicht mehr bei euch bestellt und reparieren läßt? Er hat Sarwatzki als Monteur, das muß dein Vater verstehen.«

»Seit acht Jahren«, verbesserte ihn Julia. »Ich höre mir das ja jeden Tag zu Hause an.«

Markus strich ihr zärtlich über das Haar. »Aber wir lieben uns doch.«

Julia nahm seine Hand. »Ja, Markus, wir lieben uns wirklich. Aber unsere beiden Väter haben doch den Knall im Kopf.«

»Mein Vater ist wirklich mit jedem verfeindet, sogar mit meiner Mutter.«

»Und du, Markus? Wie oft siehst du deine Mutter?« fragte Julia.

»Zweimal in der Woche, aber wir wissen nie, was wir

miteinander reden sollen, weil ich es immer vermeide, meine Mutter zu fragen, warum sie weggegangen ist. Sie möchte diese Frage nicht beantworten, weißt du.«

Langsam schlenderten sie auf das Gartentor zu.

»Sie hat uns verlassen, da war ich acht Jahre alt.«

Julia blieb stehen. »Und du hast immer nur Schlechtes über sie gehört?«

»Nein, zunächst habe ich überhaupt nichts gehört von ihr, und dann nur irgendwelche Bemerkungen.«

Julia schüttelte den Kopf. »Und von dir soll ich ein Kind bekommen? Nein, lieber nicht. Du hast nämlich einen Tick, und deswegen rennst du dauernd zu dieser Schwester Maria wie zu einer . . . ja, wie zu einer Mutter.«

»Laß nur, Schwester Maria ist ganz in Ordnung.«

»Vielleicht ist aber deine Mutter auch ganz in Ordnung. Und jetzt lauf lieber zu Papa, bevor er uns sieht. Wiedersehen und bis bald.«

Sie gab ihm einen flüchtigen Kuß auf den Mund und lief zurück zu ihrem Wagen.

Unschlüssig blieb Markus stehen, bis das Auto davongebraust war und er die Rücklichter nicht mehr sehen konnte. Nachdenklich, aber auch zutiefst verunsichert, ging er nach Hause.

Trotz der langen Skatnacht war Schwester Maria am nächsten Tag schon in aller Herrgottsfrühe wieder auf den Beinen.

Zunächst mußte Herr Sarwatzki zu Herrn Latske gebracht werden, damit er dort die klemmende Terrassentür abhobeln konnte.

»Sie haben uns ganz schön schwer über den Tisch gezogen gestern abend«, sagte Herr Sarwatzki, der mit seinem Werkzeugkasten neben ihr im Auto saß.

»Sie schulden mir übrigens noch 3 Mark 23«, erinnerte Schwester Maria ihn, »aber ich erlass' Ihnen Ihre Schuld. Sie können Sie bei mir abarbeiten.«

Herr Sarwatzki lachte. »Sie sind gut. Für 3 Mark 23 öle ich doch nicht mal ein Gartentor. Außerdem frage ich mich manchmal, Schwester, wann ich eigentlich zu meiner eigenen häuslichen Pflicht komme.«

Das überhörte Schwester Maria lieber und lenkte ihre Aufmerksamkeit ausschließlich und geflissentlich auf den Straßenverkehr.

Fröhlich empfing Herr Latske seine beiden hilfreichen Geister. »Wie schön, daß Sie gekommen sind, aber die Tür klemmt jetzt schon viel weniger.«

Herr Sarwatzki schaute Schwester Maria siegesbewußt an. »Sehen Sie, wenn ich jetzt anfange zu hobeln, dann wird es im Winter durch die Ritzen ziehen.«

»Wissen Sie was, wir können alles in Ruhe besprechen«, schlug Herr Latske vor. »Ich habe uns schon einen Kaffee gekocht.«

»Ich möchte aber lieber ein Bier«, brummte Herr Sarwatzki.

»Das geht in Ordnung. Ich habe einen ganzen Kasten versteckt. Aber das darf dieser Pinguin, Schwester Maria, nicht wissen, wegen meines Herzens.«

Herr Sarwatzki schaute ihn streng an. »Schwester Maria ist kein Pinguin. Schwester Maria ist Ihr Schutzengel. Prost!«

Während Sarwatzki sich nun doch mit dem Hobel an der Tür zu schaffen machte und Schwester Maria auf der Terrasse stand und Kaffee trank, beobachtete sie jemand vom Kirchturm aus mit dem Feldstecher.

Dechant Strathmann, der im Schutz der Höhe seine verbotene Zigarre schmauchte, hätte den beiden gerne zugewinkt, doch dafür war die Entfernung zu groß.

Als er Schritte auf der Turmtreppe hörte, erschrak er

und versteckte gewohnheitsgemäß mit schlechtem Gewissen seine Zigarre hinter dem Rücken.

Doch das wäre gar nicht nötig gewesen, denn es war der gute Kaplan Kümmerling, der heraufgepoltert kam, um seinem lieben Dechanten einen Liegestuhl auf den Glockenturm zu bringen.

Völlig außer Atem legte er ihn vor seinem Herrn ab.

»Herr Dechant, ich kann zwar nicht Skat spielen«, keuchte er, »aber etwas leichter möchte ich Ihnen Ihre Arbeit und Ihr Leben schon machen.«

Und dann bemühte er sich sogar, den Liegestuhl aufzustellen, was ihm jedoch nicht gelang.

»Herr Kaplan, Sie sind wirklich sehr, sehr nett«, sagte Dechant Strathmann gerührt, »aber das wäre doch wirklich nicht nötig gewesen.«

Und nun gingen die beiden Geistlichen gemeinsam daran, den Sonnenstuhl auseinanderzuklappen. Nach langem Hin und Her war das Unternehmen endlich geschafft.

»So, das hätten wir. Ach, Kümmerling, holen Sie sich doch auch einen Stuhl herauf«, schlug der Dechant vor. »Wir haben jetzt ein bißchen Freizeit.«

»Wie meinen Sie? Noch einmal all die Treppen rauf und runter?«

»Na klar, Sie sind doch ein junger Mann.«

Kaplan Kümmerling war nicht sehr begeistert von diesem Vorschlag. Er druckste etwas herum, dann schaute er vorsichtig über die Brüstung, und man konnte ihm ansehen, daß er etwas auf dem Herzen hatte. Seufzend begann er endlich zu sprechen.

»Herr Dechant, Sie wissen, ich bin alles andere als neugierig, aber mir ist zu Ohren gekommen, daß Frau Weber für sich und ihre Freundinnen Medikamente in der Löwen-Apotheke abgeholt hat, und dabei will sie beobachtet und gehört haben, wie Julia Krüger in der

Löwen-Apotheke einen Schwangerschaftstest habe machen lassen.«

»Wie bitte, was sagen Sie da?« Dechant Strathmann richtete sich ächzend in seinem Liegestuhl auf, in dem er es sich gerade bequem gemacht hatte. »Einen Schwangerschaftstest?«

Vor lauter Aufregung fiel ihm die Asche seiner Zigarre auf den schwarzen Anzug.

»Ach, um Himmels willen, das darf doch nicht wahr sein!«

Und mit fuchtelnden Armbewegungen befreite er sich wieder aus dem liebevoll hochgeschleppten Sonnenstuhl. Jetzt konnte er auch nicht mehr ruhig dasitzen.

Gegen Mittag saß Schwester Maria schon wieder in ihrem Büro, um die dringendste Post zu erledigen. Da klopfte es an die Tür, und zu ihrer Überraschung trat Julia Krüger ein. Sie grüßte kurz und legte einen Zettel auf Schwester Marias Schreibtisch.

»Ich habe Ihnen da eine Adresse aufgeschrieben, Schwester.«

Und schon war sie wieder draußen.

Verblüfft nahm Schwester Maria den Zettel hoch und las »Sibylle Gnecko«.

Natürlich war ihr sofort klar, wie der Auftrag lautete: Sie sollte Frau Gnecko aufsuchen.

Da Frau Hagenkötter früher einmal bei den Gneckos gearbeitet hatte, beschloß sie, diese um Rat zu fragen.

Frau Hagenkötter traf fast der Schlag.

»Was wollen Sie?« fragte sie entsetzt. »Sie wollen zu dieser Adresse gehen? Ich bitte Sie inständigst, das sein zu lassen, zu dieser Adresse geht man nicht. Weder als Haushälterin eines katholischen Dechanten noch als Ordensschwester.«

Schwester Maria zog etwas verwirrt die Augenbrauen hoch. Sie wußte nicht genau, was sie von diesen düsteren Andeutungen halten sollte, aber dennoch war sie mehr denn je entschlossen, ihren Plan auszuführen.

Sie verabschiedete sich von Frau Hagenkötter und ging dann zu ihrem Auto, um in die Stadt zu fahren.

Doch zu ihrem Entsetzen hatte sich schon wieder Herr Sarwatzki darüber hergemacht, um irgend etwas ein- oder auszubauen. Kräftig schlug sie mit der Hand auf das Autodach.

»Was machen Sie denn da schon wieder an meinem Wagen? Es ist doch alles in Ordnung. Er läuft wie eine Eins. Ich brauche das Auto jetzt dringend, Herr Sarwatzki.«

Herr Sarwatzki steckte seinen Kopf ein wenig zwischen den Rädern hervor und winkte mit dem Schraubenschlüssel.

»Ich hatte heute eine Eingebung, Schwester, und da konnte ich nicht widerstehen, das muß gemacht werden, wenn Sie wissen, was ich meine.«

»Nein«, zischte Schwester Maria ziemlich wütend.

»Aber Sie können ja in der Zwischenzeit mein Fahrrad haben«, lachte er freundlich und verschwand wieder unter dem Fahrzeug.

»Das ist ja wohl echt der Gipfel!« zischte Schwester Maria, »als ob Sie nichts anderes zu tun hätten! Sie wollten doch nach der Arbeit auf unserem Acker sein und mit den Kindern Elfmeter üben!«

Sarwatzki erwiderte nichts. Man durfte Frauen im Zorn nicht unterbrechen, wußte er aus Erfahrung, und so winkte er nur noch einmal mit seiner völlig ölverschmierten Hand und bastelte ungerührt weiter.

Schwester Maria stürmte davon in Richtung Bushaltestelle. Dort stand auch schon der richtige, nur fuhr er ihr direkt vor der Nase davon. Schwester Maria schlug ein demütiges Kreuz, um sich nicht völlig zu vergessen. Sie war außer sich. Das waren die Dinge des Lebens, die man genauso gebrauchen konnte wie einen rostigen Nagel im Kopf.

Um ihren geballten Ärger loszuwerden, sammelte sie das Papier auf, das auf der Straße lag, und warf es in den Papierkorb.

»Sagen Sie bloß, Sie haben jetzt auch schon die städtische Straßenreinigung übernommen«, hörte sie eine bekannte Stimme rufen. Es war Pastor Wölm, der mit seinem Jeep neben ihr gehalten hatte.

»Der hat mir gerade noch gefehlt«, dachte Schwester Maria und richtete sich auf. Sie war nun schon etwas beruhigter.

»Bitte, ärgern Sie mich jetzt nicht, Siegfried. Mein Nervenkostüm ist heute ohnehin sehr dünn.«

Pastor Wölm öffnete die Wagentür und sprang heraus.

»Aber Schwester Maria«, beruhigte er sie, »Sie werden doch nicht die Nerven verlieren. Kann ich Ihnen irgendwie helfen?«

Schwester Maria nickte. »Müssen Sie vielleicht in die Innenstadt?«

Eigentlich mußte er nicht. Verstohlen schaute er auf seine Armbanduhr. »Das läßt sich einrichten«, sagte er schmunzelnd und öffnete ihr äußerst zuvorkommend die Wagentür.

»Wo darf ich Sie hinbringen, Schwester Maria?«

Statt einer Antwort klappte sie die Sonnenblende herunter und betrachtete sich im Spiegel.

»Siegfried, können Sie mir dreihundert Mark leihen, oder vierhundert?« fragte sie, ein bißchen peinlich berührt.

»Ich habe nämlich nur noch drei Mark achtzig in der Tasche.«

Pastor Wölm suchte in der Tasche seiner Lederjacke und brachte schließlich ein Bündel Geld zum Vorschein. Schwester Maria zählte nach.

»Dreihundertvierzig Mark«, sagte sie dankbar.

»Sie bekommen es morgen ganz sicher zurück.«

Dann versank sie in Schweigen, was Pastor Wölm zutiefst beunruhigte.

Im dichtesten Kurfürstendammverkehr bat sie ihn, anzuhalten. Behende stieg sie aus, winkte ihm kurz zu und überquerte dann eilig den Mittelstreifen, um schließlich in einer Boutique für Damenoberbekleidung zu verschwinden.

Kopfschüttelnd parkte Pastor Wölm seinen Jeep in einem der zuverlässigerweise freien Jahrhundertparkplätze, in den er im Grunde genommen überhaupt nicht hineinpaßte, und wartete.

Der Verkäuferin Monika fielen fast die Augen aus dem Kopf, als sie die Nonne sah, die sich offensichtlich modebewußt unter den Kleidern umschaute.

»Guten Tag«, sagte sie schließlich.

»Mein Chef ist nicht da. Also wenn Sie sammeln wollen, Schwester, müssen Sie später kommen, wenn er wieder da ist.«

Schwester Maria lächelte sie freundlich an. »Nein, ich möchte ein Kleid kaufen.«

»Ein Kleid?« wiederholte Monika, nun völlig verwirrt. »Und welche Größe sollte das sein?«

Schwester Maria schaute an sich herunter.

»Was habe ich für eine Größe?«

»Ich denke 38, aber . . . ganz ehrlich, Ehrwürdige Mutter, ich habe noch nie eine Nonne angezogen.«

»Das glaub' ich Ihnen aufs Wort«, lachte Schwester Maria, und Monika fühlte sich ziemlich unwohl.

»Haben Sie wegen der Länge besondere Wünsche?« fragte sie schüchtern.

Schwester Maria deutete auf Monikas Minirock. »Etwas länger vielleicht.«

Am Kleiderständer der Größe 38 entschied sie sich mit sicherem Griff für zwei hübsche Kleider und ein durchaus elegantes Kostüm.

»Die waren mal sündhaft teuer, aber ich denke, jetzt im Sonderangebot stimmt der Preis, Schwester«, erklärte Monika und führte die Nonne zögernd zur Umkleidekabine.

Während nun Schwester Maria hinter dem Vorhang ihre Verwandlung vorbereitete, winkte Monika aufgeregt eine Kollegin herbei, um mit dieser ihren Schock über die einkaufsbummelnde Nonne durchzuflüstern.

Und dann ging der Vorhang auf, und die beiden Verkäuferinnen hielten den Atem an.

Vor ihnen stand eine junge, anziehende, bildhübsche Frau.

Zunächst lächelte Schwester Maria etwas verlegen, doch sie wurde zunehmend selbstsicherer und vergnügt.

Ihr Habit und die Haube hatte sie sorgfältig zusammengelegt.

Monika nahm es ihr ehrfürchtig ab, um beides in eine Tragetüte zu packen.

»Sie sehen wirklich toll aus«, stotterte sie hingerissen. »Ich leihe Ihnen gerne noch meinen Lippenstift.«Sie holte schnell ihre Tasche, doch die Farbe des Lippenstiftes, meinte Schwester Maria nach eingehender Prüfung, passe nicht so recht zu ihrem Teint.

»Trotzdem, herzlichen Dank«, sagte sie freundlich und verließ den Laden guter Dinge.

Pastor Wölm, der es hinter seinem Steuer nicht ausgehalten hatte, war unruhig neben seinem Wagen hin und her gegangen. Er hatte den Ausgang der Boutique fest im Auge behalten. Als Schwester Maria nun plötzlich erschien, blieb er erstarrt stehen. »Du lieber Gott«, dachte er, »diese bildhübsche Person hat mit einer Nonne nicht mehr sehr viel zu tun.«

Hastig zog er den Zündschüssel aus dem Schloß und lief hinter ihr her. Als er sie erreicht hatte, erzählte sie ihm in aller Ruhe ihren Plan, der ihm aber offensichtlich nicht gefiel, denn er redete auf sie ein wie ein empörter General der Heilsarmee. Vor einem Hauseingang blieben sie stehen, um die Namen auf den Messingschildern zu lesen, und sie fanden, was sie suchten. Die »City-Pension Rita« im 3. Stock, hinter der Pastor Wölm so etwas wie ein Edelbordell vermutete. Zusammen mit zwei gutaussehenden jungen Frauen bestieg Schwester Maria den Lift, nachdem sie den besorgten Pastor abgeschüttelt und unten im Eingang als Wache eingesetzt hatte. Oben in einer sehr gut ausgestatteten Familienpension angekommen, begegnete Schwester Maria einem älteren Herrn, der eine Nelke im Knopfloch trug.

»Bitte schön, gnädige Frau«, sagte er und musterte sie eingehend, und ehe sie noch antworten konnte, fuhr er fort:

»Sie haben sich umsonst zu uns heraufbemüht, gnädige Frau, denn wir sind leider ausgebucht. Aber wenn Sie wollen, rufe ich gerne ein vergleichbares Unternehmen für Sie an.«

Schwester Maria, die nun doch etwas verunsichert war, lächelte hilflos.

»Verzeihen Sie bitte, ich suche kein Zimmer. Ich versuche, hier Frau Gnecko anzutreffen. Frau Gnecko arbeitet doch bei Ihnen, oder?«

»Selbstverständlich, Frau Gnecko ist bei uns tätig. Wenn Sie bitte einen Augenblick warten wollen. Wen darf ich melden?«

Schwester Maria erschrak. Was sollte sie nur sagen?

Blitzartig entschied sie sich für den Namen »Maria Pfeifer«. Der Herr nickte freundlich, entfernte sich und verschwand im Inneren der Familienpension.

Schwester Maria schaute sich um.

»Eigentlich«, dachte sie verwundert, »ist an der Einrichtung hier nichts Verdächtiges zu entdecken.«

Weder gab es anzügliche Gemälde an den Wänden, noch tanzten irgendwelche halbbekleideten Nymphen ihren Reigen, und die hübschen jungen Frauen waren modisch angezogen, aber nicht aufreißerisch, und sie spielten miteinander Mühle und Dame.

Frau Gnecko, wie immer eine elegante, damenhafte Erscheinung, betrat den Raum und blickte sich suchend um, denn sie erkannte die verwandelte Schwester zunächst überhaupt nicht.

Da streckte ihr Schwester Maria die Hand entgegen und stellte sich leise vor.

»Oh, Schwester Maria, ich habe Sie nicht sofort erkannt. Bitte verzeihen Sie mir. Sie sehen so völlig anders aus als sonst«, sagte Frau Gnecko freundlich und schaute sie lächelnd an.

»Aber kommen Sie, ich würde Sie gerne in mein Büro bitten, obwohl es da zur Zeit sehr ungemütlich ist, denn es wird gerade renoviert.«

Frau Gnecko öffnete die Tür und ließ Schwester Maria eintreten.

»Sie suchen mich wegen Markus auf, nicht wahr?«

Schwester Maria nickte und sah sich eingehend um. Die Umgebung bereitete ihr ziemliches Kopfzerbrechen, so daß sie nicht sofort zum eigentlichen Thema kommen konnte.

»Und die jungen Damen sind geschäftlich hier?« fragte sie, auf alles gefaßt.

Frau Gnecko schaute sie ziemlich verwundert an, und plötzlich ahnte sie, worauf diese Frage hinzielte.

»Schwester Maria, ich fürchte, Sie sind das Opfer eines Mißverständnisses, oder aber, was schlimmer wäre, Sie sind das Opfer geschmackloser Gerüchte geworden.«

Sie bat Schwester Maria, Platz zu nehmen, und setzte sich ihr gegenüber. »Wissen Sie, Schwester«, erklärte sie, »ich beherberge acht Repräsentantinnen eines Kosmetikunternehmens, das sich bemüht, bei uns seine Produkte auf den Markt zu bringen. Übrigens ein italienisches Unternehmen. Ich hoffe, daß ich damit das üble Mißverständnis beseitigt habe.«

Frau Gnecko lehnte sich in ihrem Bürosessel zurück und lächelte freundlich, als sie das bestürzte Gesicht von Schwester Maria sah. Um ihr die Möglichkeit zu geben, die Fassung wiederzugewinnen, fragte sie weiter: »Sie sind wegen Markus und vermutlich auch wegen meines Mannes gekommen, nicht wahr?«

In diesem Augenblick klopfte es, und eine Sekunde später stand Pastor Wölm in der Tür, zu Schwester Marias hellem Entsetzen. Mit einem beschwörenden Blick bedeutete sie ihm, sich umgehend zurückzuziehen, ohne sich auch nur in irgendeiner Weise zu erkennen zu geben.

Gott sei Dank verstand er einmal sofort und schloß die Tür mit einer gemurmelten Entschuldigung. Nun wußte Schwester Maria, daß sie keine Zeit mehr zu verlieren hatte. Sie nahm ihren ganzen Mut zusammen und platzte heraus:

»Frau Gnecko, bitte erschrecken Sie nicht, aber ich möchte, daß Sie Großmutter werden. Also ich meine ... kurzum, mit anderen Worten, Markus ist sich noch nicht im klaren, ob er Vater werden will.«

Frau Gnecko blieb ganz ruhig sitzen und schien nachzudenken. Dann runzelte sie die Stirn.

»Sind Sie verwirrt, Schwester Maria?« fragte sie besorgt.

Schwester Maria machte eine verzweifelte Geste mit den Händen. »Ja, ich finde heute einfach nicht die richtigen Worte. Lassen Sie es mich vielleicht so sagen. Wir sind im dritten Monat, das heißt, Julia, die Tochter des Autohändlers, und Ihr Mann, also Herr Gnecko – und der Vater von Julia . . .«

Frau Gnecko winkte müde ab.

»Ich kenne die Schwierigkeiten, die mein Mann mit seiner Umwelt hat, zur Genüge, das können Sie mir glauben.«

»Ich fürchte, nein«, erwiderte Schwester Maria. »Er ist nur unglücklich.«

»Wer ist schon glücklich? Ich bin auch nicht glücklich, Schwester.« Frau Gnecko schaute einen Augenblick nachdenklich zum Fenster hinaus.

Dann wandte sie sich wieder Schwester Maria zu.

»Nach all den Mißverständnissen verstehe ich langsam, was Sie meinen, Schwester. Um es einmal deutlich zu sagen, Sie sitzen als Ordensfrau mitten in der Tinte.«

Schwester Maria schaute sie fragend an. »Wie meinen Sie das?«

»Na ja, Markus weiß nicht genau, ob er Vater werden will oder nicht. Mein Mann will auf keinen Fall mit dem Autohändler in irgendeine Beziehung treten, und diese Julia möchte unter all diesen Umständen dieses Kind nicht haben. Aber ich frage Sie, was soll ich da tun? Ausgerechnet ich?«

Schwester Maria rückte unruhig auf ihrem Stuhl hin und her. Dann beugte sie sich aufgeregt vor. »Wie oft sehen Sie Markus eigentlich?«

»Wir treffen uns zweimal in der Woche. Ich liebe meinen Sohn.«

»Aber warum reden Sie dann nicht richtig mit ihm? Die Wahrheit müßte einfach einmal richtig ausgesprochen werden.«

Frau Gnecko schüttelte unwillig den Kopf. »Nein, mein Mann kann Markus besser versorgen, als ich es jemals könnte. Soll ich das in Frage stellen? Gerade jetzt.«

»Gerade jetzt«, sagte Schwester Maria laut und deutlich.

Frau Gnecko erhob sich, und auch Schwester Maria stand auf.

»Sie sollten Ihre ohnehin nicht übermäßig freundschaftlichen Beziehungen zu meinem Mann nicht aufs Spiel setzen, indem Sie sich nun auch noch in unsere Familienangelegenheiten mischen. Verzeihen Sie, daß ich das so deutlich sage. Oder hat Markus Sie geschickt?«

»Nein«, erwiderte Schwester Maria traurig. »Markus nicht. Und auch Ihr Mann nicht. Und ich bin für solche Dinge, wie es scheint, gar nicht geeignet. Ich muß mich bei Ihnen entschuldigen. Aber es war mir trotzdem sehr wichtig, daß ich gekommen bin. Es lag mir am Herzen.«

»Ja, das war es, Schwester, und ich danke Ihnen für Ihren Besuch. Aber jetzt muß ich leider meinen Pflichten nachgehen. Ich bin hier als Hausdame angestellt, und an drei Abenden in der Woche arbeite ich noch zusätzlich in einem Partyservice.«

Sie führte Schwester Maria hinaus und gab ihr dann freundlich die Hand. »Und jetzt überzeugen Sie den Opa. Die Oma war leicht zu überzeugen.«

Freundlich nickte sie Schwester Maria zu und wandte sich dann einem älteren Ehepaar zu, das gerade den Salon betreten wollte.

Schwester Maria verließ langsam und in Gedanken

versunken die Pension. Sie war mit sich alles andere als zufrieden.

Unten im Hauseingang wartete Pastor Wölm ungeduldig. Als er sie sah, lief er ihr erleichtert entgegen.

»Schwester Maria, ich . . .«

Doch sie winkte ab.

»Zuerst die Rückverwandlung, Siegfried. Dann erzähle ich Ihnen alles Weitere«, erklärte sie und ging in Richtung Boutique, um dort hinter dem schützenden Vorhang wieder die gewohnten schwarzen Gewänder anzulegen.

Auf der ganzen Fahrt nach Hause schaute Schwester Maria ziemlich grimmig drein. Sie hielt die Einkaufstüte fest an sich gepreßt und schaute wütend, aber schweigend aus dem Fenster. Endlich, als der Pastor eine Kurve zu schnell nahm und ein Apfel aus der überfüllten Tüte fiel, konnte sie ihrem Zorn Luft machen.

»Passen Sie doch auf, wo Sie hinfahren«, eröffnete sie ihre Standpauke. »Sie sind wirklich ziemlich rücksichtslos. Und wissen Sie was, ich finde, Sie sind das Allerletzte. Sie können von den Leuten denken, was Sie wollen, daran kann Sie keiner hindern. Aber dann behalten Sie wenigstens Ihre krummen, verleumderischen und kleingeistigen Gedankengänge für sich!«

Pastor Wölm fuhr auf einmal ganz langsam und schaute immer wieder fassungslos zu Schwester Maria. Als sie Luft holte, ihr Mund zitterte und eine Träne über die Wange rollte, hielt er, stellte den Motor ab und schaute sie mit großen Augen an.

»Halt, Schwester Maria, beruhigen Sie sich. Wir stecken schon wieder mitten in einem Mißverständnis. Ich verspreche Ihnen, ich habe dieses seltsame Gerücht über die Pension Rita nicht in Umlauf gebracht. Das kommt, glaube ich, vielmehr aus Ihren eigenen Reihen. Vielleicht von Frau Hagenkötter, meinen Sie nicht auch? Oder trauen Sie mir so etwas wirklich zu?«

»Nein«, flüsterte Schwester Maria leise, »nein, das tue ich nicht. Ich war nur so wütend. Es war alles eine so ungewohnte Angelegenheit für mich, und da habe ich alles an Ihnen ausgelassen. Verzeihen Sie mir.«

»Schon gut«, lächelte Pastor Wölm, ließ den Motor wieder an und fuhr los.

»Was wollen Sie eigentlich? Letztendlich waren Sie doch erfolgreich, das müssen Sie zugeben. Und der gute Gnecko kann es sich wunderbar leisten, Opa zu werden, und Julia kann es sich ebenso wunderbar leisten, eine großartige Mutter zu werden.«

»Schon, Sie haben ja recht, aber ich dachte mir, es sollte doch ein Wunschkind werden.«

Zu Hause angekommen, hatte Schwester Maria schon wieder etwas Mut gefaßt. Zuerst einmal hängte sie ihre gutbürgerlichen Neuerwerbungen sorgfältig in den Kleiderschrank.

Dann kniete sie auf dem Betschemel nieder, um mit ihrem Herrgott Zwiesprache zu halten.

Was ihr an diesem Tag noch an Zeit verblieb, füllte sie randvoll aus mit ihren Verpflichtungen. Erst gegen Abend, weil es ihr keine Ruhe ließ, nahm sie noch einmal die Sache Gnecko in Angriff. Unschlüssig, ob sie Herrn Gnecko aufsuchen sollte, schlenderte sie an seinem Büro vorbei.

Es brannte noch Licht. Sie hätte also nur zu klingeln brauchen, aber irgend etwas in ihr hielt sie zurück, und sie spazierte schließlich weiter in Richtung Tankstelle Krüger. Im Glaskasten der Betriebskasse saßen Julia und ein Angestellter.

Als Julia Schwester Maria bemerkte, stand sie auf und lief hinter ihr her. Sie wußte zwar nicht genau, was sie ihr sagen sollte, doch drängte es sie zu einem Gespräch.

Plötzlich blieb Schwester Maria stehen und drehte sich um. »Sag mal, liebst du ihn?« fragte sie leise.

Julia nickte. »Aber Sie wissen nicht, was ich meine, Schwester Maria.«

»Ich weiß jetzt wirklich nicht, was Sie meinen, Julia.«

»Sie können mich ruhig duzen«, sagte Julia freundlich. »Sie wissen nicht, was ich meine, weil Sie eine Nonne sind.«

Schwester Maria schaute das Mädchen lange an.

»Na ja, ich meine, Sie dürfen doch keinen Mann lieben«, fuhr Julia fort.

»Falsch, Julia, ich darf einen Mann lieben. Nun schau nicht so überrascht. Es ist mir nicht verboten. Aber das meinst du nicht.«

»Kommen Sie«, schlug Julia vor, »wir setzen uns in den Glaskasten. Das ist besser als hier diese blöde Straßenecke.«

Der Angestellte war mittlerweile nach Hause gegangen. Julia und Schwester Maria setzten sich gemütlich nebeneinander hinter die Theke.

»Wissen Sie, mit meiner Mutter habe ich schon darüber gesprochen«, erzählte Julia. »Aber mein Vater weiß es noch nicht.«

»Oh, dann wissen wenigstens die Mütter Bescheid, das ist ja auch schon etwas. Frau Gnecko weiß es nämlich auch.«

Julia war ganz erstaunt.

»Frau Gnecko weiß es auch? Kennen Sie sie? Wie ist sie? Was ist das für eine Frau?«

Schwester Maria lächelte. »Sie ist auf jeden Fall ganz anders als meine eigene Großmutter. Sie ist überhaupt nicht die typische Großmutter. Es ist eigenartig, wenn ich mir vorstelle, daß meine Großmutter mit ihren grauen Haaren genauso alt war wie Frau Gnecko. Frau Gnecko sieht völlig anders aus. Auf jeden Fall nicht wie eine Großmutter. Aber ich glaube, sie würde gerne eine sein. Wie ist das eigentlich bei deiner Mutter, Julia?«

»Oh, da gibt's überhaupt keine Schwierigkeiten. Sie ist meistens zu Hause – und gegen Markus hat sie überhaupt nichts. Sie findet ihn sogar sehr nett.«

»Ich finde ihn auch sehr nett«, sagte Schwester Maria. »Aber es gibt da eine Angelegenheit, über die man mit mir nicht sprechen kann. Ich bin nämlich für das Kind.«

Julia strich sich etwas ratlos durchs Haar. »Und was soll ich jetzt tun?«

Gedankenverloren spielte Schwester Maria mit einem herumliegenden Bonbon. Schließlich sagte sie entschlossen: »Bitten Sie Herrn Gnecko einfach um die Hand seines Sohnes.«

Julia lachte laut auf. »Das kann doch nicht Ihr Ernst sein!«

Schwester Maria war ganz ruhig geblieben. »Ich halte es auch für durchaus ungewöhnlich, aber irgendwie müssen wir ja weiterkommen, finden Sie nicht?«

Dann stand Schwester Maria auf und ging zur Tür. »Ich glaube, ich gehe jetzt besser.«

Julia war auch aufgesprungen und hielt sie am Ärmel fest. »Sagen Sie, Schwester Maria, sind alle Nonnen so plemplem wie Sie?«

»Du hast völlig recht, Julia«, sagte Schwester Maria, die plötzlich sehr erschöpft aussah. »Es war heute einfach ein verrückter Tag für mich.«

Trotz der vorgerückten Stunde klingelte sie noch bei Dechant Strathmann. Die Bitte, die sie ihm vortrug, versetzte ihn zwar etwas in Erstaunen, doch er erfüllte sie, ohne weiter zu fragen. Schwester Maria war gekommen, um zu beichten.

Als Schwester Maria am nächsten Morgen die Frühmesse verließ, fühlte sie, daß all ihre Kräfte, ihre Freude und ihr Schwung zurückgekehrt waren. Sollten die Schwierigkeiten sich ruhig häufen, sie wollte schon damit fertig werden. Freundlich begrüßte sie Frau Weber, die seltsamerweise gerade ein Fahrrad ergriffen hatte, das sie an ihr vorbeischob.

»Guten Morgen, Schwester«, erwiderte Frau Weber hoheitsvoll den morgendlichen Gruß. »Ich fahre jetzt zum Bahnhof.«

Sarwatzki, der ein paar Meter von Schwester Maria entfernt mit Klein-Heike und Klein-Thomas stand, konnte sich eine Bemerkung nicht verkneifen. »Und wer bringt Ihr Fahrrad zurück, Frau Weber?« fragte er boshaft.

Schwester Maria warf ihm einen empörten Blick zu, doch Sarwatzki nahm das gelassen. Er schaute sie unschuldig wie ein neugeborenes Lamm an und ging fröhlich mit den beiden Kindern davon.

Nun tauchte auch Frau Hagenkötter auf. Anscheinend hatte sie Schwester Maria etwas zu sagen, denn sie machte ein sehr wichtiges Gesicht.

»Schwester Maria, Frau Gnecko hat mich angerufen. Ich weiß, daß Sie es gut meinen, aber halten Sie sich in dieser ganzen Angelegenheit etwas zurück. Ich glaube, das ist besser so. Wie Sie wissen, ist Herr Gnecko gegen das Autohaus und gegen seine Frau – und dann noch das Kind obendrein, Schwester Maria, ich sage Ihnen, das stehen wir nicht durch.«

Schwester Maria nickte. »Sie wollen mir also freundlich zu verstehen geben, daß ich mich da zu sehr in

Dinge einmische, die mit meiner Tätigkeit als Gemeindeschwester wenig zu tun haben. Ist es so?«

Frau Hagenkötter machte ein entsetztes Gesicht und faltete demütig die Hände. »Nein, ganz und gar nicht, Schwester. Da haben Sie mich völlig falsch verstanden. Aber ich meine nur, Sie wirken seit gestern so bedrückt, und irgendwie habe ich langsam das Gefühl, Sie tragen schon – na, wie nennt man das heute neumodisch? – einen Schuldkomplex mit sich herum.«

Schwester Maria seufzte und schien nun doch ein wenig traurig zu sein. »Ach, Frau Hagenkötter, wissen Sie, ich trage immer zwei Schuldkomplexe mit mir herum. Einen, weil ich mir denke, daß ich keine richtig gute Gemeindeschwester bin.«

»Aber Sie sind eine hervorragende Gemeindeschwester«, unterbrach sie Frau Hagenkötter eifrig.

»Danke schön, das ist sehr lieb von Ihnen. Und dann denke ich mir, daß es unser Herrgott oft viel zu gut mit mir meint. Das ist mein zweiter Komplex. Ich fühle mich richtig in seiner Schuld.«

An diesem Tag fing es heftig zu regnen an. Schwere dunkle Wolken hingen über der Stadt, und Schwester Maria hatte das Gefühl, als wollten sie ihr ihre eigene düstere Lage deutlich machen.

Durch all ihre Unternehmungen vom Vortag waren wichtige Dinge ins Rollen gekommen, die nun nach Lösungen drängten.

Markus Gnecko, der durch die Tatsache seiner neuen Verantwortung an Selbstvertrauen und Mut gewonnen hatte, hielt sich bei seinem Vater auf, um während eines Telefongespräches anwesend zu sein, von dem er wußte, daß es durch die Gemeindeschwester in die Wege geleitet worden war. Er atmete auf, als es endlich klingelte, und beobachtete gespannt seinen Vater, der den Hörer aufnahm.

»Gnecko«, meldete er sich und wartete etwas.

»Einen Moment bitte«, hörte Herr Gnecko Schwester Maria sagen – und dann war er auf einmal mit seiner Frau verbunden.

»Hier ist Sibylle, Walter. Kann ich dich sehen? Bitte!«

Fassungslos starrte Herr Gnecko seinen Sohn an. Dann knallte er den Telefonhörer auf die Gabel.

»Also, diese Nonne ist völlig verrückt geworden!« brüllte er und wollte aus dem Zimmer stürmen.

»Aber es war doch Mutter!« rief Markus hinter ihm her.

Da drehte sich Herr Gnecko um, stürzte auf seinen Sohn zu, packte ihn mit beiden Fäusten und schleuderte ihn in Richtung Tür.

»Hinaus!« schrie er mit hochrotem Kopf. »Verschwinde, ich will dich nicht mehr sehen!«

Markus schaute seinen Vater mit wutverzerrtem Gesicht an. »Ich hasse dich!«

Dann schmetterte er die Wohnzimmertür hinter sich zu und lief davon.

Einen Augenblick stutzte Herr Gnecko. Dann lief er seinem Sohn hinterher.

»Markus«, rief er, »Markus, mein Junge, bleib hier! Ich habe das nicht so gemeint!«

Doch Markus war schon fort, und er erreichte ihn nicht mehr. Traurig ging er zurück ins Wohnzimmer. »Mein Gott, Markus«, flüsterte er vor sich hin und schüttelte den Kopf. »Du kennst mich doch!«

In diesem Augenblick fühlte sich Herr Gnecko unendlich müde. Er ging zum Fenster, öffnete es, atmete tief durch und schaute lange hinaus. Endlich nahm er den Telefonhörer ab und wählte Schwester Marias Nummer. Doch da sich diese mit Frau Gnecko im Hause des Dechanten befand, bekam er keine Verbindung.

Markus lief indessen durch den Regen. Er hatte nicht einmal einen Pullover oder eine Jacke mit sich, und in dem dünnen durchnäßten Hemd fror er entsetzlich. Endlich erreichte er Krügers Tankstelle. Im Kassenraum traf er nicht, wie erwartet, Julia an, sondern ihren Vater.

»Wo ist Julia?« rief er atemlos.

Herr Krüger schaute auf. »Warum, was willst du hier?« fragte er unfreundlich.

»Was ich hier will, wissen Sie ganz genau. Wo ist Julia?«

Nun stieg Herrn Krüger die Zornesröte ins Gesicht. Er holte tief Luft, stand auf, trat hinter seiner Theke hervor und näherte sich Markus mit gefährlicher Ruhe.

Markus wich keinen Schritt zurück.

»Mein Vater kann mich hinauswerfen«, sagte er laut, »das ist für mich in Ordnung. Aber Sie werfen mich erst hinaus, wenn ich mit Ihnen geredet habe. Haben Sie etwas gegen mich persönlich?«

Herr Krüger hob seine Hand und hielt sie gestreckt unter sein Kinn.

»Nein, gegen dich nicht. Aber dein Vater steht mir bis da oben hin.«

»Gegen meine Mutter können Sie auch nichts haben«, fuhr Markus fort, »denn Sie kennen sie gar nicht.«

»O doch«, brummte Herr Krüger höhnisch.

Markus war etwas verwundert darüber, aber er stellte keine weiteren Fragen. Er wußte, daß er jetzt einmal mit Julias Vater sprechen und ihm die Wahrheit sagen mußte.

»Übrigens, ich finde es völlig übertrieben, daß Julia mit so einem Flitzer durch die Gegend düst. Außerdem wird er in Zukunft sowieso zu klein.«

Herr Krüger legte seine Hand ans Ohr, als verstünde er nicht recht. »Wie bitte?«

»Na ja, für drei Personen ist er zu klein, das müssen Sie doch zugeben.«

»Was sagst du da?«

»Ich denke, Sie haben mich ganz genau verstanden, oder?«

Anstatt einer Antwort bekam er eine schallende Ohrfeige. Markus zuckte nicht mit der Wimper. Er schaute Herrn Krüger fest in die Augen.

»Die Sache ist zwar noch nicht zwischen uns geklärt, aber jetzt wissen Sie, woran Sie mit Julia und mir sind.«

Dann drehte er sich um und verließ den Kassenraum, ohne sich weiter um Herrn Krüger zu kümmern, der etwas betreten dastand.

»Ja, wo ist Julia?« fragte dieser sich und schaute dem jungen Mann etwas verwundert hinterher.

Julia hatte sich auf den Weg zu Pastor Wölm gemacht.

Sie hatte ihn jedoch nicht zu Hause angetroffen.

»Der ist im Boxring beim Heros«, war ihr dann aber von einem Kind aus der Nachbarschaft mitgeteilt worden, und so versuchte sie es dort. Als Pastor Wölm, der gerade mit Günter Loos kämpfte, Julia entdeckte, nahm er seinen Kopfschutz ab, kletterte aus dem Ring und begrüßte sie.

»Kommen Sie«, schlug er vor, »am besten gehen wir zu mir und essen etwas Gutes. Dabei kann man reden.«

Julia war einverstanden.

Kurze Zeit später saßen beide in Pastor Wölms Küche und tranken Kaffee. »Nach deiner Konfirmation habe ich dich nur noch von weitem gesehen«, lachte der Pastor.

Julia schüttelte den Kopf. »Stimmt gar nicht, wir haben trotzdem miteinander gesprochen.«

»Hast recht. Aber sag, hast du Hunger?«

»Nein, eigentlich nicht sehr viel«, erklärte Julia und sah sehr unglücklich aus. »Ich fühle mich heute nicht so ganz wohl.«

Aber so als hätte er es nicht gehört, nahm Pastor Wölm eine Dose aus seinem Vorratsschrank und öffnete sie mit dem elektrischen Dosenöffner. »Julia«, sagte er, »du kannst dich ruhig bei mir ausweinen und die Dinge mit mir besprechen, die dich bedrücken. Natürlich bin ich über alles unterrichtet. Allerdings haben die kriegerischen Auseinandersetzungen mit der verehrten Schwester Maria, ob Dechant Strathmann oder ich euer Kind taufen werden, noch nicht begonnen.«

Traurig winkte Julia ab.

»Ach, Herr Pastor, können Sie denn nicht mal jetzt ernst sein?«

Pastor Wölm schaute sie an. »Ich wollte gar nicht irgendwie lustig sein. Es wird nämlich in der Tat eine sehr ernste Auseinandersetzung werden.«

»Und wenn ich das Kind nicht will?«

Pastor Wölm stützte sich mit beiden Händen auf die Tischkante und beugte sich vor.

»Darüber werde ich mit dir nicht verhandeln.«

Julia stellte ihre Tasse zornig auf den Unterteller und schaute den Pastor herausfordernd an.

»Und wie wollen Sie das verhindern, bitte?«

»Nun, ich sehe keinen Sinn darin«, sagte er ruhig, »einem Pfarrer mitzuteilen, daß man ein Kind abtreibt. Da stimmt doch irgend etwas nicht, oder? Das entbehrt doch jeder Logik.«

Als Julia daraufhin schwieg, fuhr er unbeirrt fort. »Merkwürdig, in diesen Tagen erlebt die Theologie einen Aufschwung wie selten zuvor. Sowohl unser katholisches Wettbewerbsunternehmen als auch die protestantische Mehrheit.«

Er lächelte und legte sanft seine Hand auf ihren Arm.

»Komm, trink deinen Kaffee. So scheußlich schmeckt er auch wieder nicht.«

Julia schaute ein wenig unwillig, nippte dann aber doch gehorsam an ihrer Tasse.

Während Pastor Wölm sich wieder seinem köstlichen Fertiggericht zuwandte und eifrig mit einem Kochlöffel in seinem Topf herumrührte, schaute Julia nachdenklich vor sich hin. Endlich konnte sie sagen, was sie so sehr bedrückte, und diese Ungeheuerlichkeit in Worte fassen, die ihr Schwester Maria zumuten wollte.

»Stellen Sie sich vor, Herr Pastor, ich soll Herrn Gnecko um die Hand seines Sohnes bitten!«

Pastor Wölm verbrannte sich vor Schreck den Finger.

»Teufel auch, wo sind denn die Topflappen?«

Dann schüttelte er den Kopf.

»Das muß einer dieser verworrenen Winkelzüge von Schwester Maria sein. Sie ist eben Naturwissenschaftlerin, das bricht immer wieder durch. Im Gefühlsbereich weist sie zweifellos erhebliche Mängel auf!«

»Nein«, widersprach Julia, »so ist das gar nicht. Sie war unheimlich nett zu mir, wie eine Schwester. Also nicht wie eine Nonne, sondern wirklich wie eine richtige Schwester.«

»Ja, nett kann sie schon sein«, lenkte Pastor Wölm ein. »Allerdings manchmal auch nicht.« Er grinste leicht verklemmt.

Dann stellte er zwei Teller auf den Tisch, die mit jeweils einem Schlag duftender Raviolis gefüllt waren.

»Komm, du solltest jetzt erst mal etwas essen.«

»Danke, Herr Pastor, aber ich muß nach Hause, meinen Vater ablösen.«

»Kommt überhaupt nicht in Frage!«

Dann schob er ihr eine Gabel hin.

»Nein, Julia, du bleibst jetzt erst einmal hier bei mir auf Tauchstation. Die Dinge sollen ihren Lauf nehmen. Glaube mir, ich habe auch meine verworrenen Vorstellungen.« Dabei lachte er sie so freundlich an, daß auch Julia anfing, sich etwas besser zu fühlen, und mühsam zurücklächelte.

Zur gleichen Zeit braute sich im Hause Gnecko ein Unwetter zusammen.

Markus hatte geklingelt, und Frau Gnecko stand etwas ängstlich hinter ihm, blaß und erregt und von lähmender Mutlosigkeit erfüllt.

Im Haus wurde Licht gemacht. Dann dauerte es geraume Zeit, bis sich ein Schlüssel im Schloß drehte und die Haustür zögernd geöffnet wurde. Herr Gnecko schaute seinen Sohn überrascht an, dann begrüßte er kühl seine Frau.

»Du hast doch einen Schlüssel, Markus«, wandte er sich betont freundlich an seinen Sohn.

Markus griff in die Tasche und reichte seinem Vater den Hausschlüssel. »Nicht mehr, Vater.«

Befangen wie zwei Fremde traten Mutter und Sohn ein.

Schwester Maria, aus der Deckung ihres Autos, nickte dem Dechanten ungeduldig zu, der sich neben ihr so klein und unsichtbar wie nur möglich gemacht hatte.

»Jetzt müssen wir nur noch Julia finden«, flüsterte sie.

»Aber Sarwatzki sucht sie doch schon«, erklärte der Dechant ungehalten. »Frau Hagenkötter schaut sich auch um, und Kümmerling habe ich ebenfalls losgeschickt. Finden Sie nicht, daß wir es ein bißchen übertreiben? Ich meine, sie ist doch erst seit zwei Stunden weg.«

»Ach du lieber Himmel, Herr Dechant! Für Markus sind diese zwei Stunden schon eine Ewigkeit«, antwortete sie vorwurfsvoll.

»Ach, Schwester Maria, ich weiß nicht. Haben wir uns da nicht voll in eine Familienangelegenheit gemischt, die uns eigentlich gar nichts angeht? Ich weiß nicht, ich weiß wirklich nicht!«

Äußerst besorgt blickten beide auf das Gneckosche Haus.

Markus und seine Mutter hatten im Wohnzimmer Platz genommen. Herr Gnecko bebte innerlich vor Zorn und Empörung. Er reichte seiner Frau ein Tonicwasser.

»Warum hast du mich nie auf Unterhaltszahlungen verklagt?« fragte er mit gepreßter Stimme.

Verwundert schaute Frau Gnecko ihren Mann an.

»Darüber denkst du jetzt in diesem Augenblick nach?«

»Zum Donnerwetter noch mal«, platzte Herr Gnecko heraus, »es geht mir schlecht, ich fühle mich ganz einfach hundeelend, verstehst du das?«

Seine Frau bemühte sich, ruhig zu bleiben.

»Dann setz dich bitte hin«, bat sie ihn.

Doch Herr Gnecko blieb stehen.

»Also gut«, wandte er sich an seinen Sohn.

»Du bekommst ein Kind, na und? Was ist daran so ungewöhnlich? Andere Leute bekommen auch Kinder. Wo sind da die Schwierigkeiten?«

Auch Markus erhob sich jetzt.

»Du meine Güte, Vater, du fragst mich, wo unsere Schwierigkeiten liegen! Ich kann gar nicht mehr aus den Augen schauen vor lauter Problemen, und du fragst mich, wo unsere Schwierigkeiten liegen! Und zu all dem ist jetzt auch noch Julia verschwunden!«

Herr Gnecko stürzte zu einem Ständer mit Telefonbüchern, holte das Branchenfernsprechbuch hervor und reichte es mit übertrieben wilder Geste seinem Sohn.

»Da, schau unter ›G‹ nach, wie Gynäkologen. Vielleicht findest du irgendwo deine Julia! Es gibt Spezialisten, die arbeiten auch sonntags!«

Klirrend stellte seine Frau ihr Tonicwasser auf den Tisch und stand auf.

Herr Gnecko erschrak. »Also entschuldigt bitte«, sagte er schnell. »Es tut mir wirklich leid, wenn ich einen Fehler gemacht habe. Immerhin entschuldige ich mich wenigstens dafür, ganz im Gegenteil zu dir.«

Herr Gnecko verschränkte seine Hände hinter dem Rücken und fing an, unruhig auf und ab zu gehen.

»Also gut, dann laßt uns miteinander sprechen. Dann erinnere ich dich, meine Liebe, an die Iffezheimer Wochen in Baden-Baden vor 12 Jahren. Ich war danach nie wieder dort. Die große Welt schien mir das damals zu sein. Und er, elegant und prominent und noch ein Doktor . . .«

Herr Gnecko hielt inne und blieb stehen, er war tief in Gedanken.

Irgendwie hatte Markus das Gefühl, er würde stören und wollte still das Zimmer verlassen. Sein Vater sah hoch.

»Diesmal werfe ich dich nicht hinaus!« brüllte er. »Du bleibst jetzt hier. Das geht auch dich an!«

»Nein, ich suche jetzt Julia!« brüllte Markus zurück.

Doch Herr Gnecko lief ungeheuer behende zur Tür und verstellte seinem Sohn mit hochrotem Kopf den Weg.

»Nein, Markus, jetzt wirst du erst einmal deine Mutter wiederfinden. Eins nach dem anderen!«

Markus wandte sich sehr ernst an seine Mutter.

»Was war damals in Baden-Baden, Mutter?«

»Dein Vater hat recht, Markus, erspare mir bitte die Einzelheiten.«

»Ich hatte immer recht«, sagte Herr Gnecko leise. »Und diese Einzelheiten sind sehr wichtig, vor allem die Folgen.«

Frau Gnecko winkte müde ab. »Ich kann jetzt nicht sprechen, Markus«, sagte sie mit trauriger Stimme. »Ich kann es jetzt einfach nicht.«

Markus nahm das Glas vom Tisch und reichte es ihr liebevoll.

Sie redeten noch lange miteinander an diesem Abend, anfangs heftig und unversöhnlich. Aber mit der Zeit glätteten sich die Wogen, und es breitete sich zunehmend eine Art von Ruhe und Vertrautheit aus, die zur Grundlage wurde für die gegenseitige Bereitschaft zum Zuhören.

Die Belegschaft von St. Katharina setzte in der Zwischenzeit ihre fieberhafte Suche nach Julia fort.

Am ängstlichsten gebärdete sich Frau Hagenkötter, die das arme junge Mädchen bereits ertrunken auf dem Grund des Kanals vermutete.

Schwester Maria beobachtete weiterhin wie ein Detektiv abwechselnd das eine und das andere Elternhaus der beiden Sorgenkinder. Und wahrhaftig, es lohnte sich, denn als sie sich gerade in der Nähe der Tankstelle befand, sah sie zu ihrer Überraschung Pastor Wölms Jeep vorfahren.

Der Wagen hielt – und der Pastor und Julia stiegen aus. Sie schauten sich vorsichtig um und gingen dann einträchtig zum Glaskasten, in dem sich Vater Krüger aufhielt.

»Na, Gott sei Dank, da bin ich ja nun nicht mehr nötig«,

flüsterte Schwester Maria sich selbst zu, legte den Gang ein und jagte davon in Richtung Gegenpartei.

Kurz bevor sie dort in sicherer Entfernung aussteigen wollte, bemerkte sie, wie die Familie Gnecko gerade ihr Haus verließ. Markus und sein Vater begleiteten die Mutter zu einem Taxi, das schon bereit stand. Herr Gnecko reichte seiner Frau die Hand und lächelte. Dann umarmten sich alle, und Frau Gnecko stieg schnell in das Taxi, das sich langsam in Bewegung setzte.

Markus brachte seinen Vater noch zur Haustür, ehe er davonlief, der Tankstelle Krüger zu, wo er nun endlich Julia zu finden hoffte.

Sie erwartete ihn strahlend.

»Ach, Markus«, sagte sie zärtlich, »wir können uns alles noch überlegen, wirklich!«

Am Abend dieses aufregenden Tages erholte sich Schwester Maria in ihrem blühenden Garten. Sie beschnitt in aller Ruhe ihre Rosen und genoß die warme würzige Luft.

Da hörte sie vor ihrem Gartenzaun die gleichmäßigen Schritte eines sportlichen Läufers, und als sie aufsah, winkte ihr Pastor Wölm zu.

»Meine Verehrung, Schwester Maria«, rief er, etwas außer Atem.

»Oh, hallo, Herr Pastor!«

Sie wollte eigentlich etwas mit ihm plaudern, aber er blieb nicht stehen und lief einfach weiter.

»Gut, dann eben nicht«, murmelte sie mürrisch, drehte sich unwirsch um und widmete sich von neuem ihren Rosen.

Doch Pastor Wölm legte am Ende des Weges eine schwungvolle, wohl geplante Kurve ein und trabte zurück.

»Schwester Maria«, rief er atemlos und gepreßt über

den Gartenzaun, »eines meiner zahlreichen treuen, jungen Gemeindemitglieder suchte mich heute morgen auf. Und was bekam ich da zu hören?«

»Na, was denn?« fragte Schwester Maria, inzwischen schon wieder gut gelaunt, und ging mit einem großen Strauß Rosen im Arm auf den Pastor zu. Er beugte sich über den Zaun und flüsterte ihr etwas ins Ohr.

Schwester Maria mußte hellauf lachen.

»Haben Sie das nicht gleich gesehen? Ich als Frau wußte sofort, was los ist! Ach, Siegfried, hier, nehmen Sie«, strahlte sie fröhlich und schenkte ihm ihren Strauß duftender Rosen.

An einem frühen Morgen brachte Schwester Maria die kleine gehbehinderte Gerti Köhler zur Schule. Da die Glocke wenige Minuten zuvor geschlagen hatte, war der Schulhof bereits leer. Die Schüler versammelten sich schon in den Klassenzimmern.

Schwester Maria öffnete die Schulpforte und nickte dem Mädchen ermunternd zu. Gerti bedankte sich artig und humpelte langsam davon.

Plötzlich hörte Schwester Maria Autobremsen kreischen. Zu ihrem Schrecken sah sie, wie ein Wagen mit überhöhter Geschwindigkeit in den Parkplatz der Lehrerschaft einbog und schließlich hart bremste. Empört schüttelte sie den Kopf, und es entfuhr ihr ein kräftiges »Himmel-Herrgott-Sakra!«. Aus dem Wagen stieg ein Mann Ende Vierzig, der trotz des frühen Morgens sichtlich angeschlagen war. Es handelte sich um den Physik- und Chemielehrer Oberstudienrat Seifert.

Als er Schwester Maria an der Tür stehen sah, bemühte er sich um etwas mehr Haltung. Schwankend stieg er die Treppe hoch.

»Einen schönen guten Morgen wünsche ich, Euer Merkwürden«, grüßte er und zog das Filzhütchen.

Schwester Maria öffnete ihm wortlos die Tür, und schon war Herr Seifert mit einem kleinen schiefen Lächeln im Inneren der Schule verschwunden.

Zu Hause in St. Katharina stieg Schwester Maria auf den Glockenstuhl, wo Herr Sarwatzki und Markus wieder einmal versuchten, die Turmuhr in Gang zu setzen. Noch immer ganz erschüttert, erzählte sie ihnen, was sie auf dem Schulhof erlebt hatte.

»Am hellen Morgen!« ereiferte sie sich. »Also, das geht doch wirklich zu weit!«

»Regen Sie sich nicht auf, Schwester«, lachte Markus. »Eine Fahne hatte der schon zu meiner Schulzeit. Und wenn ein Alkoholiker lustig sein soll – also der war es bestimmt nicht!«

Herr Sarwatzki ließ einen Augenblick den Schraubenschlüssel sinken. »Wer säuft?« fragte er neugierig.

»Na, ich hie und da«, entgegnete Schwester Maria, »und manchmal sogar mit Ihnen zusammen, um Sie bei Laune zu halten!«

Markus schaute sie leicht spöttisch an.

»Sagen Sie bloß, Schwester, Sie haben ein neues Lamm gefunden, das es zu retten gilt!«

»Nein, überhaupt nicht, ich hatte nur die kleine Gerti Köhler zur Schule gebracht, und zufällig ist mir aufgefallen, daß Herr Seifert irgendwie unsicher auf den Beinen steht!«

Beide Männer fingen gleichzeitig an zu kichern.

»Hören Sie, Herr Sarwatzki«, meinte Markus vergnügt, »Schwester Maria ist wieder einmal etwas aufgefallen!«

Herr Sarwatzki mußte sich das Lachen verbeißen.

»Nun rede nicht so dumm«, sagte er mit einem auf Ernst gequälten Gesichtsausdruck, »und schon gar nicht über unsere Hochwürdige. Geh du lieber zu deiner Julia, ich komm' hier auch alleine zurecht!«

»Na fein, gut, auf Wiedersehen!« rief Markus und stürmte auf die Treppe zu.

»Schwester Maria würde sogar noch eine angeknickte Tulpe in Gips legen.«

Schwester Maria, ebenfalls wieder auf dem Weg nach unten, antwortete ganz ruhig: »Jawohl, ich glaube, das täte ich!«

Unten wartete Markus auf sie.

»Ist Ihnen an Julia auch etwas aufgefallen? Ich meine, fotografisch gesehen hat sie an Tiefenschärfe gewonnen!«

Schwester Maria schaute ihn groß an, sie verstand nicht ganz.

»Sie ist dicker geworden«, erklärte Markus, »und morgen fahren wir zur Ultraschalluntersuchung.«

»Ach so, das meinst du. Natürlich habe ich das gemerkt, Markus! Also mach's gut, ich habe noch eine Menge zu tun.«

Sie verabschiedete sich und eilte in die Kirche. Es ging um Gertrude. Gertrude, so hieß die Orgel in St. Katharina, hatte den Geist aufgegeben, und alle himmlischen Töne waren schlagartig versiegt.

Kaplan Kümmerling fühlte sich wie am Boden zerschmettert. Gertrudes Schweigen tat ihm fast körperlich weh. So war nur zu hoffen, daß Herr Sarwatzki, der Mann für alle Fälle, auch hier helfen konnte.

Die Turmuhr tat nun gerade wieder pünktlich ihren Dienst, so daß er seine ganze Aufmerksamkeit Gertrude zuwenden konnte.

»Seien Sie doch nicht so verzweifelt, Herr Kaplan. Das haben wir gleich«, beruhigte er den armen Kümmerling.

»Immer alles mit der Ruhe! Ich kriege das schon hin!«

Auch Schwester Maria bemühte sich um gute Stimmung und erfand eine rührende kleine Geschichte.

»Wissen Sie, in Rom hatten wir eine Kapelle«, erzählte sie und bat ihren Herrgott um Verzeihung, daß sie hier ziemlich gewissenlos schwindelte, »da machte die Orgel auch eines Tages schlapp. Der Übeltäter war eine Maus. Sie hatte ihr Nest in die Orgel gebaut und somit für Verstopfung gesorgt. Na, wie finden Sie das?«

Kaplan Kümmerling bot nach dieser Geschichte einen so herzzerreißenden Anblick, daß man mit Recht annehmen konnte, daß die so gut gemeinte Geschichte ihre angestrebte Wirkung vollständig verfehlt hatte.

So war es auch. Er fand die Geschichte mit der Maus grauenhaft und fühlte sich daraufhin noch elender. Mit letzter Kraft lehnte er sich gegen diesen Schicksalsschlag auf.

»Das ist wohl, verzeihen Sie mir, Schwester Maria, das Idiotischste, was ich je gehört habe. In meiner Orgel nisten keine Mäuse, eher bringe ich mich um.«

Daraufhin machte er ein erschrockenes Kreuzzeichen und fuhr dann fort: »Und außerdem spiele ich sie jeden Tag mindestens zwei Stunden. Das hielte auch die kräftigste Maus nicht aus.«

Schwester Maria sah, wohin ihre Geschichte geführt hatte, und entschuldigte sich vielmals.

Dechant Strathmann jedoch fand die Vorstellung ganz wirklichkeitsbezogen.

»Warm genug für Kirchenmäuse ist die Pfarrei St. Katharina ja, oder nicht?«

Nach zwei Stunden fachmännischen Bastelns von seiten Kaplan Kümmerlings und Herrn Sarwatzkis ereignete sich dann die endgültige Katastrophe.

Einer der beiden hatte augenscheinlich irgendein falsches Schräubchen oder Hebelchen betätigt, denn auf einmal knickten drei prachtvolle Orgelpfeifen langsam nach vorne ab und fielen laut krachend zu Boden.

Kaplan Kümmerling zitterte am ganzen Leib.

»Manchmal straft unser Herrgott nicht nur mit der Hand«, jammerte er, »sondern auch mit dem Stock!«

Dechant Strathmann schaute seinen Kaplan überrascht an, doch der fuhr unbeirrt fort: »Ich habe mich wohl zu hoffärtig dem Orgelspiel hingegeben und auf die Musik meiner Hände gehört und dabei unseren Herrgott aus den Augen verloren!«

»Herr Kaplan«, tröstete ihn Sarwatzki, »ich bekomme Ihre Gertrude schon wieder hin!«

Ohne ein weiteres Wort zu sagen, wandte sich Kaplan Kümmerling ab und verließ langsam und wie erschlagen die Orgelempore.

Besorgt schauten ihm die anderen hinterher.

Da schlug auf einmal die neu instand gesetzte Turmuhr 12 Uhr mittags, und ihr frischer angenehmer Klang heiterte die Gemüter wieder etwas auf.

»Trotz allem, ich muß mich um Kümmerling kümmern«, sagte der Dechant, der den Kaplan beobachtet hatte, wie er völlig verstört durch das Mittelschiff dem Ausgang zustrebte.

Die Sache mit der stummen Gertrude hatte verheerende Folgen.

In den Tagen darauf kam es bei Kaplan Kümmerling zu besorgniserregenden Entzugserscheinungen. Aschfahl und mit leerem Blick schlich er umher, versah kraftlos seinen Dienst, verweigerte jegliche Nahrungsaufnahme und schien bereits dem Untergang geweiht.

Er hatte schon 10 Pfund abgenommen, und die Hoffnung auf seine Rückkehr ins Leben hatte man ganz aufgegeben. Dabei meinte es Petrus gut und prunkte mit einem Sonnenwetter allererster Güte, so daß Frau Hagenkötter gestattete, draußen auf der Terrasse den Tisch zu decken und ihre Anbefohlenen unter blauem Himmel zu verköstigen.

»Nur ein paar Löffelchen, Herr Kaplan«, versuchte sie ihn zu ermuntern, doch er wehrte entschieden ab, soweit es seine Kraft überhaupt noch zuließ, und nippte lediglich an einem Glas Wasser.

»Ich werde den Rest meines Lebens fasten«, sagte er tonlos. »Mein Magen ist sowieso nicht in Ordnung, und außerdem ist Fasten gut für den Körper.«

»Ja, ein paar Stunden vielleicht«, empörte sich nun Dechant Strathmann, »aber doch nicht Tage und Wochen! Selbst in der Fastenzeit ist uns die Nahrungsaufnahme gestattet. Mein lieber Kaplan, ich denke, man sollte in allen Dingen maßvoll sein.« Und im gleichen Augenblick holte er sich im Vollbesitz seiner Überzeugung ein riesiges Stück Eisbein aus der Gemüsesuppe und setzte es genüßlich auf seinem Teller ab. Dabei übersah er völlig, daß ihn Frau Hagenkötter genau im Auge behalten hatte.

»So, finden Sie auch, daß man in allen Dingen maßvoll sein sollte?« fauchte sie plötzlich los und beförderte ohne Umschweife mit einer Fleischgabel das gekochte Eisbein in die Suppenschüssel zurück.

»Herr Dechant«, tadelte sie weiter, »ich möchte nicht aufdringlich sein. Aber Ihr Cholesterinspiegel hat einen Pegel erreicht, der – übertragen auf den Hochwasserstand unseres Kanals – bereits Katastrophenalarm auslösen würde!«

Dechant Strathmann sah seine Haushälterin bestürzt an. »Sie können einem aber auch wirklich den ganzen Tag vermiesen«, brummte er und hatte Lust und Laune an dem ganzen Essen und dem schönen Wetter verloren.

Schwester Maria suchte von der heiklen Lage abzulenken. »Also sollte der fast undenkbare Fall eintreten, daß Herr Sarwatzki unsere Orgel nicht wieder hinkriegt«, erzählte sie wie nebenbei, »so habe ich bereits einen preiswerten Orgelbauer ausfindig gemacht.«

Dechant Strathmann, der noch immer verdrießlich dem verlorenen Eisbein nachtrauerte, ging höflich darauf ein. »So? Wie heißt denn die Firma?«

»Gruber und Sohn«, gab Schwester Maria kleinlaut zu.

Endlich konnte sich Dechant Strathmanns Eisbeinenttäuschung entladen.

Entrüstet legte er seinen Löffel auf den Tellerrand.

»Gruber und Sohn? Das ist doch eine alteingesessene protestantische Orgelbauerfamilie!«

Auch Frau Hagenkötter zeigte sich höchst unzufrieden. »Aha, da sind Sie wohl bei Pastor Wölm fündig geworden?« fragte sie lauernd und schnaubte durch die Nase.

»Ja, warum nicht«, erwiderte Schwester Maria arglos. »Kennen Sie vielleicht hier in der Nähe eine alteingesessene katholische Orgelbauerfamilie? Oder überhaupt eine katholische Firma?«

»In meinem Bistum Paderborn kenne ich eine Firma«, erklärte Kaplan Kümmerling mit letzter Kraft.

Schwester Maria schüttelte entschieden den Kopf. »Paderborn! Denken Sie nur an die Reisekosten. Unsere Orgel soll so schnell wie möglich wieder frohlocken. Dabei ist es doch völlig gleichgültig, ob sie mit Hilfe von katholischen oder protestantischen Händen frohlockt!«

»Meint das Pastor Wölm?« fragte Frau Hagenkötter spitz.

»Nein, aber ich habe das Gelübde der Armut abgelegt und bin verpflichtet, das Bestmögliche mit geringstem wirtschaftlichem Einsatz zu erreichen.«

Dechant Strathmann stimmte ihr begeistert zu. »Schwester Maria, da haben Sie selbstverständlich recht. Sollte die Familie Gruber Hand an unsere Orgel legen müssen, so werde ich sie einfach anschließend neu einsegnen. Man darf im Leben nicht so kleinlich sein!«

Aus Schwester Marias Gesichtsausdruck war deutlich zu lesen, daß sie diese theologische Maßnahme von Dechant Strathmann für ziemlich überzogen hielt, aber sie sagte nichts dazu, sondern hielt es für besser, das Gespräch in eine andere Bahn zu lenken.

»Ach, ist Ihnen ein Herr Oberstudienrat Seifert bekannt?« Mit herausfordernd fragendem Blick schaute sie Kaplan Kümmerling, Dechant Strathmann und zuletzt auch Frau Hagenkötter an.

Die beiden Geistlichen konnten mit dem Namen nichts anfangen, jedoch Frau Hagenkötter druckste etwas herum.

Mit forschendem Blick beugte sich Schwester Maria zu ihr vor. »Vor allem möchte ich gerne etwas über seine Lebensumstände wissen.«

Frau Hagenkötter mußte sich sehr überwinden, bis sie zögernd Auskunft gab.

»Also, soweit ich weiß, lebt er in geordneten häuslichen Verhältnissen. Früher war er angeblich sogar mal Mittelgewichtsmeister im Boxen, aber heute . . .«

Noch am selben Tag marschierte Schwester Maria zu Herrn Witte in den Heros B.C., um weitere Erkundigungen über Herrn Seifert einzuholen.

»Ja, der war seinerzeit ein Riesenas«, berichtete der Trainer, »aber warum sollte der jetzt saufen? Er war immer ein vorbildlicher Sportler, erfolgreich im Beruf, und dumm war er auch nicht.«

»Wann hat er sich denn das letzte Mal beim Heros B.C. gezeigt?« bohrte Schwester Maria weiter.

»Ach, das ist Jahre her. Aber wieso fragen Sie mich das alles?«

»Nur so«, sagte Schwester Maria und verabschiedete sich freundlich.

Doch in Herrn Witte saß der Stachel, und der ließ ihn nicht mehr zur Ruhe kommen. Was hatte es mit diesen Gerüchten auf sich, und was war wahr davon?

Am Nachmittag, als es seine Zeit erlaubte, machte er sich auf den Weg, um sich ein wenig umzuschauen.

In der Nähe eines gepflegten Einfamilienhauses parkte er seinen Wagen.

Frau Seifert mähte gerade den Rasen, Tochter Lotti fuhr mit dem Fahrrad davon, aber nicht, ohne sich vorher von ihrer Mutter liebevoll zu verabschieden. Dann tauchte auch Herr Seifert auf. Langsam und noch müde vom Mittagsschlaf schlurfte er auf seine Frau zu, um ihr den Rasenmäher aus der Hand zu nehmen.

Doch sie wehrte freundlich lächelnd ab und deutete auf einen Liegestuhl, wohl um ihn weiter zum Ausruhen zu bewegen.

Unauffällig verließ Herr Witte sein Auto und pirschte sich an die Mülltonnen der Seiferts heran. Vorsichtig öffnete er sie, und was er sah, bestätigte leider nur allzu deutlich die Gerüchte. Ausnahmslos alle waren bis obenhin mit leer getrunkenen Flaschen gefüllt, die auf ihren Etiketten hochprozentigen Alkohol anzeigten.

Herr Witte schlenderte nun wie zufällig am Gartenzaun entlang und begrüßte Frau Seifert. Sie ließ erfreut ihren Rasenmäher stehen. »Hallo, Herr Witte«, grüßte sie zurück. »Mein Mann spricht oft von Ihrer großen gemeinsamen Vergangenheit.«

»Wie geht es ihm denn?« fragte er und achtete auf die kleinste Veränderung ihres Gesichtsausdrucks.

»Ach, gut«, antwortete sie so gleichgültig wie möglich.

Doch Herr Witte hatte mittlerweile seine berechtigten Zweifel und beschloß, mit Schwester Maria gemeinsame Sache zu machen.

Währenddessen sprach Herr Sarwatzki in St. Katharina das vernichtende Wort.

»Schrottreif«, stellte er in den Raum und ließ es einige Augenblicke wirken. Dabei schloß er vielsagend die Augen. Seine Überzeugung wirkte erschütternd auf alle Beteiligten, und Kaplan Kümmerling sah Sterne vor den Augen.

»Also, wenn Sie mich fragen«, nahm Herr Sarwatzki sein Urteil noch einmal auf, »ist die Orgel schrottreif.«

Daraufhin hörte man einen dumpfen Schlag. Kaplan Kümmerling war in sich zusammengebrochen und lag leblos mit verdrehten Augen auf dem kalten Steinboden.

»Um Gottes willen, helfen Sie dem armen Kerl wieder auf die Beine!« rief Dechant Strathmann außer sich.

»Das war einfach alles zuviel für ihn! Und dann dieser überspannte Eigensinn, nur noch von Zwieback und Mineralwasser zu leben!«

Man hob den armen Kaplan auf und schleppte ihn auf ein Sofa, wo er ein Kissen unter den Kopf geschoben bekam und liebevoll mit einer Decke zugedeckt wurde.

»Man muß jetzt auf ihn aufpassen! In diesem Zustand sollte man ihn wirklich nicht mehr sich selber überlassen!« meinte Dechant Strathmann bestimmt und schloß leise die Tür zum Krankenzimmer.

Und weil das nicht mehr so weitergehen konnte, wurde die Orgelbauerfamilie Gruber & Sohn bestellt, um die stumme Gertrude wieder zum Klingen zu bringen.

Vater und Sohn, als sie die völlig erschöpfte Gertrude untersucht hatten, wiegten bedenklich die meisterlichen Köpfe.

»Was wird es denn ungefähr kosten?« fragte Dechant Strathmann ängstlich, »beziehungsweise – was würde diese Reparatur bei meinem protestantischen Kollegen Pfarrer Wölm kosten?«

Diese Bemerkung machte Herrn Gruber wütend. »Orgel ist Orgel«, schimpfte er. »Ich gebe weder Preisnachlaß für die Protestanten noch Gefahrenzulage bei den Katholiken. Schaffen Sie sich eine neue Orgel an, das ist auf die Dauer billiger.«

Kaplan Kümmerling, der nach eintägiger tiefer Bewußtlosigkeit wieder auf dem Wege der Besserung war, zuckte zusammen.

»Nein!« rief er schrill. »Gertrude hat einen hervorragenden Charakter, ich meine tonlich. Ich lasse es auf keinen Fall zu, daß Sie sie einfach abschieben!«

Herr Gruber zog leicht die Augenbrauen hoch. »Gertrude war nie eine bedeutende Orgel«, meinte er gelassen. »Das wissen Sie, Herr Pfarrer.«

»Aber sie ist ein kleines, feines Instrument«, wisperte Kaplan Kümmerling und sah verzweifelt aus.

Doch Herr Gruber ließ nicht locker. »Herr Kaplan, Sie wissen genausogut wie ich: Es gibt unter den Orgeln alte Damen, die werden immer besser, je älter sie werden; aber Ihrer Gertrude wurde im reifen Alter das Herz gebrochen. Es tut mir wirklich leid.«

Und zu Dechant Strathmann gewandt, fuhr er fort: »Wissen Sie was, es gibt tatsächlich katholische Priester, die ihre Orgel neu einsegnen, wenn mein Sohn und ich protestantische Hand an sie gelegt haben. Können Sie sich das vorstellen?«

»Das gibt's doch nicht, das ist ja lächerlich«, empörte sich Dechant Strathmann scheinheilig.

»Wo leben wir denn, Herr Gruber. So was, nein, was es alles gibt!« Er lächelte etwas gequält und reichte dann Herrn Gruber die Hand. »Also auf Wiedersehen dann, und vielen Dank.«

Dechant Strathmann, Kaplan Kümmerling und Frau Hagenkötter schauten betrübt den beiden Orgelbauern nach, die einträchtig zu ihrem Kastenwagen stapften.

»Ein böses, böses Vorzeichen, Herr Dechant«, seufzte Frau Hagenkötter. »Erst schweigt die Turmuhr, dann bricht Gertrude das Herz. Das kann nichts Gutes bedeuten.«

Sie schaute zum Himmel. »Ich denke, es wird noch schlimmer kommen.«

Der Kaplan, trotz seiner jungen Jahre plötzlich sehr gealtert, nickte gebrochen. »Siebzehntausend Mark – und nur für die nötigsten Reparaturen«, stöhnte er.

»Wir schaffen das schon«, beruhigte ihn Dechant Strathmann. »Wir werden es durchstehen, warten Sie nur.«

»Ich glaube, ich werde Schwester Maria einen Besuch abstatten«, erklärte Kaplan Kümmerling und machte sich mit langen Schritten auf den Weg zum Gartenhäuschen, als wäre von dort noch ein Stück Hoffnung für Gertrude zu erwarten.

Schwester Maria schlug einen Spaziergang vor, und so wanderten beide wenig später einträchtig am Kanal entlang.

»Wissen Sie, ich bin ziemlich anspruchslos, Schwester«, erzählte der Kaplan. »Ich unterstütze meine Mutter, sie ist Witwe und hat eine schmale Rente. Ich brauche nichts. Ich könnte tausend, vielleicht sogar eintausendzweihundertfünfzig Mark monatlich in Gertrude stecken.«

»Ich habe leider kein Geld, Herr Kaplan, sonst würde ich es auch tun. Aber gibt es denn im Ordinariat keine Geldmittel für solche Reparaturen? Schließlich ist eine Orgel ein unverzichtbarer Bestandteil der heiligen Messe.«

Irgendwie hatte Kaplan Kümmerling schon aufgegeben und winkte müde ab. »St. Katharina ist eine kleine Pfarrei, und wie viele Gläubige unsere Messen besuchen, muß ich Ihnen nicht sagen. Natürlich stellt uns das Ordinariat angemessene Mittel zur Verfügung. Wissen Sie, was die Beamten des Bischöflichen Stuhles uns vorrechnen?«

Schwester Maria schüttelte den Kopf. »Nein, das weiß ich nicht.«

Kaplan Kümmerling blieb stehen und wurde fast laut. »Daß eine Orgel wie Gertrude das Fassungsvermögen von St. Katharina übersteigt und daß ein Harmonium völlig ausreichend wäre. Das würden die uns vorrechnen!«

Das fand sogar Schwester Maria reichlich überzogen. »Das ist ja unglaublich!« sagte sie empört und ebenso laut. »Ich finde das auf jeden Fall ungerechtfertigt.«

Gedankenverloren spazierten die beiden weiter, und dabei hatte Schwester Maria plötzlich einen Einfall.

Sie könnte doch Herrn Gnecko wieder einmal aufsuchen.

Kurz entschlossen setzte sie das noch am gleichen Tag in die Tat um. Sie redete nicht lange um die Sache herum, sondern legte sofort die Karten offen auf den Tisch.

Herr Gnecko hatte bereits wieder einen leicht geröteten Kopf. »Schwester Maria!« tobte er los, »ich bin doch kein Faß ohne Boden! Siebzehntausend Mark! Sie erwarten hoffentlich nicht im Ernst, daß ich mit einem solchen Betrag in die Bresche springe!«

Doch Schwester Maria ließ nicht locker.

»Sie sind aber der einzige«, sagte sie ruhig, »mit dem ich über einen solchen Betrag überhaupt reden kann.«

Herr Gnecko, der sich heute auffallend gut angezogen hatte, blieb vor ihr stehen.

»Aber Sie sind nicht die erste. Markus hat mich heute auch schon gequält. Und was der in Zukunft mit einem unehelichen Kind kosten wird, das können Sie sich natürlich nicht vorstellen.«

»Richtig«, erwiderte sie trocken, »ich habe keine Erfahrung mit unehelichen Kindern.«

Herr Gnecko hielt ihr einen Postkartenentwurf vor die Nase. »Die Nutzung dieses Fotos hat mich als Lizenzgebühren zehn Riesen gekostet. Und wissen Sie, wer kassiert? Ihre oberste Behörde, der Vatikan.«

Schwester Marias Gesicht erhellte sich. »Oh, unsere heilige Mutter Kirche. Das freut mich aber sehr.«

Herr Gnecko knallte den Entwurf wütend auf seinen Schreibtisch. »Herr Schäfer, der Kioskbesitzer, hat auch schon fünfzig Mark gespendet«, fuhr Schwester Maria hartnäckig fort.

Entnervt holte Herr Gnecko einen Scheck heraus.

»Gut, ich werde Ihnen helfen, Schwester. Aber siebzehntausend Mark sind schließlich kein Pappenstiel. Also, ich meine, die St.-Katharina-Kirche lebt ganz schön über ihre Verhältnisse.«

Siegessicher und zugleich auch ein wenig listig schaute Schwester Maria ihn an.

»Das ist für mich das größte Wunder«, sprach sie ruhig und voller Würde, »daß sich unser Herrgott niemals den Verhältnissen anpaßt. Gott ist maßlos!«

Herr Gnecko warf einen prüfenden Blick auf Schwester Maria, ob sie auch alles so meinte, was sie da so großartig sagte, aber Schwester Maria zuckte nicht mit der Wimper, sondern lächelte sanft und gottergeben.

Da füllte Herr Gnecko wortlos den Scheck aus und schob ihn über den Schreibtisch.

Der Blick, mit dem Schwester Maria den Scheck anschaute, war schon etwas wirklichkeitsnaher als ihr zartes himmlisches Lächeln. Als sie allerdings den Betrag erkannte, war sie wieder ganz in dieser Welt und konnte nicht umhin, leise durch die Zähne zu pfeifen. Eifrig und ohne eine Sekunde Zeit zu verlieren, zog sie ihre bereits vorbereitete Spendenquittung aus der Tasche und setzte den Betrag ein. Während sie ein wenig kurzsichtig mit der Nase am Papier die Zahl niederschrieb, steckte sich Herr Gnecko eine Nelke ins Knopfloch. Schwester Maria, der trotz halber Sehkraft selten etwas entging, konnte das aus den Augenwinkeln beobachten.

»Wenn Sie in die Stadt fahren«, meinte sie leichthin, »grüßen Sie bitte Ihre Frau recht herzlich von mir.«

Nun mußte auch Herr Gnecko schmunzeln.

»Schwester, noch kein Wort zu Markus«, bat er, »nach all diesen Jahren würde es ihn verwirren.«

Sie versprach es ihm, und dann trennten sie sich friedlich, beide durchaus guter Dinge.

Am Abend legte Schwester Maria größten Wert darauf, Kaplan Kümmerling das Essen höchstpersönlich zu bringen. Mit dem Tablett in den Händen und dem Scheck zwischen den Zähnen ging sie vorsichtig die Treppe hoch zu seiner Kammer und klopfte mit dem Fuß gegen die Tür.

»Kaplan Kümmerling, hören Sie mich? Frau Hagenkötter hat Ihnen Hühnerbrust in Butter gebacken«, preßte sie mühsam zwischen dem kostbaren Stück Papier hervor, »und dazu Reis, ganz leicht.«

Sie lauschte.

Dann hörte sie eine nahezu erstorbene Stimme flüstern: »Sehr aufmerksam von Frau Hagenkötter. Aber ich hatte ausdrücklich gebeten, mein Fasten und meine Magenschwäche zu berücksichtigen.«

Schwester Maria stellte das Tablett auf den Boden. »Außerdem habe ich Ihnen noch ein Fläschchen von ihrem Roten mitgebracht.«

Sie wartete wieder, aber die Antwort war tiefes, schicksalschweres Schweigen.

Schwester Maria nahm nun den Scheck aus dem Mund, lächelte verschmitzt und schob ihn zur Hälfte unter der Tür durch. Nach grabesstillen Minuten wurde er endlich nach innen gezogen – und wieder kein Ton.

Nun bekam Schwester Maria es mit der Angst zu tun. Vielleicht war sie zu spät gekommen, und Kaplan Kümmerling war soeben verstorben?

Sie hatte schon die Hand auf der Klinke, da wurde die Tür aufgerissen, ein strahlender, lachender, wieder zum Leben erblühter Kaplan Kümmerling blickte sie an. Seine Augen glühten vor Glück, als er ihr den Scheck entgegenhielt. Schwester Maria mußte nun auch lachen.

»Das ist doch immerhin schon ein erfreulicher Anfang, nicht wahr?«

Kaplan Kümmerling umarmte sie stürmisch und küßte sie auf beide Wangen. »Das vergesse ich Ihnen nie, Schwester! Und noch in der Stunde meines Todes werde ich Ihrer gedenken!«

Dann stürzte er trunken vor Seligkeit an ihr vorbei und rannte, so schnell er konnte, die Treppe hinunter.

Frau Hagenkötter umarmte ihn wie einen verlorenen Sohn und schob ihn nach vielen Worten und Tränen ins Eßzimmer, wo Dechant Strathmann ihn bereits erwartete.

Am Tag darauf setzte Schwester Maria ihre Sammelaktion fort, um auch noch den Restbetrag für Gertrudes Reparatur zusammenzubekommen. Es wäre nicht Schwester Maria gewesen, wenn sie nicht auch die Familie Seifert mit einbezogen hätte, um damit gewissermaßen zwei Fliegen mit einer Klappe zu schlagen.

Als sie an der Tür klingelte, öffnete Frau Seifert langsam die Tür und lächelte Schwester Maria zurückhaltend zu.

»Tut mir leid, Schwester, aber wir sind nicht mehr in der Kirche«, erklärte sie. »Mein Mann und ich sind schon vor der Geburt unserer Tochter ausgetreten. Wir waren katholisch.«

»Ach, so ist das. Ich verstehe. Vielen Dank«, sagte Schwester Maria und wandte sich zum Gehen. »Dann will ich nicht weiter stören.«

Sie warf noch einen neugierigen Blick in das überaus geordnete und saubere Haus, ehe sie nachdenklich, wenn auch unverrichteterdinge, dem Gartentor zuschritt.

Mochte die Sammelbüchse für heute ruhen, es drängte sie plötzlich, jetzt und sofort die Schule aufzusuchen, in der Herr Oberstudienrat Seifert unterrichtete.

Mit etwas gemischten Gefühlen betrat sie das Gymnasium, ging an mehreren Klassenzimmern vorbei und blieb erst am Ende des Ganges vor einem Raum stehen, in dem ein Höllenkrach tobte. Jungen und Mädchen brüllten durcheinander, zwischendurch bildete sich ein Sprechchor, dessen zwei Silben »Seifi, Seifi« durch rhythmisches Klopfen unterstützt wurden. Vom Lehrer Seifert selbst war nichts zu hören.

Schwester Maria fand das alles sehr merkwürdig,

deshalb bückte sie sich schnell und schaute durch das Schlüsselloch.

»Guten Morgen, Schwester Maria. Irgend etwas Besonderes?« hörte sie auf einmal die Stimme von Pastor Wölm hinter sich.

Erschrocken richtete sie sich auf und wandte sich um.

»Was wollen Sie denn hier? Müssen Sie immer dann auftauchen, wenn ich gerade etwas zu tun habe?«

»Etwas zu tun haben ist gut. Sie schauen durch das Schlüsselloch. Hat man Ihnen nie beigebracht, daß sich so etwas nicht gehört?« schmunzelte er und freute sich, daß sie zornig wurde und sich so wunderbar ärgern ließ.

Dann fuhr er fort: »Ich erteile hier sechs Stunden in der Woche Religionsunterricht. Und was machen Sie hier? Abgesehen davon ...«, und er zeigte auf das Schlüsselloch.

Schwester Maria, die ihre Fassung wiedererlangt hatte, schaute ihn geheimnisvoll an.

»Siegfried Wölm, ich sage Ihnen, wer zur Quelle will, muß immer flußaufwärts schwimmen. Kennen Sie Oberstudienrat Seifert?«

Pastor Wölm überlegte. Dann trat er dicht an Schwester Maria heran.

»Flüchtig, wirklich nur flüchtig.«

»Aber?« fragte sie lauernd.

Er ging nicht weiter darauf ein, sondern deutete mit der Hand den Flur entlang und forderte Schwester Maria somit höflich auf, mit ihm das Schulgebäude zu verlassen.

»Wie wäre es denn mit einem kurzen Tischtennismatch bei Ihnen?« fragte er. »Das lockert auf, und wir können uns dabei unterhalten.«

Schwester Maria nickte mit dem Kopf. Sie war einverstanden. »Aber nur, wenn wir uns über Seifert unterhalten.«

Schwester Maria war nicht nur eine ausgezeichnete Skatspielerin, sie konnte auch mit einem Pingpong-Schläger wunderbar umgehen.

Pastor Wölm jedenfalls geriet bereits beim ersten Match ins Schwitzen. Doch er hielt sein Versprechen und erzählte atemlos, was er wußte. »Natürlich sind der Schulleitung die Alkoholprobleme nicht unbekannt, Schwester. Doch das Kollegium will es nicht aufdecken und hält es geheim.«

»Aber diesen Lärm in der Klasse, den kann man doch nicht geheimhalten.«

Gleichzeitig servierte sie Pastor Wölm einen unerreichbaren Schmetterball. Es blieb ihm nichts, als dem Ball anerkennend hinterherzupfeifen. Er nutzte die Gelegenheit, einige Male tief durchzuatmen, ging dann in die Knie und kroch in eine Ecke, wo er den Ball wiederentdeckte. Genau in diesem Augenblick betrat Dechant Strathmann den Raum.

»Störe ich?« fragte er freundlich.

Schwester Maria schüttelte den Kopf.

»Durchaus nicht. Wir haben unter anderem über Herrn Oberstudienrat Seifert gesprochen.«

Dechant Strathmann nahm Schwester Maria den Tischtennisschläger aus der Hand.

»Ich wußte es«, sagte er, »daß Ihnen Seifert keine Ruhe läßt. Obwohl er nicht mehr zu unserer Gemeinde gehört.«

Dann wandte er sich an Pastor Wölm.

»Wenn Sie wieder hochkommen, erschrecken Sie nicht, Sie haben einen neuen Partner«, lachte er, als er sah, wie Pastor Wölm ihn verdutzt anschaute.

Dann begrüßten sie sich lachend und stürzten sich mit wildem Eifer in die nächste Runde. Pastor Wölm hielt sich einige Zeit ziemlich tapfer, aber dann erlag er einem gekonnten Rückhandschmetterball und mußte wieder gebückt auf Suche gehen.

»Ich habe das Gefühl«, meinte er fröhlich, »bei mir fällt die Tischtennisplatte etwas nach unten ab.«

Nach einer atemberaubenden halben Stunde legten sie ihre Pingpong-Schläger auf die Tischplatte und ruhten sich aus.

Ihr Gespräch kehrte wieder zu Oberstudienrat Seifert zurück.

»Seifert hat erhebliche Disziplinprobleme mit seinen Schülern, aber das schon seit Jahren«, meinte Pastor Wölm. Er schaute Dechant Strathmann an, und beide ließen ihren Blick vielsagend zu Schwester Maria wandern. Wortlos waren sie sich einig. Sie würde sich wieder einmischen, ob sie es nun für aussichtsreich hielten oder nicht.

Schwester Maria war es auch, die dafür kämpfte, daß die Orgelbauer Gruber & Sohn Gertrude heilen sollten. Endlich gab Dechant Strathmann nach und erteilte ihnen den Auftrag. Damit ging auch für Kaplan Kümmerling endgültig wieder die Sonne auf. Frohgemut zog er sich einen grauen Kittel über sein Priestergewand und legte im Schweiße seines Angesichts selbst mit Hand an, wenn es sein mußte, bis tief in die Nacht hinein.

Diese Lage nutzte nun Schwester Maria, listig wie immer, auch wieder einmal für ihre weiteren Pläne aus.

Seufzend wandte sie sich an Dechant Strathmann. »Kaplan Kümmerling ist ja jetzt völlig überlastet«, klagte sie. »Neben seiner Gemeindearbeit nun auch noch diese Orgelprobleme.«

Dechant Strathmann schaute seine Schwester mißtrauisch an. »Nun reden Sie nicht um den heißen Brei herum. Worauf wollen Sie denn schon wieder hinaus?«

»Es ist doch richtig, daß Pastor Wölm sechs Stunden Religion am Gymnasium unterrichtet?«

Dechant Strathmann nickte beifällig. »Ja, und Kaplan Kümmerling auch. Und wissen Sie was: Früher habe ich das gemacht.«

Sie übersah die sich nun runzelnde Stirn des Dechanten, als sie fortfuhr: »Ich habe die Befähigung zum Lehramt an höheren Schulen für Mathematik, Physik, Chemie und katholische Religion.«

Dechant Strathmanns Gesicht wurde nachdenklich. »Ja, ja, ich weiß das. Ich habe Ihre Unterlagen sorgfältig durchgesehen. Kurzum, was ich da so heraushören kann: Sie möchten den Kollegen Kümmerling am Gymnasium vertreten.«

»Natürlich nur, wenn er sich dazu bereit erklärt.«

»Das hat er schon. Aber seien Sie nicht enttäuscht, meine Tochter. Die Teilnahme am Religionsunterricht ist bei uns freiwillig, genau wie der Kirchgang.«

Schwester Maria schaute ihn kämpferisch an, als wollte sie sagen: Nun warte mal ab!

Schon am nächsten Tag war es soweit.

Schwester Maria trug eine Aktentasche unter dem Arm und ging mit ausgreifenden Schritten durch den Schulgang dem Klassenzimmer entgegen, in dem sie am Tag zuvor den Höllenlärm hatte toben hören.

Heute drang kein Laut aus der Klasse. Einen Augenblick horchte sie etwas verwundert, dann öffnete sie schwungvoll die Tür. Verblüfft schaute sie in einen großen leeren Klassenraum, in dem ein Junge und ein Mädchen freundlich auf sie warteten.

»Guten Morgen. Ich bin Schwester Maria und vertrete Kaplan Kümmerling. Wo sind denn die anderen?«

»Das sind wir«, erwiderte der Junge.

Und das Mädchen erklärte: »Mehr gibt es nicht. Aus den drei Parallelklassen haben nur wir beide den Leistungskurs in Religion belegt.«

Schwester Maria legte ihre Aktentasche auf das Pult.

»So, so, ihr beiden seid also meine ganze Klasse in Religion. Das ist ja nicht gerade sehr viel.«

Die Kinder nickten unbeeindruckt, gingen zu ihrer Bank und schlugen die Bücher auf.

»Kaplan Kümmerling wollte mit uns heute das Erscheinungsbild des Atheismus in den Schriften Ludwig Wittgensteins in Synthese zu den Ausführungen Ignatius von Loyola bearbeiten«, sagte das Mädchen dann endlich und schaute Schwester Maria groß an.

Diese schluckte zuerst einmal, denn auf einen solch schwierigen Stoff war sie nicht vorbereitet gewesen. Allerdings war sie gebildet genug, um darauf eingehen zu können.

»Wittgenstein und Loyola, der Grundtenor beider Philosophen, das dürfte Ihnen bekannt sein, läßt sich auf einen einzigen altchristlichen Terminus subsummieren. Der wäre?«

Etwas hilflos schauten sich die beiden an, und Schwester Maria gab die Antwort selbst.

»Misericordia, also Barmherzigkeit. Das Mitleid spielt sowohl in den Schriften Wittgensteins als auch Loyolas eine entscheidende Rolle. Definieren Sie mir bitte Mitleid, Fräulein.«

»Antonella Calucci.«

Schwester Maria strahlte.

»Sie sind Italienerin?«

»Ja, mein Vater hat hier eine Pizzeria«, antwortete Antonella eifrig.

Schwester Maria war entzückt.

Der Unterricht fing an, Schwester Maria Spaß zu machen. Und weil sie selbst so mit Eifer bei der Sache war, fanden auch ihre beiden Schüler Freude an der Religionsstunde, und außerdem – was ja die Hauptsache war – konnte sie sich endlich eingehend mit Herrn Seifert beschäftigen. Noch am gleichen Tag paßte sie ihn so ab, daß sie mit ihm gleichzeitig zum Auto gehen konnte.

»Ich wünsche Ihnen noch einen angenehmen Tag, Herr Seifert«, sprach sie ihn an.

Zerstreut blickte er hoch.

»Was bitte? Wie? Ach so, ja, Ihnen auch, Schwester.«

»Ich vertrete Kaplan Kümmerling«, erklärte sie ihm und lächelte.

»Viel Glück«, murmelte er undeutlich, stieg in sein Auto und fuhr rückwärts aus der Parklücke heraus.

Besorgt schaute Schwester Maria ihm nach. Als er auch noch scharf bremsen mußte, um nicht einen Radfahrer anzufahren, war sie fest entschlossen, sich der Sache anzunehmen.

»Hier tut Abhilfe dringend not«, sagte sie sich. Und da sie schon wieder einen Einfall hatte, der einer Beichte bedurfte, beruhigte sie sich mit dem weisen, wenn auch umstrittenen Zuspruch: Der Zweck heiligt die Mittel.

Nachmittags ließ sie Johannes, den Taschendieb, kommen, um mit ihm ein höchst zweischneidiges Schwert zu schmieden.

Als sich Herr Seifert am nächsten Tag liebevoll von seiner Frau verabschiedet hatte, um zur Schule zu fahren, wurde er auf dem Weg zur Garage von jemandem angerempelt, der sich kurz entschuldigte und verschwand.

Kurze Zeit später, als Herr Seifert seine Autotür öffnen wollte, suchte er vergeblich nach seinem Schlüssel und kehrte schließlich kopfschüttelnd um. Johannes hatte das aus einiger Entfernung beobachtet und rieb sich vergnügt die Hände. Siegessicher stieg er an der nächsten Straßenecke in Schwester Marias Wagen und reichte ihr die entwendeten Autoschlüssel.

»Also, so habe ich das nicht gemeint«, schimpfte sie ihn. »Sie sollten, wenn Sie können, die Zündung außer Betrieb setzen!«

»Sie müssen sowohl das eine wie auch das andere beichten, also ist es ohnehin gleichgültig«, erwiderte Johannes gelassen.

»Bringen Sie sofort den Schlüssel zurück!« befahl sie. »Jetzt wird er ohnehin den Zweitschlüssel holen.«

Johannes schüttelte den Kopf und reichte ihr erneut einen Autoschlüssel. »Dies hier ist der Zweitschlüssel. Den anderen hab' ich ihm gestern nach unserem Gespräch weggenommen.«

Schwester Maria schüttelte entsetzt – weil sie sich dankbarer Gefühle nicht enthalten konnte – den Kopf.

»Ich werde Sie jetzt zum Bus bringen«, sagte sie streng. »Sie verschwinden, und ich werde mit mir ins Gericht gehen.«

Zu Hause in ihrem Gartenhäuschen ließ sie sich auf die Gebetsbank sinken und flehte Gott um Vergebung an. Dann wickelte sie die Schlüsselbeute ein und machte ein Päckchen daraus. Die eigenen Autoschlüssel hängte sie wehmütig an einen Haken im Büro.

»Strafe muß sein«, flüsterte sie sich zu, holte ein uraltes Fahrrad hinter dem Haus hervor und radelte davon. Das Päckchen mit den Autoschlüsseln fuhr mit.

Es kam ihr durchaus gelegen, daß sie unterwegs von Kindergartenkindern aufgehalten und überredet wurde, mit ihnen ein wenig zu spielen.

Vielleicht würde sie das etwas ablenken von ihrem tonnenschweren Schlüsselpäckchen.

Ihr Frohsinn war gerade im Begriff, sich wieder zu erholen, da wurde er erneut schwer gedämpft.

Frau Weber und ihre beiden Freundinnen tauchten auf. Auf ihren Gesichtern malte sich geifernde Neugier. Sie stürzten sich nahezu auf Schwester Maria.

»Wann wird denn im Hause Gnecko Hochzeit gefeiert?« fragten sie scheinheilig und mit der unverkennbaren Absicht, ihr doppelmoralisches Gift zu versprühen.

»Wenn es an der Zeit ist, Frau Weber«, antwortete Schwester Maria ruhig. Sie war fest entschlossen, sich nicht wieder aus der Fassung bringen zu lassen.

»Sie ist doch im 5. Monat, Schwester«, gab Frau Lissa mit süßer Stimme zu bedenken.

»Ja, wenn das so ist, meine Damen, dann reden Sie Markus und Julia ins Gewissen und nicht mir«, antwortete sie schon etwas gereizter.

Mit der sicheren Ahnung für Mißgunst und Bösartigkeit und dem natürlichen Antrieb zu überlebensnotwendigen Handlungen rief sie ihre Kinder heran und schlug ein Wettrennen vor, was diese mit jubelnder Begeisterung aufnahmen. So wurde sie erstens ihren Zorn los und zweitens das giftige Damentrio.

»Auf die Plätze, fertig, los«, rief ein kleines Mädchen laut, und schon jagten die Kinder davon, Schwester Maria mit fliegendem Gewand mittendrin, und ließen die drei Hexen verärgert zurück.

An ihrem nächsten Unterrichtstag traf sie sich in der Schule mit Pastor Wölm. Als sie ihm das Schlüsselpäckchen zeigte und ihm den Sachverhalt kurz erklärte, zeigte er sich nicht gerade begeistert.

»Schwester Maria, ich muß Ihnen ganz ehrlich

sagen, diesmal haben Sie ziemlich großen Mist gebaut.«

»Sagt Dechant Strathmann auch«, gab sie zerknirscht zu. »Aber ich wollte das gar nicht. Johannes hat nur wieder mal eigenwillig gehandelt.«

Ihre Unterhaltung wurde durch das Kreischen und Lärmen aus Herrn Seiferts Klasse erheblich gestört.

»Der Schulleiter ist einer unserer urchristlichsten Gemeindemitglieder«, erzählte Pastor Wölm. »Ich habe mit ihm über Seifert gesprochen, unter vier Augen.«

»Und?« fragte Schwester Maria gespannt.

»Der hält die Hand schützend über Seifert, obwohl er schon seit Jahren ein Dienststrafverfahren einleiten müßte. Sie sehen, auch wir Protestanten sind brave Christenmenschen.«

»Bitte, Siegfried, heute kann ich überhaupt keinen Spott vertragen.«

Pastor Wölm deutete schmunzelnd auf das Päckchen.

»Bei euch heißt Dienststrafverfahren ja wohl Ausschluß aus der Kirche, nicht wahr?«

»Ich kann heute auch Ihre Witze nicht vertragen, Pastor Wölm.«

Er schaute Schwester Maria mitfühlend an. Dann lief er plötzlich an ihr vorbei und stürmte in das Klassenzimmer von Herrn Seifert.

Schlagartig war es dort still.

Als er wieder herauskam, rieb er sich die rechte Hand.

»Ich habe nur mal mit der Faust auf den Tisch gehauen und habe endgültig das Ansehen von Oberstudienrat Seifert untergraben. Aber was soll's. Das hat er ja schon seit Jahren nicht mehr, der arme Kerl. So, Schwester, jetzt sind Sie am Zug. Ich habe jetzt eine Doppelstunde.«

Herr Seifert konnte es sich beim besten Willen nicht erklären, was mit seinen Schlüsseln geschehen war.

Nachdem er überall gesucht und seinen Schreibtisch auf den Kopf gestellt hatte, machte er sich schließlich auf den Weg zur Tankstelle Krüger, um Julia zu bitten, ihm neue anfertigen zu lassen.

Schwester Maria, die sich gemeinsam mit Herrn Krüger gerade neue Keilriemen für ihr Auto anschaute, erschrak nicht wenig, als sie Herrn Seifert im Gespräch mit Julia entdeckte. Sie hörte Herrn Krüger nur noch geistesabwesend zu.

»Ich mag Markus«, schwatzte er freundlich. »Ein netter, strebsamer Junge. Und Gnecko, der olle Döskopp, läßt seine Autos auch wieder bei mir warten.«

»So fügt sich doch alles zum Besten«, gab Schwester Maria etwas leblos zurück.

Herr Krüger schaute sie von der Seite an. »Sie sind heute schlecht gelaunt, Schwester. Habe ich recht? Ein gerissener Keilriemen bringt Sie doch sonst nicht so aus der Fassung. Oder ärgert es Sie immer noch, daß meine Julia und Ihr Markus nicht vor Dechant Strathmanns Traualtar getreten sind? Also wenn überhaupt, heiraten die beiden evangelisch.«

Schwester Maria winkte müde ab.

»Nein, nein, keine Sorge. Ich gönne auch Pastor Wölm dann und wann einen Erfolg.«

»Sie wären also nicht dagegen?« fragte Herr Krüger interessiert.

»Wenn es soweit ist«, meinte Schwester Maria trokken, »dann werde ich dagegen sein, darauf können Sie sich verlassen.«

Aus den Augenwinkeln bemerkte sie, wie Herr Seifert zu Fuß die Tankstelle verließ.

»Bitte entschuldigen Sie mich, Herr Krüger, aber ich

habe da schnell eine ganz wichtige Sache zu erledigen.«

Eilig lief sie hinaus, stürzte Herrn Seifert hinterher und ließ einen völlig verwunderten Herrn Krüger zurück.

Trotz ihrer Eile versuchte sie, ihn so unauffällig wie möglich zu verfolgen. Dabei hatte sie nur den erheblichen Nachteil, daß sie in ihrer Kutte fast nicht zu übersehen war.

Herr Seifert hatte sie ziemlich bald entdeckt, und um die ganze Angelegenheit abzukürzen, setzte er sich auf eine Parkbank und wartete ergeben, bis Schwester Maria ihn erreicht hatte.

»Ich kann Ihnen nur das eine sagen, daß mir noch nie eine Nonne nachgestiegen ist, Schwester Maria«, sagte er lächelnd.

Sie setzte sich neben ihn. »Ich bin mehr oder weniger auch eine Kollegin für Sie.«

Dann nahm sie mutig das Päckchen aus ihrer Tasche, entfernte den Bindfaden, packte es aus und reichte es ihm.

Völlig verblüfft erkannte er seine Autoschlüssel.

»Bitte fragen Sie mich nicht, woher ich sie habe.«

Herr Seifert schüttelte den Kopf. »Ich frage Sie aber.«

»Dann müssen Sie mich auch fragen, warum ich sie habe. Vorgestern hätten Sie nämlich beinahe einen Radfahrer überfahren.«

»Ich erinnere mich nicht«, sagte Herr Seifert gequält.

»Wollen Sie sich nicht erinnern? Oder erinnern Sie sich wirklich nicht?« bohrte Schwester Maria weiter und schaute ihn lange an.

»Herr Seifert«, fuhr sie fort, »ich habe mehrfach versucht, mit Ihnen Verbindung aufzunehmen. Seien Sie versichert, daß es mir sehr schwerfällt, jetzt mit Ihnen zu reden.«

Herr Seifert machte eine ungehaltene Bewegung mit der Hand. »Was wollen Sie von mir?«

»Ein Unglück verhindern. Auch wenn es Sie verletzt. Ich spreche ganz offen, und ich handle ohne Rückendeckung meiner Kirche.«

»Gewissermaßen als Mensch«, unterbrach er sie spöttisch.

»Als Mitmensch«, antwortete sie ruhig. »Ich bitte Sie wirklich von ganzem Herzen: Nehmen Sie Urlaub, mindestens ein Vierteljahr.«

»Warum, Schwester Maria?«

Sie deutete lediglich auf seine ausgebeulte Jackentasche.

»Deswegen, Herr Seifert. Ihre Frau und Ihre Tochter ahnen wohl nicht, daß Sie morgens, bevor Sie die Schule betreten, erhebliche Mengen Alkohol trinken, nicht wahr?«

»Ich muß doch sehr bitten, Schwester«, entrüstete er sich, aber es wirkte ziemlich unsicher.

Schwester Maria ließ sich nicht beirren.

»Ich bitte Sie auch um etwas. Begeben Sie sich in die Obhut einer Klinik.«

»Schwester Maria!« brauste er jetzt auf. »Sie behaupten, niemand schickt Sie? Aber ich stelle fest, daß Sie Ihre Befugnisse erheblich überschreiten!«

Schwester Maria nickte.

»Da haben Sie zu hundertfünfzig Prozent recht!«

Herr Seifert schwieg einen Moment, nahm beide Autoschlüssel in die Hand und steckte sie in seine Jakkentasche.

»Es sind Bestien«, sagte er leise. »Schon seit Jahren. Und ich bin kein guter Lehrer. Ich bin eigentlich überhaupt kein Lehrer. Ich war ein guter Boxer, ja, das war ich. Und ein guter Student. Ein Wissenschaftler sozusagen.«

Schwester Maria unterbrach ihn. »Erinnern Sie sich noch an Markus Gnecko?«

»Sicher, ein begabter Junge.«

»Er behauptet, Sie seien ein ausgezeichneter Wissenschaftler, und Sie wären durchaus mitverantwortlich dafür, daß er Mathematik und Physik studiert.«

Herr Seifert lächelte sie traurig an.

»Ich freue mich, daß Markus Gnecko das sagt«, meinte er und erhob sich. »Aber es hat trotzdem alles keinen Sinn.«

Auch Schwester Maria stand auf. »Sie haben mein Mitgefühl, aber ersparen Sie Ihrer Familie noch größeren Kummer – und verzeihen Sie mir bitte.«

Dann drehte sie sich um und ging davon.

Herr Seifert ließ sich wieder müde auf die Parkbank fallen und blieb noch eine Weile dort alleine sitzen.

Als Schwester Maria außer Sichtweite war, holte er den Flachmann aus der Jackentasche und trank ihn in großen Schlucken leer.

Schwester Maria war nicht nur unzufrieden mit sich, sie war zutiefst unglücklich und bedurfte eines Trostes. Es half nichts, sie mußte mit der Generaloberin sprechen und ihr alles erzählen, wollte sie ihr inneres Gleichgewicht wiederfinden.

Also rief sie die Generaloberin an. Diese hörte ihr ganz ruhig zu. Bei aller Strenge war sie großzügig, warmherzig und immer bereit, menschliche Schwächen, die bereut wurden, zu verzeihen. War sie doch klug genug zu wissen, daß Schwester Maria an ihren Fehlern wachsen würde.

»Maria«, sagte sie leise, »es gibt einen Spruch, dessen Sinn ich mir ein Leben lang gemerkt habe. Hörst du mir zu? Merk ihn dir: Jeder Helfer sollte bedenken, daß man auf dem richtigen Weg sein kann, aber vielleicht nicht der richtige Helfer für den Weg sein muß. Das heißt, du hast in der Sache recht, aber sie geht dich nichts an.«

Da just in diesem Augenblick die Prokuratorin hereinkam und sich vor ihr aufbaute, groß und dunkel wie ein lebendig gewordenes Ketzergericht, so flüsterte die Generaloberin ein schnelles »Maria, behüt dich Gott!« und legte den Hörer hastig auf.

Schwester Maria indessen behielt den Hörer noch in der Hand und dachte über die Worte der Generaloberin nach. Dann legte auch sie auf.

Von draußen fielen die milden Strahlen der untergehenden Sonne herein. Schwester Maria stand auf, öffnete die Tür und atmete tief die frische Abendluft ein. Dann ging sie hinaus, schlenderte noch ein wenig durch ihren Garten und versuchte mühsam, ihre Tränen zurückzuhalten.

Gottlob verhinderten die vielen trennenden Kilometer, daß sie das Gespräch mit anhören mußte, das sich im Anschluß an den Telefonanruf zwischen den beiden hohen Ordensfrauen im österreichischen Stammkloster entspann.

»Marias Eltern«, begann die Prokuratorin, »haben ihrer Tochter nach ihrem Probejahr in unserem Kloster eine großzügige Mitgift für unseren Orden zur Verfügung gestellt. Ich habe diese Mitgift errechnen lassen. Von unserer Telefonvermittlung hörte ich, daß unsere Mitschwester Maria Sie heute viermal äußerst dringlich sprechen wollte.«

Die Generaloberin nickte.

»Ja, das ist richtig, und ich habe auch mit ihr gesprochen. Der Grund ist, daß sich Maria nicht wohl fühlt. Sie ist völlig überanstrengt. Die Orgel von St. Katharina ist schrottreif, und sie hat innerhalb von vier Tagen 6 840 Mark für die Wiederinstandsetzung aufbringen müssen.«

Die Prokuratorin schaute böse drein.

»Das Streben nach Geld gehört nicht zu den wesentlichen Obliegenheiten unserer Gemeinschaft, Ehrwürdige Mutter«, sagte sie scharf.

»Aber eine stumme Orgel lobt auch nicht den Herrn. Und Maria fehlen immer noch 11 000 Mark für die Orgel. Meine Tochter, Marias Mitgift übersteigt diese 11 000 Mark doch bei weitem. Ich gestatte nicht, daß irgend jemand ihr vorrechnet, was ihre Familie unserem Herrgott an Mitgift gegeben hat.«

Die Prokuratorin nickte starr und wandte sich zum Gehen.

»Und übrigens, die Überwachung unserer Telefonvermittlung«, rief ihr die Generaloberin hinterher, »gehört nun wiederum nicht zu deinen Obliegenheiten, meine Tochter!«

»Doch, Ehrwürdige Mutter.« Die Prokuratorin mußte das letzte Wort haben, worauf sie eiligst entschwand und die Tür etwas zu laut zuschlug.

Kopfschüttelnd wandte sich die Äbtissin dem Kruzifix auf ihrem Schreibtisch zu, faltete ihre Hände, betrachtete es und bekreuzigte sich.

Erst am späten Abend hatte Schwester Maria ihr inneres Gleichgewicht wiedergefunden.

Sie setzte sich an ihre Schreibmaschine und füllte für eines ihrer Gemeindemitglieder den Antrag auf einen Rentenbescheid aus.

Plötzlich wurde die Tür zu ihrem Gartenhäuschen aufgerissen, und Frau Seifert stürmte herein. Ihre Stimme klang schrill:

»Mein Mann ist verschwunden, Schwester Maria!«

Schwester Maria schaute erschrocken hoch.

»Bitte, was?«

»Zuerst wußte ich nicht, warum, aber dann wurde mir einiges klar. Er hat heute abend beim Abendbrot sehr viel von Ihnen gesprochen.«

Schwester Maria bat Frau Seifert, Platz zu nehmen, doch sie lehnte ab.

»Jetzt ist mein Mann verschwunden«, wiederholte sie aufgeregt, »und bevor er ging, hat er seine Autoschlüssel in die Toilette geworfen!«

Blitzartig stand Schwester Maria auf. »Kommen Sie mit, Frau Seifert.«

Sie liefen zum Auto, und Schwester Maria jagte los mit einem schrecklichen Verdacht.

Als ginge es um ihr Leben, so raste sie auf die bereits geschlossene S-Bahn-Schranke zu. Auf der anderen Seite, mitten auf den Gleisen, stand – nur schattenhaft zu erkennen – ein Mann. Es war Herr Seifert.

Geistesgegenwärtig riß Schwester Maria den Wagen herum, blendete ihre überstarken Fernlichter auf, um den heranfahrenden Zug durch Blinken auf die Gefahr aufmerksam zu machen.

Heftiges Schleifen und Quietschen ließ darauf schließen, daß der Zug das Warnsignal erkannt hatte und eine Notbremsung vornahm

Schwester Maria und Frau Seifert sprangen aus dem Wagen und stürzten auf Herrn Seifert zu. Die Frau nahm ihren völlig betrunkenen Mann in die Arme. »Mein Gott«, flüsterte sie, »was wolltest du mir antun!«

Herr Seifert deutete auf Schwester Maria. »Was wollen Sie?« lallte er. »Sie schwarzer Pinguin!«

Behutsam führte Frau Seifert ihren Mann von den Gleisen.

»Aber sie hat dich gerettet, mein Lieber«, sagte sie zärtlich.

Er machte eine wegwerfende Handbewegung. »Das ist ihr Beruf.«

Einen Augenblick versuchte er, Haltung anzunehmen.

»Ich werde einen Studienurlaub beantragen, Schwester«, erklärte er höflich. Und dann grinste er sie trunken an.

»Wissen Sie, was ich Ihnen wünsche? Daß Sie einmal die Mutter eines Bischofs werden!«

Widerstandslos ließ er sich von seiner Frau von den Gleisen führen.

Auch Schwester Maria verließ das gefährliche Gelände. Dabei winkte sie dem Führer des S-Bahn-Zuges zu.

Es war schon Mitternacht, als sie in ihrem Gartenhäuschen auf der Betbank kniete und mit ihrem Herrgott lange, lange Zwiesprache hielt.

Schwester Marias geistesgegenwärtige Tat hatte sich schnell herumgesprochen. Sie brachte ihr viel Lob und Bewunderung ein.

Herr Gnecko hielt den Zeitpunkt für gekommen, ihr durch einen gewaltigen Blumenstrauß, von Markus und Julia überbracht, seine Hochachtung zu bezeugen. Auch Pastor Siegfried Wölm schenkte ihr einen Blumenstrauß. »Mit den besten Empfehlungen meines Presbyters, Herrn Oberstudiendirektor Kraatz«, sprach er feierlich. »Wir leben in einer kleinen Gemeinde, und die hat einen kurzen Dienstweg. Mathematik- und Physiklehrer sind bei uns Mangelware. Als Seelsorger der mächtigen Paul-Gerhard-Gemeinde darf ich Sie bitten, für die Zeit des Erholungsurlaubs von Oberstudienrat Seifert die Vertretung an unserem Gymnasium zu übernehmen. Kleiner Dienstweg, Sie verstehen.«

Schwester Maria ging lächelnd auf seinen gestelzten Ton ein.

»Tut mir leid, Siegfried, das gehört nicht zu meinen Pflichten. Vertretungen müssen genehmigt werden.«

»Dechant Strathmann hat schon zugestimmt«, lachte er, »und die Blumen sind übrigens aus seinem Garten.«

»Aha, aus seinem Garten. Und von wem sind sie nun wirklich, die Blumen?« fragte Schwester Maria und schüttelte mit gespielter Empörung den Kopf. »Von Oberstudienrat Direktor Kraatz, von Ihnen, vom Presbyter oder von Dechant Strathmann?«

Pastor Wölm machte eine tiefe Verbeugung.

»Gewissermaßen ein ökumenischer Strauß, liebe Frau Kollegin. Kaplan Kümmerling übernimmt übrigens wieder den Religionsunterricht und Sie für ein Vierteljahr oder für ein halbes Jahr den Mathematik- und Physikunterricht. Schließlich – so eine Orgel kostet ja eine Stange Geld.«

Schwester Maria wußte nicht so recht, was sie dazu sagen sollte. »Es gibt schließlich noch Schulbehörden«, meinte sie zaghaft. »Was sagen die denn dazu?«

»Keine Ahnung. Ich habe nicht die geringste Vorstellung, wie das lief. Jedenfalls hat die Schulbehörde Einsicht in Ihre Schulakten genommen. Kurzum, Schwester Maria, Sie sind eine naturwissenschaftliche Perle in unserem protestantischen Sumpf. Sagen Sie bitte ja.«

Schwester Maria war ziemlich verwirrt, denn das Angebot reizte sie ungeheuerlich.

»Also ja sagen, das kann ich irgendwie nicht. Auf jeden Fall sage ich nicht nein. Aber ich möchte vor allem alles von Oberstudiendirektor Kraatz schriftlich haben.«

Pastor Wölm lachte hellauf.

»Ach du liebe Zeit, Schwester Maria. Mein Kirchenvorstand wird Ihnen niemals etwas schriftlich geben. Da müßte er ja von allen guten Geistern verlassen sein. Die Sache geht in Ordnung so, und Oberstudienrat Seifert ist auf Erholungsurlaub. Und damit basta. Sie übernehmen zeitweise eine Aushilfsstellung. Na und, was soll's schon?«

Selbstverständlich teilte Schwester Maria auch dieses Ansinnen ihrer Generaloberin mit, die ihr die Erlaubnis dazu gab und ihr von Herzen gutes Gelingen wünschte.

Als Schwester Maria vor der Tür der Klasse 10 stand, ihrer Klasse also, hörte sie das gleiche Toben und Gejohle wie eh und je. Anscheinend hatte man sich vorgenommen, die alberne Nonne genauso zu empfangen wie Seifi. »Na ja, denn viel Spaß«, sprach sich Schwester Maria Mut zu, öffnete die Tür und trat ein.

Das war für die Schülermeute Grund genug, völlig außer Rand und Band zu geraten. Sie gebärdeten sich, als hätten sie Dynamit verschluckt, und schrien und kreischten, daß es die wahre Wonne war.

Allerdings macht so etwas nur Vergnügen, wenn solch ein Spaß auch entsprechend angenommen wird und die Wirkung des Gegners wie erwartet ist, nämlich in diesem Fall, daß er einen Wutausbruch allerhöchster Güte bekommt und danach für immer den Raum verläßt.

In dieser wilden Hoffnung steigerten sie sich in ihre Höchstform, erreichten Lautstärken, die ihren eigenen Trommelfellen weh taten, sprangen über Bänke, schlugen sich in ihrer gegenseitigen Begeisterung Bücher auf den Kopf und gaben schlichtweg ihr Allerletztes.

Nur leider machte der über Jahre eingespielte Terror nicht den geringsten Eindruck. Da sie meistens mit viel weniger Einsatz ihr nervenzerfetzendes Ziel erreichten, wußten sie nicht, wie schnell das Spielchen langweilig werden konnte. So schrien sie und schrien sie und tobten und schrien – und plötzlich verstummten sie völlig erschöpft. Die Stimmbänder versagten. Die Klasse schwieg.

»Na also, geht doch auch so«, sagte Schwester Maria nun endlich leise, die ruhig und mit unbewegter Miene an der Tafel lehnte. »Guten Morgen, meine Damen und Herren. Ich bin Schwester Maria.«

Die Klasse schaute sie völlig gebrochen an.

»Ich übernehme für einige Monate die Vertretung von Oberstudienrat Seifert. Meine letzten offiziellen Mathematikstunden habe ich in Rom erteilt. Einige von Ihnen kenne ich allerdings als Nachhilfeschüler.«

Sie hielt einen Augenblick inne, schaute freundlich auf ihre Klasse, die sie mit großen Augen fassungslos anglotzte, und sprach dann leise weiter. »Ich will ganz offen sein. Einige meiner Schülerinnen und Schüler in Rom waren Kinder, deren Familien Gerüchten zufolge der Mafia nahestehen sollten. Selbstverständlich ist das unbewiesen, aber wer weiß schon, was die Wahrheit ist. Jedenfalls blieben einige Schüler zurück, die sich lediglich auf ihre Beziehungen verlassen haben. Und die sind heute froh, daß ich weg bin.«

Schwester Maria lächelte ihre Schüler an, und endlich gab es das befreiende Gelächter in der Klasse. Die fünfzehn Bestien hatten Schwester Maria angenommen.

Wie zufällig ging sie zum Fenster und schaute auf den Schulhof. Dort unten stand Pastor Wölm und winkte. Unmerklich nickte sie und wandte sich dann wieder der Klasse zu.

»Herr Seifert beklagte Ihren Mangel in der vektoriellen Geometrie. Wer kommt freiwillig an die Tafel? Merken Sie sich schon mal eins: Wenn ich Noten gebe, bin ich brutal, aber ich würdige den Eifer!«

Tatsächlich hoben von den fünfzehn Schülern acht die Hand. Sie deutete auf die italienische Schülerin Antonella Calucci, die sie von der Religionsstunde her schon kannte.

Während Antonella zur Tafel ging, wandte sich Schwester Maria noch einmal an die Klasse.

»Kinder, wenn ihr Probleme habt, wenn ihr irgend etwas im Unterricht nicht versteht, ich habe von 12 bis 14 Uhr in meinem Büro Sprechstunde. Ihr braucht überhaupt keine Sorge zu haben, wir schaffen es. Wir werden gemeinsam Herrn Seifert überraschen. Er braucht das.«

In Spandau freute man sich schon lange auf das Radrennen der Amateure. An einem warmen Sommertag war es dann endlich soweit.

Mit Kind und Kegel machten sich die Sportbegeisterten und Schaulustigen auf den Weg, um den Pedaltretern mit nfeuernden Rufen seelischen Rückenwind zu geben. Auch Schwester Maria wollte sich das Spektakel nicht entgehen lassen. Gemeinsam mit dem Taschendieb Johannes marschierte sie zum Marktplatz, um sich hier an der Zieleinfahrt den besten Überblick zu verschaffen. Johannes, gewissermaßen beruflich unterwegs, war bald im Gewühl verschwunden. Doch entdeckte sie dafür andere bekannte Gesichter.

Herr Sarwatzki, mit Klein-Thomas auf den Schultern, den bereits in Rente gegangenen Postbeamten Latske, und etwas weiter entfernt stand auch Pastor Wölm. Dechant Strathmann dagegen bevorzugte wie immer seinen Glockenturm, um mit Feldstecher und Zigarre auf seine Kosten zu kommen.

Wie immer bei solchen Veranstaltungen vertraten sich die Zuschauer die Beine in endlosen Wartezeiten, die nur durch den blauen Himmel, die eigene gute

Laune, etwas deftige Musik, Kindergeschrei, herunterfallende Eistüten und fröhliche Zurufe ihren Zauber erzielten. Und irgendwann kommt dann der spannende Augenblick und ist im Nu vorbei.

Für Schwester Maria gab es leider überhaupt keinen spannenden Augenblick, oder zumindest einen anderen als vorgesehen. Während nämlich der erschöpfte Sieger seinen Ehrenkranz in Empfang nahm, erspähte sie Johannes, der in der Menschenmenge seinem Handwerk nachging und es schließlich so weit übertrieb, daß er sich an der Jackentasche von Pastor Wölm zu schaffen machte. Schwester Maria traute ihren Augen nicht. Und das im wahrsten Sinne des Wortes, denn sie kämpfte schon seit geraumer Zeit mit einer Sehschwäche. Also bat sie Herrn Sarwatzki, ihr für einen Augenblick seine Brille zu leihen. Aber auch das veränderte die Wahrheit nicht: Johannes steckte soeben Pastor Wölms Portemonnaie ein.

»Na warte, mein Lieber«, schnaubte sie leise in echter Empörung. »Du sollst dich deiner Beute wenig freuen!«

Ungeduldig wartete sie das Ende des Spektakels ab, um sich an einer Straßenecke den Gauner zu schnappen.

Johannes, höchst zufrieden mit seinem Tagesergebnis, lief – nichts Böses ahnend – der gestrengen Ordensfrau direkt in das engmaschige Netz. Selbstverständlich war er durch zahlreiche Strafverfahren ein hochrangig begabter Darsteller des unschuldigen Opferlamms. Selbst Johannes der Täufer hätte ihm in diesem Augenblick geglaubt. Nicht aber Schwester Maria. Fordernd streckte sie die Hand aus.

»Sie haben Herrn Gnecko eine Geldklammer mit zwei Hundertern, einem Fünfziger und einem Zehnmarkschein aus der Jackentasche entwendet«, stellte sie fest und schaute ihn wild an. Doch Johannes gab so schnell nicht auf. In wohl einstudierter Geste legte er die rechte Hand auf die Stelle, wo sein rechtschaffenes Herz klopfte, und senkte demütig den Kopf.

Doch Schwester Maria fuhr unerbittlich fort.

»Dann haben Sie einer Dame aus der Handtasche ein kleines Portemonnaie entwendet.«

»Sie meinen diese üppige Blonde«, ereiferte sich Johannes und hob den Kopf. »Mehr Schein als Sein! Die Krokohandtasche war aus Plastik und das Portemonnaie auch. Und leer war es obendrein.«

Schwester Maria holte aus der Tasche ihres Gewandes einen bereits mit Gneckos Adresse beschrifteten Umschlag. Sie öffnete ihn und deutete Johannes an, sein Diebesgut da hinein zu legen. Wohl oder übel mußte er die Geldklammer mit Gneckos Scheinen in den Umschlag fallen lassen. Sorgfältig verschloß ihn Schwester Maria wieder und steckte ihn weg. Argwöhnisch und ängstlich schaute Johannes sich um.

»Keine Sorge, das mit Herrn Gnecko wird so erledigt, daß es keiner merkt«, meinte Schwester Maria. »Aber eine Buße kann ich Ihnen trotzdem nicht ersparen.«

Johannes bekam es nun mit der Angst zu tun.

»Eine Buße? Ich habe heute morgen in Ihrer Kirche vier Kerzen angezündet. Ist das etwa nichts?«

»Das braune Portemonnaie von Herrn Pastor Wölm«, sagte sie ungerührt und schaute dem Dieb fest in die Augen.

Die Geschichte mit Pastor Wölm war Johannes wirklich peinlich.

»Ach«, schwindelte er, »dieser gut aussehende junge Mann mit dem braunen Portemonnaie war der evangelische Pastor?«

Schwester Maria nickte.

»Ja, das war er. Und am besten begeben Sie sich sofort in Pastor Wölms Luxusbehausung und geben ihm das Portemonnaie zurück.«

Johannes machte ein weinerliches Gesicht. »Und wenn er mich anzeigt?«

»Tut er nicht«, erklärte sie seelenruhig. »Er kennt Sie, und er kennt mich. Und Sie kennen ihn auch, Sie Schwindler!«

Langsam holte er aus seiner Jackentasche das braune Portemonnaie. »Sie würden sich wundern«, sagte er traurig, »wenn Sie wüßten, wieviel Knete der Pastor bei sich trägt.«

Dann wandte er sich um und ging los. Da er Schwester Marias prüfenden Blick genau im Rücken spürte, schlug er, wenn auch zögernd, den Weg in Richtung Paul-Gerhard-Kirche ein.

Am Nachmittag war wieder Ruhe eingekehrt.

Auf dem menschenleeren Marktplatz stand nur noch ein Lastwagen, auf dem soeben ein Siegerpodest verladen wurde.

Doch halt, da war noch jemand! Ein Mädchen, so klein, daß man es leicht übersehen konnte. Natalka hieß das Kind. Und da es aus Polen stammte, sprach es kein Wort Deutsch. Es hielt sich am Metallpfosten der Bushaltestelle fest und weinte bitterlich. Nicht einmal der diensthabende Bereichspolizist bemerkte Natalka. Streng und mit gewichtiger Miene wachte er über die Abbauarbeiten der Spandau-Rallye.

Auf der anderen Seite des Marktplatzes trippelten Frau Weber, Frau Lissa und Frau Kreitlein hintereinander her und betuschelten wieder irgendein aufsehenerregendes Ereignis. Frau Weber suchte verzweifelt irgend etwas in ihrer Handtasche. Was sie natürlich nicht wußte, war, daß auch bei ihr Johannes seine langen Finger im Spiel gehabt hatte.

Nur war das leider Schwester Maria entgangen, und zu übertriebener Aufrichtigkeit fühlte Johannes sich mit 40jähriger Berufserfahrung wirklich nicht verpflichtet.

Natalka jedenfalls weinte unbemerkt, und sie hätte wahrscheinlich noch lange so dagestanden, wenn nicht ein Retter gekommen wäre, der immer die untrügliche Ahnung für Kinder in der Not besaß: Herr Sarwatzki, der Kindernarr.

Sofort bockte er sein uraltes Motorrad auf, näherte sich behutsam dem Kind. Als Natalka den fremden Onkel sah, verbarg sie zunächst einmal ihr Gesicht in beiden Händen, weil sie dachte, so könne er sie nicht sehen. Sie schluchzte jämmerlich.

Herr Sarwatzki, obwohl kinderlos, war kindererfahren genug und ging erst einmal drei Meter vor ihr in die Knie, damit sie vor seiner Größe keine Angst haben mußte. Dann näherte er sich ihr langsam in geduckter Haltung. Voller Mitleid schaute er sie an.

»Hallo«, sagte er leise. »Wie heißt du denn? Wer bist du?«

Natalka wagte ein Auge. Da sie den Onkel aber nicht verstand, weinte sie um so lauter. Das tat ihm in seiner gutmütigen Seele weh, und er kam noch dichter an das Mädchen heran.

»Na du, wo sind denn deine Mama und dein Papa?«

Da das Wort »Mama« überall auf der Welt bekannt ist, mußte es auf Natalka wirken wie ein erster heimatlicher Klang. Sie brüllte herzzerreißend, denn nun fühlte sie sich irgendwie verstanden.

Endlich wurden auch Frau Weber und ihre Freundinnen aufmerksam. Dicht rückten sie zusammen und schauten hinüber zum Busbahnhof. Herr Sarwatzki war mittlerweile damit beschäftigt, Natalka mit seinem Taschentuch die Tränen abzutrocknen.

Dann stand Herr Sarwatzki auf und nahm das kleine Mädchen an der Hand, was es sich auch gefallen ließ. Dann deutete er auf sich.

»Ich heiße Sarwatzki. Sarwatzki.«

Der Name Sarwatzki war dem Kind offenbar nicht unbekannt.

»Natalka«, schluchzte es und fing wieder zu weinen an.

Herr Sarwatzki beschloß, das kleine Mädchen erst einmal zu Schwester Maria zu bringen, dort konnte man dann alles Weitere überlegen. Als die beiden am Gartenhäuschen ankamen, lief Maria ihnen schon entgegen, allerdings nicht so leichtfüßig wie sonst, denn sie fühlte sich heute ziemlich erschöpft. Sie atmete tief durch, betupfte sich mit ihrem blütenweißen Taschentuch die Stirn und versuchte, sich nichts anmerken zu lassen.

Herr Sarwatzki stellte die Kleine vor.

»Sie heißt Natalka und ist genau wie Ihr Papst Pole. Sie waren doch lange genug in Rom. Sprechen Sie Polnisch?«

Natalka faßte sofort Zutrauen zu Schwester Maria und ihrer Nonnentracht und ließ sich sogar von ihr auf den Arm nehmen. Als sie das Kind dann tatsächlich auf polnisch ansprach, schaute Herr Sarwatzki sie verblüfft an.

»Du lieber Himmel, Sie sprechen ja wirklich Polnisch! Wo haben Sie denn das gelernt?«

Schwester Maria schmunzelte.

»Beim Heiligen Vater, aber nur diesen einen Satz.«

Natalka hatte auf die Frage, wo ihre Eltern seien und wo sie wohne, den Kopf geschüttelt und wieder zu weinen angefangen.

»Was sollen wir tun?« fragte Schwester Maria und wiegte das kleine Mädchen tröstend in ihrem Arm.

»Die Polizei, dein Freund und Helfer«, antwortete Herr Sarwatzki in sprühendem Einfallsreichtum.

»Das finde ich auch.« Schwester Maria nickte, setzte Natalka auf den Boden und nahm sie an die rechte Hand.

Dann marschierten die drei gemeinsam los.

Zunächst einmal gingen sie zu Frau Hagenkötter in die Küche, wo Natalka tieftraurig, aber sehr hungrig zwei riesige Schokoladencremezwiebäcke verdrückte und dazu ein Glas Milch trank.

Dechant Strathmann kam aufgeregt hereingestürmt.

»Also, beim Deutschen Roten Kreuz haben sich noch keine polnischen Eltern gemeldet!«

»Aber bestimmt bei der Polizei«, meinte Frau Hagenkötter, die jede Bewegung des kleinen Mädchens beobachtete und sich überhaupt wie die leibliche Großmutter aufführte.

»Schwester Maria und Herr Sarwatzki werden das schon schaffen.«

»Na, hoffentlich«, gab Dechant Strathmann zurück und tätschelte Natalka die Wange.

Als Schwester Maria und Herr Sarwatzki auf dem Polizeirevier ankamen, waren die Nachrichten dort nicht erfreulich.

»Schwester Maria, es tut uns leid, aber bei uns liegt keine Vermißtenanzeige für ein kleines polnisches Mädchen vor«, eröffnete ihr ein Polizeibeamter und schaute sie mitfühlend an.

Maria setzte sich erst einmal. Sie fühlte sich plötzlich noch müder als vorher.

»Aber das kann doch gar nicht sein! Irgend jemand muß die Kleine doch vermissen.«

Erschöpft lehnte sie sich zurück.

»Trotzdem – irgendwie müssen wir die Eltern dieses Kindes ausfindig machen! Sie wissen, daß sie Natalja heißt. Sie wird Natalka gerufen, und wir wissen auch, daß sie aus Krakau kommt und mit Familiennamen Sebulska heißt.«

»Gut.« Der Beamte nickte und setzte sich an seinen Schreibtisch, um seine Kollegen von den anderen Polizeiwachen anzurufen.

Überall gab er die Daten des Kindes durch. Dann wandte er sich wieder an Schwester Maria.

»Natürlich sind wir Ihnen behilflich, die Kleine vorübergehend unter Obhut des Jugendamtes zu stellen.«

Davon wollte Herr Sarwatzki nichts hören.

»Aber so kann man die Sache doch nicht lösen! Man kann das Kind doch nicht einfach in ein Heim abschieben!« regte er sich auf und blitzte den Beamten wütend an.

Schwester Maria versuchte, ihn zu beruhigen.

»Herr Sarwatzki, ich flehe Sie an, regen Sie sich nicht auf! Ich werde die Kleine in die Obhut von Frau Hagenkötter im Pfarrhaus geben. Dort ist sie bestens aufgehoben!«

»Tut mir leid, Schwester. Das ist aber nicht statthaft«, gab der Polizist zu bedenken. »Wir müssen das Kind dem Jugendamt überstellen. Selbst eine Pfarrei ist nicht pflegeberechtigt.«

Schwester Maria verzweifelte langsam.

»Also, nur nichts überstürzen. Ich bin überzeugt, die Eltern werden ihre Tochter suchen, und so lange wird Natalja bei uns bleiben. Schließlich braucht das Kind etwas Ansprache; es muß getröstet werden, und zwar auf polnisch.«

»Genau«, nickte Herr Sarwatzki heftig, »und Schwester Maria spricht fließend Polnisch.«

Der Beamte schien zu überlegen.

»Und wenn die Eltern das Kind ausgesetzt haben, einfach so?«

Schwester Maria schüttelte traurig den Kopf.

»So etwas kann ich mir nicht vorstellen. Außerdem trägt Natalja ein goldenes Kettchen mit einem Amulett der schwarzen Madonna von Tschenstochau um den Hals. Es muß also fromme Eltern haben.«

Herr Sarwatzki und der Polizeibeamte wagten es nicht, Schwester Maria in die Augen zu schauen, denn sie teilten ihre Ansicht ganz und gar nicht, daß man ein Kind nicht aussetzen könne – und so merkten sie auch nicht, daß Schwester Maria einen leichten Schwächeanfall erlitt.

Am Abend konnte man im ersten Stock des Pfarrhauses ein hell erleuchtetes Fenster sehen. Das war das eine Ungewöhnliche, und man konnte auch etwas hören, und zwar die Hymne »Noch ist Polen nicht verloren«, das war das andere Ungewöhnliche.

Der Grund hierfür war, daß Natalja bis oben hin zugemummelt in ihrem Bettchen lag und immer wieder anfing zu weinen, so daß ihre kleine neue Familie in St. Katharina ganz aufgescheucht hin und her lief und sich allerlei ausdachte, um das Findelkind langsam ordnungsgemäß dem Sandmann zu übergeben. Aber Natalja wimmerte leise vor sich hin und wollte nicht einschlafen.

Kaplan Kümmerling saß auf einem Stuh neben ihrem Bett und sang mit der Verzweiflung eines Ertrinkenden alles, was ihm nur einfiel. Als er »O Tannenbaum« anstimmte, legte ihm Frau Hagenkötter, die gerade einen Löffel Honig in einem Glas warmer Milch verrührte, leicht die Hand auf die Schulter.

»Lassen Sie es gut sein, Kaplan Kümmerling. Irgendwann wird sie schon einschlafen.« Dann reichte sie dem Kind die Milch.

Auch Dechant Strathmann stand in der geöffneten Tür, und das Herz war allen dreien ziemlich schwer.

»Wo ist denn Schwester Maria?« fragte Frau Hagenkötter leise.

»Sie kommt gleich«, flüsterte Dechant Strathmann ebenso leise zurück.

Doch Schwester Maria konnte nicht sogleich kommen, denn sie saß auf dem Sofa von Dechant Strathmann und hatte sich völlig erschöpft zurückgelehnt.

Immer wieder faßte sie sich an die Brust, so als habe sie heftige Schmerzen. Ihr Blick blieb auf dem Kalender, der an der Wand hing, haften, aber ihre Augen konnten die Schrift nicht erkennen. Als Dechant Strathmann plötzlich sein Arbeitszimmer betrat, stand Schwester Maria sofort auf und tat, als fühle sie sich, um Bäume auszureißen.

»Schwester Maria, ich mache mir Sorgen«, sagte er, als er vor ihr stand.

»Ich auch«, nickte sie müde, lächelte etwas gequält und setzte sich wieder.

Dechant Strathmann schüttelte den Kopf.

»Nicht nur um das Kind mache ich mir Sorgen, sondern auch um Sie. Sie können mir erzählen, was Sie wollen. Ich sehe doch, daß es Ihnen nicht gutgeht.« Der Dechant schaute die Nonne nachdenklich an.

»Doch«, antwortete sie, nicht der Wahrheit gemäß.

»Sie müssen mir sagen, wenn Sie krank sind und sich nicht wohl fühlen. Legen Sie sich ein bißchen hin, notfalls rufe ich aber auch meinen Hausarzt, und das tue ich eigentlich ungern, denn der legt einen sofort flach und läßt einen so schnell nicht mehr aufstehen.«

Schwester Maria weigerte sich eigensinnig, ihre Erschöpfung zuzugeben. »Es ist wirklich nichts, Herr Dechant. Es gibt eben Tage, da fühlt man sich nicht so gut.«

Etwas mühsam erhob sie sich wieder vom Sofa.

»So, und nun werde ich meine wenigen polnischen

Sätze zusammenklauben und der kleinen Natalja gute Nacht sagen. Ich spreche nämlich kaum Polnisch, nur ein paar Wörter, und die habe ich von einer polnischen Nonne gelernt, mit der ich früher einmal zusammengearbeitet habe. Tja, ob das für ein kleines einsames Mädchen reichen wird? Ich fürchte, nein.«

Als sie das Arbeitszimmer verließ, schaute ihr Dechant Strathmann besorgt hinterher.

Am nächsten Tag fuhr Schwester Maria mit ihrem Wagen vor der Polizeiwache vor.

Allerdings fehlte der übliche Schwung beim Anhalten und auch beim Aussteigen. Auch das Gehen schien ihr schwerzufallen. Langsam betrat sie die Polizeiwache.

Fragend schaute sie die Beamten an, die sofort wußten, warum sie gekommen war. Bedauernd schüttelten sie den Kopf. »Nach 24 Stunden müssen wir leider das Jugendamt verständigen«, meinte einer der Polizisten. »Und Ihnen, geht es Ihnen besser?«

Schwester Maria nickte etwas zu eifrig.

»Es geht mir gut, ja, danke schön.« Sie zögerte. »Und sonst? Überhaupt kein einziger Hinweis?«

»Nirgendwo«, mußte der andere Beamte zugeben. »Ich habe mir die Finger wundgewählt, aber weder bei den Kollegen noch sonst irgendwo wurde die kleine Natalja vermißt.«

Schwester Maria wurde es schwindelig. Sie stützte sich auf den Tisch, der vor ihr stand, und ließ sich auf den Stuhl daneben nieder. Der Beamte war ihr erschrocken zu Hilfe geeilt.

»Ist Ihnen nicht gut, Schwester?« fragte er sie aufgeregt. »Mein Gott, Sie sind ja ganz blaß.«

»Doch, doch, es ist alles in Ordnung. Nur diese ganze Angelegenheit geht mir doch ziemlich nahe.«

»Wenn wir etwas hören, sind Sie die erste, die es erfährt, Schwester.«

»Danke, vielen Dank«, sagte Schwester Maria leise und wollte soeben die Polizeiwache verlassen, da wurde Ewald Loos von zwei Beamten in Handschellen hereingeführt. Beide, Ewald und Schwester Maria, schauten sich überrascht an.

»Wie war das bei Adam und Eva, Schwester? Wie nennen Sie das heute noch? ›Sündenfall‹, wenn ich mich nicht irre. Na gut, was soll's. Schwamm drüber. Ich wollte eben auch mal einen kleinen heißen Ofen fahren. Nun ist die Karre leider hin.«

Maria schaute ihn traurig an.

»Gucken Sie nicht so entsetzt, Schwester. Ja, das schöne rote Auto von Ihrer Freundin ist hin. Und?«

»Julias Wagen?«

»Ja, genau das. Aber es war nur eine Probefahrt, das können Sie mir glauben. Leider kann ich mir so ein schönes rotes Blech nicht leisten.«

»Ihre Mutter tut mir leid«, sagte Schwester Maria niedergeschlagen und verließ die Polizeiwache unter den mitfühlenden Blicken der Beamten.

»Wieso tut die ihr leid?« fragte Ewald die Beamten frech.

»Ich sollte ihr leid tun, hier so in Handschellen. Die Schwester hat aber recht. Halten Sie meine Mutter da raus. Sie liegt im Krankenhaus, und wegen 14 oder höchstens 18 Monaten, die mir blühen, sollte man sie nicht damit konfrontieren und ihr lieber die Aufregungen ersparen, oder?«

»Abführen«, meinte einer der Beamten nur kurz, und Ewald wurde nach hinten in den Wachraum gebracht und in eine Zelle gesperrt.

Schwester Maria saß gedankenversunken hinter ihrem Steuer und strich unwillkürlich mit dem Zeigefinger über die Figur des heiligen Christophorus an ihrem Armaturenbrett. Dann drehte sie den Zündschlüssel um, legte den falschen Gang ein und würgte den Motor ab. Das war ihr noch nie passiert. Sie wartete lange, bis sie den Wagen neu startete, und fuhr langsam davon.

Als sie an der Gneckoschen Druckerei vorbeikam, stand Herr Gnecko eben vor der Einfahrt und unterhielt sich mit dem Verkaufsfahrer. Als er Schwester Marias Auto sah, lief er aufgeregt auf die Straße und hielt sie an. Müde kurbelte sie das Seitenfenster herunter.

»Meistens kommen Sie ja nur, wenn Sie nicht gerufen sind, Schwester. Aber jetzt schickt Sie wirklich der Himmel. Schwester, wir brauchen dringend einen anständigen Frauenarzt, das heißt einen erfahrenen, guten Geburtshelfer, einen Gynäkologen.«

Dieses Ansinnen überraschte Schwester Maria nun doch etwas.

»Warum denn? Es geht doch alles seinen natürlichen Weg. Wir brauchen vielmehr einen guten Anwalt für Ewald Loos.«

»Wieso, warum? Was ist denn schon wieder? Ach, müssen wir das unbedingt hier auf der Straße besprechen?«

»Nein, gar nicht, ich komme lediglich rein zufällig hier vorbei.«

»Na, kommen Sie schon«, meinte Herr Gnecko und winkte sie in die sonst so geheiligte Einfahrt. »Ich hätte Sie ohnehin angerufen.«

Als Maria ausstieg, musterte er sie von der Seite. »Schwester, ich muß Ihnen sagen, Sie sehen schlecht aus, richtig krank.«

»Unsinn, Herr Gnecko. Ich bitte Sie, fahren wir nachher gemeinsam zu Frau Loos.«

»Wie komme ich denn dazu? Was habe ich mit Frau Loos zu tun?«

»Bitte.«

Schließlich hatte Schwester Maria Herrn Gnecko überredet. Als sie jedoch am Haus Loos klingelten, meldete sich niemand. Erst nach einiger Zeit öffnete eine junge Frau ein Fenster und erklärte, daß Frau Loos im Krankenhaus sei.

Schwester Maria verließ später das Krankenzimmer von Frau Loos und ging auf Herrn Gnecko zu, der auf einer Bank draußen gewartet hatte.

»Und, wie geht es ihr?«

»Nicht so gut«, antwortete Schwester Maria. »Aber ihr Sohn Günter ist bei ihr, und das hilft ihr seelisch ein bißchen auf die Beine.«

Dann gingen sie gemeinsam dem Ausgang zu.

»Und Sie sollten jetzt mit Ihrer Frau sprechen«, sagte Schwester Maria ein bißchen streng.

»Das habe ich doch schon.«

»Na, wundervoll. Ansonsten – was die gynäkologische Betreuung von Julia betrifft: Ich möchte nicht aufdringlich vorgreifen, aber Ihre Frau hat Ihnen doch da sicherlich eine befriedigende Antwort gegeben.«

Herr Gnecko schmunzelte. »Ja, sie sagte, ich soll mit Ihnen sprechen.«

Schwester Maria verstand die Welt nicht mehr.

»Na ja, meine Frau meinte, es gäbe da doch von Ordensschwestern geführte Krankenhäuser mit außergewöhnlich guter Dienstleistung, und dazu hätten Sie angeblich die besten Verbindungen, sagt meine Frau.«

Schwester Maria verlangsamte ihre Schritte etwas, schloß in Demut die Augen und ergriff wiederum den Rosenkranz an ihrer Seite.

Herr Gnecko war jedoch mit seinen Überlegungen noch nicht fertig. »Das müssen Sie doch zugeben, daß niemand so gut zu kleinen Kindern ist wie Nonnen. Hier sind doch Nonnen, oder?«

Schwester Maria blieb nun stehen und schaute Herrn Gnecko fest in die Augen.

»Gut, damit sind wir auch schon bei einer anderen Sache, die mir am Herzen liegt. Ich suche nämlich die Eltern eines kleinen polnischen Mädchens namens Natalja oder Natalka. Es ist eine weitere Aufgabe, die ich zu lösen habe.«

Herr Gnecko war ganz außer sich.

»Von dieser unglaublichen Kaltherzigkeit habe ich schon gehört! Es ist einfach nicht zu fassen, wie man so ein kleines Mädchen aussetzen kann!«

Schwester Maria war ziemlich betroffen.

»Es besteht keinerlei Anlaß, anzunehmen, daß dieses Kind ausgesetzt wurde.«

Herr Gnecko hatte nachdenklich seine Geldklammer aus seiner Jackentasche geholt. Die Geldscheine waren genau jene, die ihm Johannes gestohlen hatte. Er hielt das Bündel bedeutsam hoch.

»Es ist zweifellos Ihr Beruf, immer nur an das Gute im Menschen zu glauben, Schwester. Aber bei Ewald Loos, würde ich sagen, haben wir beide versagt. Nun gut, ich verstehe ja, für einen jungen Mann ist so ein Sportwagen eine verlockende Sache.«

Er hielt einen Augenblick inne, dann fuhr er fort.

»Aber ich beschaffe Ewald Loos einen geeigneten Anwalt. Allerdings sind die Aussichten für ihn ziemlich schlecht.«

Zur Zeit, so schien es, kam Schwester Maria aus den Krankenhäusern überhaupt nicht mehr heraus. Sie schritt durch Glastüren, ging lange Flure entlang, grüßte hier und dort und schien überall bekannt zu sein.

Endlich traf sie auf Schwester Agatha.

»Frau Loos geht es etwas besser, Maria«, gab sie erfreut Auskunft und fuhr dann ohne Punkt und Komma fort, »wie ich höre, ist in deinem Sankt-Katharinen-Hof die Hölle los. Allein wenn ich an die letzte Nacht denke. Und ansonsten muß ich mich auch wundern, von deinen Leuten hier jemand anzutreffen. Die meiden unsere Klinik doch sonst wie der Teufel das Weihwasser.«

Schwester Agatha lachte laut auf, etwas zu laut, wie Schwester Maria fand. Sie hob leicht die Augenbrauen und räusperte sich etwas unwillig, aber dadurch ließ sich Schwester Agatha nicht beirren.

Wie die meisten im Pflegedienst tätigen Nonnen sprach sie eine üppigere und herzhaftere Sprache als Ordensschwestern mit hoher Bildung und großem geistigem Rückhalt wie Schwester Maria.

»Möchtest du einen Kaffee?« polterte Schwester Agatha weiter und zerrte Schwester Maria geradezu in das Schwesternzimmer, wo die unvermeidliche Kaffeemaschine dampfte.

»Wenn ich mir vorstelle, daß unser Mutterhaus vor einem Jahr auf deinen Posten als Gemeindeschwester scharf war, dann kann ich ja heute nur sagen, Gott sei's gedankt, daß dieser Schleudersitz an dir hängengeblieben ist.«

Dann schaute sie Schwester Maria groß an.

»He, Kind, was guckst du denn so komisch?«

Schwester Maria guckte in der Tat etwas komisch.

»Also – wie du sprichst, Agatha.«

»Wie, was, wie spreche ich denn?«

»Na, so völlig ohne Umschweife, etwas derb, geradeheraus.«

»Ja, natürlich, sonst versteht mich hier doch kein Aas. Wie redest du denn?«

Darauf fiel Schwester Maria nichts anderes ein, als sich wieder zu räuspern.

»Piepegal«, fuhr Schwester Agatha gut gelaunt fort. »Also, der beste Gynäkologe, den ich in deiner Gegend weit und breit kenne, ist Dr. Wüstenhöfer.«

Schwester Maria widersprach ihr aufgeregt. »Aber Dr. Wüstenhöfer ist ja ausgerechnet der Arzt, den sowohl Herr Gnecko, Frau Gnecko und der Vater der Mutter ablehnen.«

»So ein Blödsinn!« empörte sich Schwester Agatha. »Der Mann ist an die 70, hat als junger Arzt fast 20 Jahre seines Lebens auf einer Mission am Kongo zugebracht, und mit seinen Patientinnen haben wir hier auf der Station die geringsten Schwierigkeiten. Schließlich bin ich Hebamme und weiß, wovon ich rede.«

Schwester Maria hatte aufgehorcht, als sie hörte, daß Dr. Wüstenhöfer so lange in Afrika war.

»Wirklich, Agatha? Er hat einen Teil seines Lebens auf einer katholischen Mission im Kongo zugebracht?«

»Nee, katholisch war sie nicht, mehr protestantisch, aber die ist heute noch bestens in Schuß.«

Die flotten Sprüche von Agatha machten Schwester Maria schwer zu schaffen. Sie nippte leicht gereizt an ihrem Kaffee. Zu allem Überfluß war auch der kein Genuß, denn das kohlschwarze Gebräu war heiß wie die Hölle und so stark, daß sich selbst der härteste italienische Espresso so dünn wie Blümchenkaffee ausgenommen hätte. Vermutlich wurde er mit einer gesamten Dose Instant-Kaffee und einem Zehntel Liter kochendem Wasser hergestellt.

»Gut, was, unser Kaffee?« setzte Schwester Agatha der Gaumenqual die Krone auf.

»Ohne unseren Kaffee kommen wir hier gar nicht über die Runden.«

»Etwas stark«, wisperte Schwester Maria entschuldigend und mußte husten.

»Ach was, das kommt dir nur so vor. Aber jetzt erzähle, was hast du noch auf deinem Herzen?«

Dabei drückte Schwester Agatha einen Knopf auf ihrem Schreibtisch, und sofort erschien eine junge Lehrschwester, weltlichen Standes und bildhübsch. Auf ein Handzeichen von Schwester Agatha trat sie näher. »Darf ich dir Elsbietha vorstellen? Elsbietha, dies ist Schwester Maria. Elsbietha stammt aus . . .«

»Krakau?« ergänzte Schwester Maria hocherfreut.

»Nein, aber dicht dabei«, sagte Elsbietha in nahezu akzentfreiem Deutsch. Dann stand Schwester Agatha auf.

»Elsbietha, zieh dir einen Mantel an, es wird gleich regnen, und begleite bitte Schwester Maria nachher hinaus.«

»Sehr gern, Schwester«, antwortete Elsbietha und verschwand.

Nun schaute Schwester Agatha Schwester Maria prüfend an.

»Maria, Maria«, meinte sie mütterlich, »du gefällst mir ganz und gar nicht.«

»Bitte?«

»Deine Gesichtsfarbe meine ich und deine Augen. Zeig mir doch mal deine Hände.«

Brav wie ein wohlerzogenes Mädchen streckte Schwester Maria ihre Hände vor. Schwester Agatha sah sich die Handinnenflächen eingehend an. Dann fragte sie leise und freundlich:

»Hast du manchmal Schwächeanfälle? Herzflimmern oder so?«

Schwester Maria schüttelte den Kopf.

Schwester Agatha hob drohend den Zeigefinger.

Dann drückte sie einen zweiten Knopf auf ihrem Schreibtisch, und als hätte er an der Tür gelauscht, so schnell stand der junge Assistenzarzt neben Schwester Maria. Vielleicht hatte die Geschwindigkeit seines Auftauchens auch mit der panischen Furcht und der gleichzeitig ehrerbietigen Hochachtung vor dem Stand der geistlichen Schwestern zu tun. Er hieß auf jeden Fall Dr. Richter und hatte wenig Haare.

»Herr Dr. Richter, wir brauchen ein paar Tests mit Schwester Maria. Blutbild, Senkung und so weiter.«

Nun schaute auch Dr. Richter Schwester Maria fest in die Pupille, die ihm anscheinend überhaupt nicht gefiel. Er machte deshalb ein bedenkliches Gesicht.

Dieser schicksalsschwere Gesichtsausdruck verwirrte Schwester Maria vollends.

»Ich bin unter anderem auch gekommen, um Frau Loos in der Inneren Abteilung aufzusuchen. Es ist dringend.«

»Innere Abteilung, wunderbar«, zwitscherte Schwester Agatha. »Herr Dr. Richter, bitte seien Sie so liebenswürdig und sprechen Sie mit Ihrem Kollegen von der Inneren.«

»Wie üblich auf dem kurzen Dienstweg?«

Schwester Maria wurde es etwas unheimlich zumute, daß man so über ihren Kopf hinweg über sie bestimmte.

»Aber ich habe keine Zeit. In meiner Gemeinde . . .«

»Die Zeit muß sein, Maria«, antwortete Schwester Agatha ziemlich kurz angebunden.

Nun kam auch Elsbietha, die Polin, herein. Sie hatte sich umgezogen und wartete im Mantel in der Tür.

»Gehen Sie mit Schwester Maria in die Innere Station. Die Patientin heißt Frau Loos, richtig?« wies Schwester Agatha Elsbietha an.

Schwester Maria nickte.

»Ja, Hedwig Loos.«

Dr. Richter hatte sich inzwischen schon am Telefon zu schaffen gemacht. »Danke, Herr Kollege.«

Und schon geleitete Schwester Agatha Maria hinaus.

Als Schwester Maria das Zimmer von Frau Loos betrat, erschrak sie zunächst heftig. Man konnte die Patientin vor Schläuchen und Tropfen kaum sehen. Außerdem wurde sie auch noch mit einer Sauerstoffmaske künstlich beatmet. Die Wachschwester, die am Bett gesessen hatte, stand auf und bot Schwester Maria ihren Platz an. Schwach hob Frau Loos ihre Hand und schaute Schwester Maria lange an. Dann nahm sie ihre Atemmaske vom Mund.

»Schwester, helfen Sie bitte meinem Sohn.«

»Natürlich, Frau Loos«, versicherte ihr Schwester Maria und drückte ihr die Hand.

»Sie müssen wissen, er ist kein schlechter Mensch.«

»Aber das weiß ich doch. Es gibt überhaupt keine schlechten Menschen.«

»Nur Sünder, nicht wahr?« sagte Frau Loos, und es spielte ein schwaches Lächeln um ihren Mund.

»Denen Gott vergibt.«

»Beten Sie mit mir?« bat Frau Loos und schaute Schwester Maria hilfesuchend an.

Schwester Maria nickte und faltete die Hände zum Gebet.

Bedrückt verließen Schwester Maria und Elsbietha eine Stunde später das Hospital. Als sie am Auto ankamen, atmete Schwester Maria tief durch und setzte sich ans Steuer.

»Soll ich vielleicht fahren?« fragte Elsbietha freundlich. »Ich habe vor drei Monaten meinen Führerschein bekommen. Gleich beim ersten Mal.«

Dieser Vorschlag erleichterte Schwester Maria sehr. »Sie möchten also fahren?«

Elsbietha nickte heftig.

»Also gut, fahren Sie.«

Schwester Maria überreichte Elsbietha den Schlüssel und setzte sich dann auf den Beifahrersitz.

Pastor Wölm wartete schon seit einer halben Stunde vor Schwester Marias Gartenhäuschen. Endlich bog auch ihr Wagen um die Ecke. Doch seine Erleichterung verflog sehr schnell, als er sah, daß sie nicht selber fuhr.

Schwester Maria stieg aus. Sie bemühte sich um Haltung, und scheinbar gelöst ging sie auf den schmunzelnden Pastor zu. Als er etwas sagen wollte, winkte sie ab.

»Ja, ja, ich weiß, Siegfried. Ich gebe es ja zu. Ich habe Johannes als reuigen Sünder zu Ihnen geschickt.«

»Das hat er auch nicht abgestritten. Es hat mich nur verwirrt, daß mein Portemonnaie auf einmal um 50 Mark reicher war als vorher.«

»Ach was!«

»Aber ich habe es dabei belassen und die Mücken eingesteckt.«

Schwester Maria funkelte Pastor Wölm an. »Ach – so läuft das bei Ihnen. ach dem Grundsatz: Wir alle sind auf Spenden angewiesen. Auf wen warten Sie hier eigentlich?«

»Oh, eine gewisse Unruhe in Ihrem Sprengel ist mir nicht verborgen geblieben. Da habe ich mich also kundig gemacht und alles Nötige erfahren, und hier bin ich.«

Schwester Maria schaute wütend zu ihm hoch. »Du liebe Güte, warum reden Sie so verbogen, wenn Sie ohnehin schon alles wissen, Siegfried!«

»Kollege Strathmann hat bei mir gebeichtet«, erklärte er fröhlich.

»Herr Pastor Wölm, bitte machen Sie keine Scherze über ein heiliges Sakrament.«

Inzwischen blickte Elsbietha, die bildhübsche, neugierig aus dem Seitenfenster heraus und betrachtete den gut aussehenden Pastor. Obwohl Schwester Maria mit dem Rücken zu ihr stand, bemerkte sie diesen Blick, und sie merkte auch, daß Pastor Wölm neugierig zurückguckte. »Kommen wir nun zur Sache«, meinte Schwester Maria streng.

»Ich bin ganz und gar bei der Sache«, antwortete Pastor Wölm nun noch vergnügter.

»Ich wollte Ihnen ja gerade erzählen, daß ich wegen Ihres kleinen Findelkindes Anouschka . . .«

»Natalja, oder besser Natalka«, verbesserte Schwester Maria kühl.

»Also gut, Natalka. Ich habe also wegen Natalka meine protestantischen Truppen im Großraum Berlin in Bewegung gesetzt.«

Schwester Marias Augen leuchteten hocherfreut, und für einen Augenblick vergaß sie ihren kleinmütigen Zorn.

»Ja und?«

»Dieses arme Würmchen wird nirgendwo vermißt.«

Schwester Maria seufzte. »Vielleicht erfahre ich gleich mehr. Fräulein Elsbietha stammt aus der Nähe von Krakau, und sie wird mit Natalka reden können.«

»Na, ich wünsche Ihnen auf jeden Fall viel Glück, Schwester Maria. Übrigens habe ich einen ganz guten Draht zu unserem Jugendamt. Also – wenn Sie Hilfe brauchen . . .«

»Danke.«

»Und mit dem evangelischen Gefängnisseelsorger in

Moabit bin ich auch gut befreundet. So wie ich Sie kenne, wollen Sie doch sicherlich Ewald Loos im Gefängnis besuchen.«

Schwester Maria nickte heftig.

»Natürlich, das hab' ich seiner Mutter versprochen.«

»Ich werde versuchen, Ihnen eine Besuchsgenehmigung zu verschaffen.«

Schwester Maria war geradezu empört.

»Natürlich besuche ich ihn. Aber dazu brauche ich Sie doch nicht!«

»Es ist beinah genauso schwer, in ein Gefängnis hineinzukommen, wie hinaus.«

Das verstand Schwester Maria nun überhaupt nicht, aber Pastor Wölm ließ sich nicht aus der Ruhe bringen.

»Immer mit dem Kopf durch die Wand, nicht wahr? Und wenn es Gefängnismauern sind. Auf Wiedersehen, Schwester.«

Er drückte ihr freundschaftlich die Hand, die brennend heiß war. »Um Gottes willen, Schwester, haben Sie Fieber?«

Er legte ihr die andere Hand auf die Stirn.

Unwillkürlich wich Schwester Maria zurück.

»Sie haben Fieber, Schwester«, wiederholte er.

»Ach, Unsinn. IcIh sitze auf glühenden Kohlen und danke für Ihre Hilfe.« Eilig wandte sie sich ab, während Pastor Wölm ihr beunruhigt nachschaute.

Vor dem Altar der St.-Katharina-Kirche beteten Kaplan Kümmerling und Klein-Natalka, die sich offensichtlich mit ihrem katholischen Glauben bestens auskannte. Beide knieten auf einer Betbank und waren von ganzem Herzen in die Zwiesprache mit ihrem Herrgott vertieft, als sich leise die Kirchentür öffnete. Das allerdings bemerkte nur Kaplan Kümmerling. Er schaute sich vorsichtig um und war froh, die Ankommenden zu sehen. Behutsam legte er den Zeigefinger auf den Mund, und so warteten alle, bis Natalka ihre auf polnisch geführte himmlische Unterhaltung beendet hatte. Dann gingen Schwester Maria und Elsbietha zu dem kleinen Mädchen, das nun doch auf die vielen Fragen etwas ängstlich guckte, hilfesuchend Dechant Strathmann, Frau Hagenkötter und dann den guten Sarwatzki anschaute. Auf ihm blieb ihr Blick haften, und er nickte ihr ermunternd zu.

Noch einmal fragte Elsbietha, wie sie heiße, aber Natalka schwieg, und so beließen sie es zunächst einmal dabei.

Müde und sehr abgespannt ging Schwester Maria abends zu ihrem Gartenhäuschen. Sie schloß die Tür auf, betrat das Haus und schaute sich unschlüssig, ja fast ratlos in ihrem Büro um. Dann wandte sie sich an ihr Kruzifix.

»Natalka hat in einem dunklen Blechkasten gesessen, der gebrummt hat, also in einem Kofferraum in einem Auto, und ihre Mama hat ihr versprochen, sie abzuholen. Und wo ist die Mutter?«

Da klopfte es zaghaft an der Tür. Schwester Maria war keineswegs erschrocken, sondern nur ein bißchen überrascht.

»Ja bitte?«

Heimlich und etwas scheu betrat Frau Gnecko Schwester Marias Büro.

»Verzeihen Sie, daß ich Sie so spät noch aufsuche, Schwester Maria.«

»Ach, das macht gar nichts. Ich hatte irgendwie mit Ihrem Besuch gerechnet.«

Sie bot Frau Gnecko einen Platz an und deutete auf ihre kleine, heißgeliebte Espressomaschine.

»Einen Espresso?«

»Danke, ja, gerne.«

Während Schwester Maria ihren Espresso zauberte, begann Frau Gnecko zu sprechen.

»Ich will gleich mit der Tür ins Haus fallen, Schwester Maria. Die Großväter sind verrückt geworden. Mein Mann sowohl als auch Julias Vater.«

»Es gibt auch Mütter, die verrückt sind«, sagte Schwester Maria traurig und wie in Gedanken versunken.

»Bitte?«

»Verzeihen Sie, es schoß mir nur so durch den Kopf.«

»Dr. Wüstenhöfer ist erstklassig«, fuhr Frau Gnecko fort.

»Das hörte ich auch.«

»Ich sehe das rein psychologisch. Erst sind sich die beiden Männer jahrelang spinnefeind, und dann finden sie sich damit ab, in nächster Zeit miteinander verwandt zu sein, und nun, um einen Schritt aufeinander zuzugehen, kümmern sie sich um Angelegenheiten, die sie überhaupt nichts angehen als Großväter. Ein neuer Arzt muß gefunden werden, und natürlich schickt man wieder Sie los, Sie Ärmste!«

Schwester Maria stellte den köstlich duftenden Espresso auf den Tisch. »Wissen Sie, das sind meine geringsten Sorgen, Frau Gnecko. Aber wie geht es Markus und Julia?«

»Gut«, erzählte Frau Gnecko stolz. »Markus kommt jeden Tag nach der Uni zu mir in die Pension und ißt mit mir.«

Schwester Maria schmunzelte.

»Und Ihr Mann kommt jeden zweiten Tag.«

Frau Gnecko lächelte fein. »Aber immer nur rein zufällig.«

Schwester Maria freute sich ehrlich.

»Dann entwickeln sich die Dinge bei Ihnen, Ihrem Mann, Markus und Julia behutsam zum besten, das ist schön.«

Auch Frau Gnecko wirkte sehr erleichtert.

»Ich denke auch. Ich habe zur Zeit ein vielversprechendes Horoskop. Glauben Sie an Horoskope, Schwester?«

Schwester Maria tat entrüstet. »Natürlich nicht.«

Frau Gnecko verstand.

»Natürlich nicht, Schwester.«

Dann hob sie die Tasse wie ein Schnapsglas. »Sie haben uns sehr geholfen, Schwester Maria.«

»Man kann jemandem über die Straße helfen, oder ihm helfen, aufzustehen, oder ihm helfen, etwas zu finden. Aber in Ihrem Fall scheinen Sie sich selber gefunden zu haben. Verzeihen Sie, das war eine sehr persönliche Bemerkung von mir.«

In diesem Augenblick flog die Tür zum Gartenhäuschen auf, und Günter Loos stand in der Tür. Er wirkte so bedrückt, daß Schwester Maria sogleich wußte, warum er gekommen war. Frau Loos war im Krankenhaus verstorben.

Geduldig wartete Schwester Maria im Besuchsraum des Untersuchungsgefängnisses. Endlich wurde Ewald Loos hereingeführt.

»Ach, Sie sind's. Traut sich mein feiner Bruder etwa nicht, hierher zu kommen?«

Schwester Maria schaute Ewald lange an.

»Falls Sie ihn zu sehen wünschen, wird er Sie besuchen. Ich muß Ihnen eine sehr traurige Mitteilung machen.«

»Meine Mutter?«

Schwester Maria nickte.

Betroffen schaute er auf den grauen Gefängnisfußboden und versuchte, seine schmerzlichen Gefühle vor Schwester Maria zu verbergen.

»So erspart Ihr oberster Boß ihr wenigstens meine Gerichtsverhandlung.«

»Gott hätte gegen die Bezeichnung ›Boß‹ sicherlich nichts einzuwenden, aber er ist auch der oberste Richter, und vor den tritt Ihre Mutter. Ich bin sicher, sie wird einen gnädigen Richter finden.«

»Obwohl sie bei mir versagt hat? Ich bin doch total fertig, aus, vorbei«, sagte Ewald und schaute Schwester Maria verzweifelt an.

»Im Gegenteil, Ewald. Sie werden ein mildernder Umstand für meinen obersten Boß sein. Sie hat zu Ihnen gehalten bis zu ihrem Ende. Ich wußte leider nicht, daß Ihre Mutter so schwer krank ist. Wußten Sie es?«

Ewald wandte sich von Schwester Maria ab und wischte sich verschämt mit dem Ärmel seines Hemdes die Tränen aus den Augen.

»Meine Mutter, die hat doch nie was gesagt, nie geklagt. Sie hat einfach still und stumm vor sich hingelitten.«

Dann drehte er sich um.

Glauben Sie, daß ich zur Beerdigung meiner Mutter hier herauskomme?«

»Ja«, sagte Schwester Maria knapp.

Für einen Augenblick schien Ewald darüber froh zu sein, doch dann wurde er auf einmal zornig und trat dicht an Schwester Maria heran.

»Ach, Sie mit Ihrer verdammten Selbstsicherheit. Sie sagen einfach so ›ja‹. Ich bin mehrfach vorbestraft. Bei mir besteht ständige Fluchtgefahr. Jetzt, wo meine Mutter tot ist, habe ich auch keinen festen Wohnsitz mehr. Sie sagen so einfach ›ja‹, ich krieg' Sie heraus für die Beerdigung. Machen Sie mich bloß nicht fertig. Sagen Sie wenigstens, ich versuche es, Sie zur Beerdigung Ihrer Mutter hier herauszuholen. Aber sagen Sie bitte nicht einfach nur so ›ja‹«.

Schwester Maria wußte, wie Ewald zumute war, und nahm ihm diesen Ausbruch nicht übel. Ganz ruhig und leise meinte sie: »Ich habe diese Genehmigung bereits für Sie erwirkt, und . . .«, fuhr sie fort, »sind Sie damit einverstanden, daß Dechant Strathmann am Grab Ihrer Mutter redet?«

»Natürlich, macht doch, was ihr wollt«, antwortete Ewald böse.

»Und ist es Ihnen ebenfalls recht, daß der Justizvollzugsbeamte, der Sie zur Beerdigung begleitet, Sie nicht in Handschellen zum Grab Ihrer Mutter führt?«

»Ich verstehe schon. Ich soll also versprechen, daß ich nicht türme, stimmt's?«

Schwester Maria nickte und reichte ihm die Hand.

»Genau.«

Nach langem Zögern schlug Ewald endlich ein.

»Geht in Ordnung, Schwester.«

Dann verabschiedete sich Schwester Maria.

»Mein Beileid, Ewald, und auf Wiedersehen. Ach ja, was ich noch sagen wollte, Dechant Strathmann wird Sie morgen früh aufsuchen. Bitte seien Sie nett zu ihm. Er kommt zusammen mit Ihrem Anwalt.«

»Nicht nötig, Schwester, ich habe immer einen Pflichtverteidiger.«

»Nein, diesmal ist es anders. Diesmal hat Gnecko Ihnen einen besorgt.«

Ewald war völlig erstaunt. »Der ist ja verrückt.«

»Nein, bezahlen müssen Sie den Anwalt später selber.«

Dann klingelte Schwester Maria, und ein Justizangestellter öffnete die Besuchertür.

Ewald überlegte lange, bis er ein »Ich danke Ihnen« über die Lippen brachte.

Schwester Maria drehte sich zu ihm um.

»Etwas spät, aber diesmal konnten Sie mir nicht davonlaufen.«

»Können Sie einen Kranz für mich besorgen? Mit meinem Namen darauf, bitte.«

Schwester Maria nickte. Dann verließ sie das Besuchszimmer des Untersuchungsgefängnisses.

Die Unterhaltung mit Ewald war ihr sehr schwergefallen. Sie stand noch immer unter dem Eindruck des Gesprächs, als sie Julia und Markus bemerkte, die auf sie gewartet hatten. Schwester Maria lächelte die beiden an und versuchte, ein bißchen fröhlich zu wirken.

»Markus, du bist ja schon wieder nicht in der Uni! Und du, Julia, bei dir ist doch heute Schwangerschaftsgymnastik angesagt.«

Die beiden jungen Leute nickten.

»Wir sind hier, um Ihnen den Fluchtweg zu versperren«, sagte Markus und deutete in Richtung Gefängnismauer.

Schwester Maria verstand kein Wort. »In den letzten Tagen werde ich überhäuft mit Rätseln. Markus, bitte, werde deutlicher.«

»Da, schauen Sie«, forderte Markus sie auf, und Schwester Maria schaute. Endlich entdeckte sie einen Jeep, aus dem gerade Pastor Wölm und Dechant Strathmann ausstiegen.

»Auf allerhöchsten Befehl werden Sie jetzt in ein Krankenhaus verschleppt.«

Und schon schob Markus Schwester Maria in Richtung Jeep, aus dem nun auch noch Schwester Agatha ausstieg.

»Langsam wird mir das hier etwas unheimlich«, meinte Schwester Maria ziemlich verunsichert und blieb zögernd stehen, als Schwester Agatha entschlossen auf sie zukam.

»Schwester Maria, das reicht für heute. Deine Laborwerte sehen so aus, daß unser Assistenzarzt ohnmächtig in sich zusammengesunken und bis jetzt noch nicht wieder aufgewacht ist. Kurzum, ich muß dich einfach erst mal für eine Weile flachlegen.«

»Ich gehe freiwillig jedes Vierteljahr zur Untersuchung, das ist meine Pflicht«, wehrte sich Schwester Maria eindringlich.

»Die du jetzt zweimal versäumt hast«, trumpfte Schwester Agatha auf.

Hilfesuchend schaute Maria Dechant Strathmann an, der einträchtig mit Pastor Wölm Seite an Seite herankam.

»Wir müssen da hin, Schwester Maria. Mich hat der alte Drachen Hagenkötter verpfiffen. Irgendso ein Unsinn mit meinen Cholesterinwerten.«

»Aber ich kann jetzt nicht ins Krankenhaus!« empörte sich Schwester Maria. »Natalka – die Beerdigung – und wer vertritt mich denn bei Herrn Latske?«

»Es dauert doch nur zwei Tage«, tröstete sie Dechant Strathmann.

»Mich vertritt Kümmerling und Sie . . .«

»Die kleine Elsbietha«, schmunzelte Pastor Wölm.

Schwester Agatha nickte beruhigend.

»Elsbietha?« wiederholte Schwester Maria und schaute Pastor Wölm streng an.

»Ja, Elsbietha«, bestätigte er und nickte ebenfalls – unschuldig wie ein Neugeborenes.

Schwester Maria und Schwester Agatha gingen im Garten des Krankenhauses spazieren.

»Maria, du hast eine verschleppte Herzmuskelentzündung, und das finde ich überhaupt nicht gut. Wir müssen irgend etwas dagegen tun.«

»Und wie geht es Dechant Strathmann?« erwiderte Schwester Maria störrisch.

»Na ja, er darf keine Butter essen, wenig Fett, keine Zigarren, keine Eier, kein Alkohol, eigentlich sollte er nur noch von Quark leben. Für seine Leberwerte kann man nur noch beten.«

»So schlimm?« erschrak Schwester Maria.

»Nicht so schlimm wie bei dir.«

Schwester Maria war stehengeblieben.

Schwester Agatha streichelte ihr leicht über die Wange. »Ich glaube, wir müssen dich eine Weile hier bei uns behalten. Du mußt dich ab sofort schonen.«

Schwester Maria nickte, und beide gingen still nebeneinander weiter.

Zum Begräbnis von Frau Loos hatte sich eine kleine Trauergemeinde eingefunden. Auch Johannes, der Taschendieb, war gekommen und saß in der letzten Reihe, sinnigerweise neben dem Justizvollzugsbeamten. Aber der hatte heute nur Augen für Ewald.

Natürlich waren auch Frau Weber und ihre Freundinnen anwesend, mit Bergen von Taschentüchern, die mit den falschen Tränen der drei Hexen kaum fertig wurden.

Nur kurz wurde Frau Webers Tränenflut unterbrochen, als Johannes ihr mit frechem Lachen ins Gesicht sah. Da hielt sie einen Augenblick inne, dann schluchzte sie ohne Unterbrechung weiter, bis sie mit der stattlichen Glanzleistung von vierundsiebzig niedergeweinten Papiertaschentüchern vor dem nachmittäglichen Leichenschmaus in Dechant Strathmanns Pfarrhaus saß und das erste Stück Kuchen in sich hineinschob.

Da endlich wurde sie ehrlich. Sie hörte auf mit der anstrengenden Trauerarbeit und gab sich ganz Frau

Hagenkötters zartem Backwerk und duftendem Kaffee hin.

Schwester Maria und Dechant Strathmann standen am Fenster des Arbeitszimmers und blickten hinaus in den Garten, wo einige Kinder spielten. Die kleine Natalka saß etwas abseits und schaute den anderen zu.

»Früher beim Militär hieß so etwas Urlaubsschein, Schwester Maria«, sagte Dechant Strathmann leise und reichte ihr ein Schreiben ihres Klosters und gleichzeitig seine Brille. Schwester Maria zierte sich erst einmal etwas, doch dann setzte sie die Brille auf und las.

»Die Ehrwürdige Mutter besteht darauf, daß Sie sich erholen«, meinte Dechant Strathmann und schaute sie freundlich an.

»Ich bin zu Gehorsam verpflichtet, Herr Dechant.«

»Eben«, nickte er und beobachtete Schwester Maria verschmitzt aus den Augenwinkeln.

Plötzlich leuchtete Schwester Marias Gesicht auf. Sie war ganz überrascht und hocherfreut.

»Nach Rom, zur St. Stevens-School?«

Sie wandte sich ganz aufgeregt Dechant Strathmann zu.

»Ich soll wirklich nach Rom und Natalka auf die St. Stevens-School bringen?«

»Ja, Schwester Maria. Unser Jugendamt hat die Genehmigung erteilt. Solange über die Herkunft und die Eltern dieses Mädchens nichts Näheres bekannt ist, darf sich Natalka in die Obhut Ihrer alten St. Stevens-School begeben.«

Nun strahlte Dechant Strathmann Schwester Maria offen an.

»Sie haben doch immer von der Vorschule so geschwärmt, und die Ehrwürdige Mutter meint, es sei das beste, Natalka in die Obhut dieser Vorschule zu geben, weil dort weitere polnische Sozialwaisen leben. Na, ist das ein Wort? Freuen Sie sich?«

Schwester Maria klatschte in die Hände.

»Ach ja, und auch irgendwie nein. Natürlich freue ich mich auf Rom. Aber was wird mit Natalka?«

Dechant Strathmann hatte das Fenster geöffnet und sich ein bißchen hinausgelehnt.

»Na ja, Wölm hat da so eine Theorie entwickelt, durchaus schlüssig, muß ich sagen.«

Schwester Maria beugte sich auch aus dem Fenster und schnupperte die frische Luft.

»Du lieber Himmel, Siegfried entwickelt immer irgendwelche Theorien.«

»Aus irgendwelchen törichten Gründen wurde das Radrennen am vergangenen Sonntag von einigen polnischen Sportlern oder Schlachtenbummlern zum Anlaß genommen, Natalka in den goldenen Westen zu entlassen. Dumm, nicht?«

»Und? Die polnische Regierung, warum hat sie nicht eingegriffen?«

»Unser Generalvikar konnte seinen Amtskollegen in Krakau davon überzeugen, daß die Lösung Rom im Moment für Natalka das beste ist.«

»Trotzdem, Natalka will doch nach Hause zu ihrer Mama, zumindest ruft sie immer nach ihr.«

»Schauen Sie, das ist so, Natalka hat keine Mutter mehr. Sie ist Waise.«

Schwester Maria schaute Dechant Strathmann fassungslos an.

»Sie hat keine Mutter?«

»Nein, sie ist Waise. Die Heilige Mutter Maria, das Amulett, das ist Mama, verstehen Sie?«

»Aber woher wissen Sie das alles? Etwa auch von Wölm?«

Genau in diesem Augenblick klopfte es an der Tür,

und Frau Hagenkötter trat ein. Diesmal war sie es, die an der Tür gelauscht hatte.

»Ich habe die Bluse der Kleinen durchgewaschen und habe dabei einen ellenlangen Namen unten am Bündchen gefunden, war mit Wäschetinte geschrieben.«

»Ja, dieser ellenlange Name, das ist das polnische Waisenhaus in Krakau, und, das müssen Sie zugeben, Schwester, Rom bietet da Polen eine günstige Gelegenheit. Die Behörden haben zugestimmt. Alles Gute, Schwester Maria.«

»Trotzdem, Herr Dechant«, erwiderte Schwester Maria trotzig und schaute wieder auf den Brief. Dann faltete sie ihn zusammen, nahm Dechant Strathmanns Brille von der Nase und reichte sie ihm.

»Vielleicht nutzen Sie Ihren Genesungsurlaub auch dazu, einen guten Optiker aufzusuchen, Schwester«, lächelte Dechant Strathmann vergnügt.

Da mußte Schwester Maria nun auch lachen. Dann wurde sie wieder ernst. »Und Elsbietha?«

Hier mischte sich Frau Hagenkötter ins Gespräch.

»Ha, so weit kommt's noch. Die vertritt Sie selbstverständlich nicht. Das wäre ja noch schöner.«

Dechant Strathmann hob seinen Zeigefinger.

»Den Gefallen wollen wir Wölm nun doch nicht tun. Haben Sie übrigens bemerkt, wie er das Mädchen immer angeschaut hat?«

»Nein«, schwindelte Schwester Maria und wandte sich etwas zu schnell Frau Hagenkötter zu, um Natalkas Bluse mit dem ellenlangen Namen in Augenschein zu nehmen.

Dann war der Tag gekommen, an dem Schwester Maria und Natalka Abschied nahmen und nach Rom reisten.

Alle hatten sich in der Abfertigungshalle des Flughafens eingefunden.

Frau Hagenkötter, Kaplan Kümmerling, Herr Sarwatzki und Dechant Strathmann, sogar Pastor Wölm kam noch in allerletzter Minute mit glücklichem Gesicht und einem mannshohen Blumenstrauß in die Halle gestürmt.

»Dürfen Sie dieses Sträußchen annehmen, Schwester?« fragte er atemlos. Schwester Marias Augen leuchteten vor Freude.

»Nein, Siegfried«, sagte sie leise, aber sehr, sehr nett.

Dann reichte sie das duftende Ungetüm der kleinen Natalka, die selig lächelte und dann hinter den Blumen verschwand.

»Kommen Sie recht bald gesund wieder«, sagte Pastor Wölm und reichte Schwester Maria die Hand.

»Danke schön.«

»Wie, in Gottes Namen, wollen Sie sich eigentlich in Rom erholen?«

»Ich werde dort in einem uns Ordensschwestern vorbehaltenen Krankenhaus behandelt.«

Pastor Wölm drohte ihr mit dem Zeigefinger.

»Und setzen Sie sich auch einmal ein bißchen in die Sonne. Sie sind sehr blaß.«

Dann senkte Schwester Maria ihre Stimme. »Siegfried, bitte, jetzt nicht schwindeln. Sagen Sie, bin ich im Begriff, eine polnische Staatsangehörige nach Rom zu entführen?«

»Wie denn das, Schwester Maria? Zumindest sind die Papiere der Kleinen jetzt völlig in Ordnung.«

»Könnte es sein«, meinte Schwester Maria immer noch leise, »daß Natalka vielleicht heimlich, still und leise ganz allein in einen Kofferraum geklettert ist?«

»Das kann natürlich sein, nur dann muß es eine

…ge Leute gegeben haben, die sie nicht entdecken …llten.«

»Ich billige so etwas nicht – aber die St. Stevens-School ist eine gute Schule.«

Und dann ging es ans endgültige Abschiednehmen.

Auch Julia und Markus waren noch gekommen und sogar Johannes.

Als Pastor Wölm ihn von weitem sah, fielen ihm die 50 Mark wieder ein, die nach dem Diebstahl zuviel in seinem Portemonnaie waren.

Er drückte Schwester Maria den Schein in die Hand.

»Die ersten Devisen für Natalka.«

Schwester Maria steckte das Geld ein und flüsterte: »Ich ahne, wem diese 50 Mark fehlen.«

»Ihre Ahnungen stellen sich zumeist als Gewißheit heraus«, lächelte Pastor Wölm charmant.

»Und deswegen werde ich auf ewig schweigen«, schmunzelte Schwester Maria.

»So, und nun lassen Sie sich umarmen«, lachte sie dann und hatte doch Tränen in den Augen.

Pastor Wölm war zuerst verblüfft, nahm aber Schwester Maria doch gern in den Arm und drückte ihr zwei dicke Küsse auf die Wange. »Machen Sie's gut.«

Dann beugte er sich hinter die Blumen, wo Natalka noch immer stand, ihre Arme um den riesigen Strauß gelegt.

»Und auch du, Natalka, mach's gut, und paß auf Schwester Maria auf.«

Es folgten noch etwa zwanzig weitere Umarmungen mit entsprechenden Küssen und guten Wünschen. Dann verschwand Schwester Maria mit Natalka und dem Blumenstrauß hinter der Paßkontrolle im Warteraum in freudiger und auch in banger Erwartung ihrer Rückkehr nach Rom.